U0110540

古典文獻研究輯刊

十六編

潘美月・杜潔祥 主編

第5冊

經典釋文周易音義疏證（下）

〔唐〕陸德明撰／蔡飛舟疏

國家圖書館出版品預行編目資料

經典釋文周易音義疏證（下）／〔唐〕陸德明撰／蔡飛舟疏
—初版—新北市：花木蘭文化出版社，2013〔民102〕
目4+234面；19×26公分
（古典文獻研究輯刊 十六編；第5冊）
ISBN：978-986-322-156-2（精裝）
1. 易經 2. 研究考訂
011.08 102002351

古典文獻研究輯刊
十六編 第五冊 ISBN：978-986-322-156-2

經典釋文周易音義疏證（下）

作　者 〔唐〕陸德明撰／蔡飛舟疏
主　編 潘美月 杜潔祥
總編輯 杜潔祥
企劃出版 北京大學文化資源研究中心
出　版 花木蘭文化出版社
發行所 花木蘭文化出版社
發行人 高小娟
聯絡地址 235 新北市中和區中安街七二號十三樓
電話：02-2923-1455／傳眞：02-2923-1452
網　址 http://www.huamulan.tw 信箱 sut81518@gmail.com
印　刷 普羅文化出版廣告事業
初　版 2013年3月
定　價 十六編30冊（精裝）新台幣50,000元

經典釋文周易音義疏證（下）

〔唐〕陸德明撰／蔡飛舟疏

目次

上冊

序　張善文

前　言……1

凡　例……21

經典釋文周易音義疏證……23

周易上經乾傳第一……24

䷀乾……30

䷁坤……67

䷂屯……83

䷃蒙……108

䷄需……122

䷅訟……132

䷆師……146

䷇比……154

䷈小畜……160

䷉履……168

周易上經泰傳第二……177

䷊泰……177

䷋否……192

䷌同人……195

䷍大有……202
䷎謙……214
䷏豫……225
䷐隨……239
䷑蠱……244
䷒臨……251
䷓觀……254

中　冊

周易上經噬嗑傳第三……263
䷔噬嗑……263
䷕賁……274
䷖剝……283
䷗復……291
䷘无妄……302
䷙大畜……309
䷚頤……320
䷛大過……327
䷜坎……334
䷝離……346
周易下經咸傳第四……357
䷞咸……357
䷟恒……364
䷠遯……367
䷡大壯……373
䷢晉……381
䷣明夷……386
䷤家人……394
䷥睽……399
䷦蹇……406
䷧解……409
䷨損……415
䷩益……423
周易下經夬傳第五……427

䷪夬 ······ 427
䷫姤 ······ 440
䷬萃 ······ 448
䷭升 ······ 456
䷮困 ······ 459
䷯井 ······ 468
䷰革 ······ 479
䷱鼎 ······ 483
䷲震 ······ 491
䷳艮 ······ 498
䷴漸 ······ 503
䷵歸妹 ······ 509

下　冊

周易下經豐傳第六 ······ 517
䷶豐 ······ 517
䷷旅 ······ 530
䷸巽 ······ 536
䷹兌 ······ 540
䷺渙 ······ 542
䷻節 ······ 547
䷼中孚 ······ 549
䷽小過 ······ 557
䷾既濟 ······ 562
䷿未濟 ······ 569
周易繫辭上第七 ······ 572
周易繫辭下第八 ······ 625
周易說卦第九 ······ 667
周易序卦第十 ······ 695
周易雜卦第十一 ······ 698
周易畧例 ······ 702
參考文獻 ······ 719
經典釋文周易音義引人名、書名、篇名索引 ······ 735
後　記 ······ 747

周易下經豐傳第六

䷶豐丨 芳忠反。《字林》匹忠反。依字作「豐」，今並三直畫猶是變體，若曲下作豆，「禮」字耳，非也，世人亂之久矣。〈彖〉及〈序卦〉皆云：大也。案豐是腆厚光大之義。鄭云：豐之言倎，充滿意也。坎宮五世卦。〔註 3848〕

【疏】豐《廣韻》敷空切，敷東合三平通。《釋文》首音同。《字林》匹忠反者，滂紐，古音同。「今並三直畫猶是變體」者，按「豐」之異體作豊、豐、豐、豐、豐等，又馬王堆漢墓帛書《周易》作「豐」，不知陸氏所指爲何。「若曲下作豆禮字耳，非也」者，「豊」爲「豐」之異體。「豐」之小篆文作豐。《說文・豐部》：「豐，豆之豐滿者也。从豆，象形。一曰〈鄉飲酒〉有豐侯者。凡豐之屬皆从豐。𧯷，古文豐。」〔註 3849〕隸定或作「豊」者，「豐」之譌也。「豊」小篆作豊，《說文・豊部》：「豊，行禮之器也。从豆，象形。凡豊之屬皆从豊。讀與禮同。」〔註 3850〕則「豊」爲「禮」之本字，與「豐」異。〈彖〉及〈序卦〉皆云「大也」者，《易・豐・彖傳》：「豐，大也。」〔註 3851〕《易・序卦》：「豐者，大也。」〔註 3852〕「豐是腆厚光大之義」者，孔穎達疏：「豐者，多大之名，盈足之義。」〔註 3853〕鄭云「豐之言倎，充滿意也」者，《十三經注疏正字・卷三》：「『腆』通志堂本作『倎』。案腆、倎皆訓厚。未詳孰是。今《玉海》亦作『腆』字。」〔註 3854〕

〔註 3848〕《經典釋文彙校》：「寫本、宋本『豆』作『者』。『倎』，寫本、宋本同。盧改作『腆』。」見黃焯撰：《經典釋文彙校》，北京：中華書局，1980 年版，第 19 頁。

〔註 3849〕〔漢〕許愼撰：《說文解字》，北京：中華書局，景印同治十二年陳昌治刻本，1963 年版，第 103 頁。

〔註 3850〕〔漢〕許愼撰：《說文解字》，北京：中華書局，景印同治十二年陳昌治刻本，1963 年版，第 102 頁。

〔註 3851〕〔魏〕王弼、韓康伯注，〔唐〕孔穎達等正義：《周易正義》，北京：中華書局景印阮刻本，1980 年版，第 55 頁。

〔註 3852〕〔魏〕王弼、韓康伯注，〔唐〕孔穎達等正義：《周易正義》，北京：中華書局景印阮刻本，1980 年版，第 84 頁。

〔註 3853〕〔魏〕王弼、韓康伯注，〔唐〕孔穎達等正義：《周易正義》，北京：中華書局景印阮刻本，1980 年版，第 55 頁。

〔註 3854〕〔清〕沈廷芳撰：《十三經注疏正字》，臺灣：商務印書館，景印文淵閣四庫

王假｜庚白反，至也。下同。馬古雅反，大也。

【疏】所在經文爲「王假之」。〔註 3855〕參看〈家人〉「王假」條。

闡｜昌善反。

【疏】所在注文爲「闡弘微細」。〔註 3856〕闡《廣韻》昌善切，昌獮開三上山。《釋文》音同。

而令｜力呈反。

【疏】所在注文爲「而令微隱者不亨」。〔註 3857〕參看〈訟〉「而令」條。

以徧｜音遍。

【疏】所在注文爲「以徧照者也」。〔註 3858〕徧，假借爲徧也。「音遍」者，明古今字也。《詩・邶風・北門》「交徧讁我」、《周禮・天官・外府》「外府掌邦布之出」鄭玄注「其流行無不徧」、《爾雅・釋言》「宣、徇，徧也」陸德明《釋文》皆曰：「徧，古遍字。」〔註 3859〕

則昃｜如字，孟作「稷」。〔註 3860〕

【疏】所在經文爲「日中則昃」。〔註 3861〕阮元《校勘記》：「石經、岳本同。閩監、毛本『昃』作『昃』。」〔註 3862〕按，「昃」爲「昃」之異體，《說

全書本第 192 冊，1983 年版，第 37 頁。

〔註 3855〕〔魏〕王弼、韓康伯注，〔唐〕孔穎達等正義：《周易正義》，北京：中華書局景印阮刻本，1980 年版，第 55 頁。

〔註 3856〕〔魏〕王弼、韓康伯注，〔唐〕孔穎達等正義：《周易正義》，北京：中華書局景印阮刻本，1980 年版，第 55 頁。

〔註 3857〕〔魏〕王弼、韓康伯注，〔唐〕孔穎達等正義：《周易正義》，北京：中華書局景印阮刻本，1980 年版，第 55 頁。

〔註 3858〕〔魏〕王弼、韓康伯注，〔唐〕孔穎達等正義：《周易正義》，北京：中華書局景印阮刻本，1980 年版，第 55 頁。

〔註 3859〕〔唐〕陸德明撰：《經典釋文》，北京：中華書局，景印徐乾學通志堂刻本，1983 年版，第 59、112、410 頁。

〔註 3860〕《經典釋文彙校》：「寫本『如字』作『側音』。」見黃焯撰：《經典釋文彙校》，北京：中華書局，1980 年版，第 19 頁。

〔註 3861〕〔魏〕王弼、韓康伯注，〔唐〕孔穎達等正義：《周易正義》，北京：中華書局景印阮刻本，1980 年版，第 55 頁。

〔註 3862〕〔魏〕王弼、韓康伯注，〔唐〕孔穎達等正義：《周易正義》，北京：中華書局景印阮刻本，1980 年版，第 61 頁。

文》作「𣅝」。「如字」者，明字形作「昃」而不作「稷」也。孟作「稷」者，假稷爲昃也。昃古音莊紐職部，而稷古音精紐職部，音近可通。《穀梁春秋・定公十五年》「戊午，日下稷，乃克葬」陸德明《釋文》：「『稷』，《左氏》作『昃』。」〔註 3863〕范甯注云：「稷，昃也。下昃，謂晡時。」《太玄・常》「終不稷」司馬光《集注》引王、吳皆曰：「稷與昃同。」〔註 3864〕又《古易音訓》引晁說之曰：「稷，古文。」〔註 3865〕

則食｜ 如字。或作「蝕」，非。

【疏】所在經文爲「月盈則食」。〔註 3866〕「如字」者，明字形作「食」也。或作「蝕」者，《釋名・釋天》：「日月虧曰食，稍稍侵虧如蟲食草木葉也。」〔註 3867〕《諸子平議・管子三》「則婦人能食其意」俞樾按云：「食，當讀爲蝕。」〔註 3868〕食、蝕，古今字也。陸氏云「非」者，從古也。又《古易音訓》引晁說之曰：「蝕，俗字。」〔註 3869〕是亦以「食」爲正也。

則溢｜ 本或作「則方溢」者，非。

【疏】所在注文注疏本爲：「施於已盈則方溢」。〔註 3870〕作「則溢」者，但見《釋文》。未知孰是。

以折｜ 之舌反，斷也。下及注同。

〔註 3863〕〔唐〕陸德明撰：《經典釋文》，北京：中華書局，景印徐乾學通志堂刻本，1983 年版，第 339 頁。

〔註 3864〕〔漢〕楊雄撰，〔宋〕司馬光集注：《太玄集注》（新編諸子集成本），北京：中華書局，1998 年版，第 106 頁。

〔註 3865〕〔宋〕呂祖謙撰，〔清〕宋咸熙輯：《古易音訓》（續四庫經部易類第 2 冊），上海：上海古籍出版社，景印清嘉慶七年刻本，2002 年版，第 43 頁。

〔註 3866〕〔魏〕王弼、韓康伯注，〔唐〕孔穎達等正義：《周易正義》，北京：中華書局景印阮刻本，1980 年版，第 55 頁。

〔註 3867〕〔漢〕劉熙撰，〔清〕畢沅疏證，王先謙補：《釋名疏證補》（漢小學四種本），成都：巴蜀書社，景印光緒二十二年刊本，2001 年版，第 1468 頁。

〔註 3868〕〔清〕俞樾撰：《諸子平議》（續四庫子部雜家類第 1161～1162 冊），上海：上海古籍出版社，景印同治丙寅春在堂刊本，2002 年版，第 1161 冊，第 595 頁。

〔註 3869〕〔宋〕呂祖謙撰，〔清〕宋咸熙輯：《古易音訓》（續四庫經部易類第 2 冊），上海：上海古籍出版社，景印清嘉慶七年刻本，2002 年版，第 43 頁。

〔註 3870〕〔魏〕王弼、韓康伯注，〔唐〕孔穎達等正義：《周易正義》，北京：中華書局景印阮刻本，1980 年版，第 55 頁。

【疏】所在經文爲「君子以折獄致刑」。〔註 3871〕參看〈賁〉「折」條。

其配｜如字。鄭作「妃」，云：嘉耦曰妃。

【疏】所在經文爲「遇其配主」。〔註 3872〕「如字」者，明字形作「配」也。王弼即依「配」讀之。鄭作「妃」者，配、妃古通用。如《詩・大雅・皇矣》「天立厥配」陸德明《釋文》:「『配』，本亦作『妃』。」〔註 3873〕「嘉耦曰妃」者，《左傳・桓公二年》:「嘉耦曰妃。」〔註 3874〕《周易集解》引虞翻曰：「妃嬪，謂四也。」〔註 3875〕是虞本亦如鄭玄。又《古易音訓》引晁說之曰：「妃，古文配字。」〔註 3876〕則以妃爲配之古文，又是一說。

雖旬｜如字，均也。王肅尚純反，或音脣。荀作「均」。劉昞作「鈞」。〔註 3877〕

【疏】所在經文爲「雖旬无咎」。〔註 3878〕「如字」者，明字形作「旬」也，讀如《廣韻》詳遵切，邪諄合三平臻。「均也」者，旬、均音近故通。《詩・大雅・桑柔》「其下侯旬」陸德明《釋文》:「旬，均也。」〔註 3879〕《周禮・地官・均人》「豐年則公旬用三日焉」鄭玄注：「旬，均也。」〔註 3880〕《禮

〔註 3871〕〔魏〕王弼、韓康伯注，〔唐〕孔穎達等正義：《周易正義》，北京：中華書局景印阮刻本，1980 年版，第 55 頁。

〔註 3872〕〔魏〕王弼、韓康伯注，〔唐〕孔穎達等正義：《周易正義》，北京：中華書局景印阮刻本，1980 年版，第 55 頁。

〔註 3873〕〔唐〕陸德明撰：《經典釋文》，北京：中華書局，景印徐乾學通志堂刻本，1983 年版，第 92 頁。

〔註 3874〕〔晉〕杜預注，〔唐〕孔穎達等正義：《春秋左傳正義》，北京：中華書局景印阮刻本，1980 年版，第 41 頁。

〔註 3875〕〔唐〕李鼎祚撰：《周易集解》，北京：中國書店，景印嘉慶三年姑蘇喜墨齋張遇堯局鐫本，1987 年版，卷十一，第 6 頁。

〔註 3876〕〔宋〕呂祖謙撰，〔清〕宋咸熙輯：《古易音訓》(續四庫經部易類第 2 冊)，上海：上海古籍出版社，景印清嘉慶七年刻本，2002 年版，第 40 頁。

〔註 3877〕《經典釋文彙校》:「惠云：昞字延明。」見黃焯撰：《經典釋文彙校》，北京：中華書局，1980 年版，第 19 頁。

〔註 3878〕〔魏〕王弼、韓康伯注，〔唐〕孔穎達等正義：《周易正義》，北京：中華書局景印阮刻本，1980 年版，第 55 頁。

〔註 3879〕〔唐〕陸德明撰：《經典釋文》，北京：中華書局，景印徐乾學通志堂刻本，1983 年版，第 97 頁。

〔註 3880〕〔漢〕鄭玄注，〔唐〕賈公彥疏：《周禮注疏》，北京：中華書局景印阮刻本，1980 年版，第 92 頁。

記・內則》「旬而見」孔穎達疏：「旬，均也。」〔註 3881〕此皆訓旬爲均者。王弼注同。王肅尙純反者，禪諄合三平臻。或音脣，船諄開三平臻，《集韻》增船倫切，音同。荀作「均」者，音義同，故相假也。《古易音訓》引晁說之曰：「旬，古文均字。」〔註 3882〕劉昞作「鈞」者，亦聲近通用也。旬、鈞，皆假作均也。

則爭｜ 爭鬬之爭，下皆同。

【疏】所在注文爲「過均則爭」。〔註 3883〕「爭鬬之爭」者，注音兼釋義也。

蔀｜ 音部，王廙同蒲戶反。王肅普苟反。《畧例》云：大暗之謂蔀。馬云：蔀，小也。鄭、薛作「菩」，云：小席。〔註 3884〕

【疏】所在經文爲「豐其蔀」。〔註 3885〕蔀《廣韻》二讀，訓爲蔀菜音蒲口切，並厚開一上流。訓爲小席音普后切，滂厚開一上流。《釋文》首音音同《廣韻》蒲口切。王廙同蒲戶反者，並姥合一上遇，《集韻》增伴姥切，音同。王肅普苟反，音同《廣韻》普后切。《畧例》云「大暗之謂蔀」者，《周易略例》：「小闇謂之沛，大闇謂之蔀。」〔註 3886〕按蔀、覆音義通。故王弼注云：「蔀，覆曖。障光明之物也。」〔註 3887〕又《太玄・毅》「不可幽蔀也」司馬

〔註 3881〕〔漢〕鄭玄注，〔唐〕孔穎達等正義：《禮記正義》，北京：中華書局景印阮刻本，1980 年版，第 242～243 頁。

〔註 3882〕〔宋〕呂祖謙撰，〔清〕宋咸熙輯：《古易音訓》（續四庫經部易類第 2 冊），上海：上海古籍出版社，景印清嘉慶七年刻本，2002 年版，第 40 頁。

〔註 3883〕〔魏〕王弼、韓康伯注，〔唐〕孔穎達等正義：《周易正義》，北京：中華書局景印阮刻本，1980 年版，第 56 頁。

〔註 3884〕《經典釋文彙校》：「宋本同，寫本『之謂』作『謂之』。阮曰：《略例》作『謂之』。案作『之謂』是也。戴震《孟子字義疏證》云：古人言辭，『之謂』、『謂之』有異。凡曰『之謂』，以上所稱解下。凡曰『謂之』者，以下所稱之名辨上之實也。又案《説文》無『蔀』字，鄭薛作『菩』，《説文》菩，艸也。蔀、菩皆借字，正當作覆。」見黃焯撰：《經典釋文彙校》，北京：中華書局，1980 年版，第 19 頁。

〔註 3885〕〔魏〕王弼、韓康伯注，〔唐〕孔穎達等正義：《周易正義》，北京：中華書局景印阮刻本，1980 年版，第 56 頁。

〔註 3886〕〔晉〕王弼著，〔唐〕邢璹註，〔明〕范欽訂：《周易略例》，嘉靖四年范氏天一閣刊本，卷一，第 18 頁。

〔註 3887〕〔魏〕王弼、韓康伯注，〔唐〕孔穎達等正義：《周易正義》，北京：中華書局景印阮刻本，1980 年版，第 56 頁。

光《集注》:「蔀，覆也。」〔註3888〕皆覆蓋遮蔽之義也，遮覆致暗，故《畧例》云大暗之爲蔀。馬云「蔀，小也」者，《集韻・厚韻》依馬氏增此義。鄭、薛作菩云「小席」者，菩、蔀音近相通。《說文・艸部》:「菩，艸也。」小席者，亦覆蓋之物也。義與王弼注畧同。

見斗｜孟作「見主」。〔註3889〕

【疏】所在經文爲「日中見斗」。〔註3890〕《古易音訓》引晁說之曰:「主，古文斗。」〔註3891〕案，晁氏說非，主乃斗之譌字，非其古文也。「斗」甲骨作（合二一三四四）、（合二一三四八）〔註3892〕，金文作（秦公簋）、（釁脒鼎）〔註3893〕，戰國文字作（秦公簋蓋）、（雲夢・效律五），〔註3894〕又傳抄古文作（汗簡）。〔註3895〕《說文》小篆作，與漢簡形近，皆象斗，然形不及甲、金文字易識。「主」傳抄古文作（汗簡）、〔註3896〕、（並古老子）、（華嶽碑）〔註3897〕。斗（）、主（）古文形近，故譌。

曖｜音愛。

【疏】所在注文爲「覆曖」。〔註3898〕曖《廣韻》烏代切，影代開一去蟹。

〔註3888〕〔漢〕楊雄撰，〔宋〕司馬光集注:《太玄集注》(新編諸子集成本)，北京:中華書局，1998年版，第63頁。

〔註3889〕《經典釋文彙校》:「惠云:古讀『斗』如『主』。」見黃焯撰:《經典釋文彙校》，北京:中華書局，1980年版，第19頁。

〔註3890〕〔魏〕王弼、韓康伯注，〔唐〕孔穎達等正義:《周易正義》，北京:中華書局景印阮刻本，1980年版，第56頁。

〔註3891〕〔宋〕呂祖謙撰，〔清〕宋咸熙輯:《古易音訓》(續四庫經部易類第2冊)，上海:上海古籍出版社，景印清嘉慶七年刻本，2002年版，第40頁。

〔註3892〕劉釗等編:《新甲骨文編》，福州:福建人民出版社，2009年版，第748頁。

〔註3893〕容庚編著，張振林、馬國權摹補:《金文編》，北京:中華書局，1985年版，第928頁。

〔註3894〕湯餘惠主編:《戰國文字編》，福州:福建人民出版社，2001年版，第929頁。

〔註3895〕〔宋〕郭忠恕:《汗簡》(汗簡、古文四聲韻合刊本)，北京:中華書局，景印四部叢刊景印馮舒本，1983年版，第38頁。

〔註3896〕〔宋〕郭忠恕:《汗簡》(汗簡、古文四聲韻合刊本)，北京:中華書局，景印四部叢刊景印馮舒本，1983年版，第14頁。

〔註3897〕〔宋〕夏竦:《古文四聲韻》(汗簡、古文四聲韻合刊本)，北京:中華書局，景印北京圖書館藏宋刻配抄本，1983年版，第39頁。

〔註3898〕〔魏〕王弼、韓康伯注，〔唐〕孔穎達等正義:《周易正義》，北京:中華書

《釋文》音同。

鄣| 音章，又止尚反。字又作「障」，同。

【疏】所在注文為「鄣光明之物也」。〔註 3899〕障《廣韻》二讀，諸良切，章陽開三平宕。之亮切，章漾開三去宕。音異義同，隔也。《釋文》音章音同《廣韻》平聲。又止尚反，音同《廣韻》去聲。字又作「障」者，鄣假借為障也。《說文・邑部》:「鄣，紀邑也。从邑章聲。」〔註 3900〕《說文・𨸏部》:「障，隔也。从𨸏章聲。」〔註 3901〕故障為障礙之本字，鄣為假借字也。

斗見者| 賢遍反，下「不見」同。

【疏】所在注文為「斗見者，闇之極也。」〔註 3902〕參看〈乾〉「見龍」條。

不邪| 似嗟反。

【疏】所在注文為「處闇不邪」。〔註 3903〕參看〈乾〉「邪」條。

沛| 本或作「旆」，謂幡幔也。又普貝反，姚云：滂沛也。王廙豐蓋反，又補賴反。徐普蓋反。子夏作「芾」，《傳》云：小也。鄭、干作「韋」，云：祭祀之蔽膝。〔註 3904〕

【疏】所在經文為「豐其沛」。〔註 3905〕本或作「旆」者，假沛為旆，王

局景印阮刻本，1980 年版，第 56 頁。

〔註 3899〕〔魏〕王弼、韓康伯注，〔唐〕孔穎達等正義：《周易正義》，北京：中華書局景印阮刻本，1980 年版，第 56 頁。

〔註 3900〕〔漢〕許慎撰：《說文解字》，北京：中華書局，景印同治十二年陳昌治刻本，1963 年版，第 135 頁。

〔註 3901〕〔漢〕許慎撰：《說文解字》，北京：中華書局，景印同治十二年陳昌治刻本，1963 年版，第 305 頁。

〔註 3902〕〔魏〕王弼、韓康伯注，〔唐〕孔穎達等正義：《周易正義》，北京：中華書局景印阮刻本，1980 年版，第 56 頁。

〔註 3903〕〔魏〕王弼、韓康伯注，〔唐〕孔穎達等正義：《周易正義》，北京：中華書局景印阮刻本，1980 年版，第 56 頁。

〔註 3904〕《經典釋文彙校》:「『鄭、干作韋』，宋本『韋』作『芾』。盧本同。《考證》云：『韋』字乃後人所肊改。焯案寫本『芾』作『茀』，或作『第』。輾轉迻寫，遂誤作『韋』。」見黃焯撰：《經典釋文彙校》，北京：中華書局，1980 年版，第 19 頁。

〔註 3905〕〔魏〕王弼、韓康伯注，〔唐〕孔穎達等正義：《周易正義》，北京：中華書

弼注：「沛，幡幔，所以禦盛光也。」〔註 3906〕是王弼亦讀沛爲旆也。又普貝反者，如字讀之，不作旆讀。沛《廣韻》普蓋切，滂泰開一去蟹。正與《釋文》普貝反音同。而旆爲並紐字，故此處讀如沛。姚云「滂沛也」者，水盛大之貌也。《玉篇・水部》：「沛，滂沛。」〔註 3907〕《漢書・禮樂志》「沛施祐」顏師古注：「沛，沛然泛貌也。」〔註 3908〕《後漢書・張衡傳》「涷雨沛其灑塗」李賢注：「沛，雨貌也。」〔註 3909〕而《易》注訓同者，《周易章句證異・卷二》：「石介訓如水之沛然之沛。呂大臨：沛然下雨也。趙汝楳同。黃炎宗謂雨甚也。」〔註 3910〕此皆訓爲水貌者也。王廙豐蓋反，敷泰開一去蟹，與《廣韻》普蓋切，古同重脣音。又補賴反，並泰開一去蟹，與《廣韻》「旆」音同。徐普蓋反，與《廣韻》「沛」音同。子夏作「芾」者，《易經異文釋・卷四》：「《詩》：『蔽芾甘棠』，《漢蕩陰令張遷碑》作『蔽沛棠樹』。」〔註 3911〕是沛、芾，古亦音近相通。《傳》云「小也」者，《爾雅・釋言》：「芾，小也。」〔註 3912〕此處讀如《廣韻》方味切，非未合三去止。鄭、干作「韋」者，疑爲「芾」之形譌也，當從宋本正之。又《古易音訓》引亦作「芾」。云「祭祀之蔽膝」者，《詩・曹風・候人》「三百赤芾」毛《傳》：「芾，韠也。」〔註 3913〕毛氏渾言之也，析言則芾、韠有別。《詩・小雅・采菽》：「赤芾在股，邪幅在下」鄭玄《箋》：「芾，大古蔽膝之象也，冕服謂之芾，其他服謂之韠，以韋爲之。」〔註 3914〕芾讀如

局景印阮刻本，1980 年版，第 56 頁。

〔註 3906〕〔魏〕王弼、韓康伯注，〔唐〕孔穎達等正義：《周易正義》，北京：中華書局景印阮刻本，1980 年版，第 56 頁。

〔註 3907〕〔梁〕顧野王撰：《宋本玉篇》，北京：中國書店，景印張氏澤存堂本，1983 年版，第 349 頁。

〔註 3908〕〔漢〕班固撰：《前漢書》（四部備要本），上海：中華書局，據武英殿本校刊，1936 年版，第 379 頁。

〔註 3909〕〔南朝宋〕范曄撰：《後漢書》（四部備要本），上海：中華書局，據武英殿本校刊，1936 年版，第 779 頁。

〔註 3910〕〔清〕翟均廉撰：《周易章句證異》，臺灣：商務印書館，景印文淵閣四庫全書本第 53 冊，1983 年版，第 727 頁。

〔註 3911〕〔清〕李富孫撰：《易經異文釋》（續四庫經部易類第 27 冊），上海：上海古籍出版社，景印南菁書院續經解本，2002 年版，第 694 頁。

〔註 3912〕〔晉〕郭璞注，〔宋〕邢昺疏：《爾雅注疏》，北京：中華書局景印阮刻本，1980 年版，第 19 頁。

〔註 3913〕〔漢〕毛公傳、鄭玄箋，〔唐〕孔穎達等正義：《毛詩正義》，北京：中華書局景印阮刻本，1980 年版，第 116 頁。

〔註 3914〕〔漢〕毛公傳、鄭玄箋，〔唐〕孔穎達等正義：《毛詩正義》，北京：中華書

《廣韻》分勿切，非物合三入臻。

沬| 徐武蓋反，又亡對反，微昧之光也。《字林》作「昧」，亡太反，云：斗杓後星。王肅云：音妹。鄭作「昧」。服虔云：日中而昏也。《子夏傳》云：昧，星之小者。馬同。薛云：輔星也。

【疏】所在經文爲「日中見沬」。〔註 3915〕沬《廣韻》二讀，莫貝切，明泰開一去蟹。無沸切，微未合三去止。音異義同，《廣韻》皆訓爲水名也。徐武蓋反，微泰開一去蟹，與《廣韻》莫貝切，古音同。又亡對反，微隊合一去蟹，《集韻》增呼內切，音同。「微昧之光也」者，此讀沬爲幽昧之昧也。王弼注：「沬，微昧之明也。」〔註 3916〕訓同。《字林》作「昧」者，昧《廣韻》莫佩切，明隊合一去蟹。《字林》亡太反，微泰開一去蟹。「斗杓後星」者，《集解》引《九家易》曰：「沬，斗杓後小星也。」〔註 3917〕北斗七星第五至第七星爲杓，杓後小星，即輔星，在第六星開陽之旁。王肅音妹者，音同《廣韻》莫佩切。鄭作「昧」者，字同《字林》、子夏。服虔云「日中而昏也」者，《楚辭・招魂》「身服義而未沬」洪興祖《補注》引或曰：「沬，日中而昏也。」〔註 3918〕又《楚辭・離騷》「芬至今猶未沬」洪興祖《補注》：「沬，微晦也。」〔註 3919〕則服虔義與王弼義近，皆訓爲微晦也。《子夏傳》云「昧，星之小者」者，《集解》引虞翻曰：「沬，小星也。」〔註 3920〕薛云「輔星也」者，同《字林》。又《周易義海撮要・卷六》引《易・豐》陸希聲《傳》：「沬者，斗槩，謂斗之輔星。斗以象大臣，槩以象家臣。」〔註 3921〕亦以沬爲輔星也。

局景印阮刻本，1980 年版，第 221 頁。

〔註 3915〕〔魏〕王弼、韓康伯注，〔唐〕孔穎達等正義：《周易正義》，北京：中華書局景印阮刻本，1980 年版，第 56 頁。

〔註 3916〕〔魏〕王弼、韓康伯注，〔唐〕孔穎達等正義：《周易正義》，北京：中華書局景印阮刻本，1980 年版，第 56 頁。

〔註 3917〕〔唐〕李鼎祚撰：《周易集解》，北京：中國書店，景印嘉慶三年姑蘇喜墨齋張遇堯局鐫本，1987 年版，卷十一，第 7 頁。

〔註 3918〕〔宋〕洪興祖撰：《楚辭補注》（叢書集成初編文學類第 1812～1816 冊），上海：商務印書館，據惜陰軒叢書本排印，1939 年版，第 155 頁。

〔註 3919〕〔宋〕洪興祖撰：《楚辭補注》（叢書集成初編文學類第 1812～1816 冊），上海：商務印書館，據惜陰軒叢書本排印，1939 年版，第 31 頁。

〔註 3920〕〔唐〕李鼎祚撰：《周易集解》，北京：中國書店，景印嘉慶三年姑蘇喜墨齋張遇堯局鐫本，1987 年版，卷十一，第 7 頁。

〔註 3921〕〔宋〕李衡撰：《周易義海撮要》，揚州：江蘇廣陵古籍刻印社，景印通志堂經解本第一冊，1996 年版，第 355 頁。

肱｜ 古弘反。姚作「股」。

【疏】所在經文爲「折其右肱」。〔註 3922〕肱《廣韻》古弘切，見登合一平曾。《釋文》音同。姚作「股」者，李富孫《易經異文釋・卷四》：「《史記・十二諸侯表》魯成公『黑肱』。《魯世家集解》作『股』。」〔註 3923〕此蓋皆形近之譌也。

皤｜ 芳袁反。

【疏】所在注文爲「沛，皤幔，所以禦盛光也。」〔註 3924〕皤《廣韻》孚袁切，敷元合三平山。《釋文》音同。

幔｜ 末半反。

【疏】幔《廣韻》莫半切，明換合一去山。《釋文》音同。

以禦｜ 魚呂反。

【疏】禦《廣韻》魚巨切，疑語合三上遇。《釋文》音同。

微昧｜ 音妹。

【疏】所在注文爲「沫，微昧之明也。」〔註 3925〕昧《廣韻》莫佩切，明隊合一去蟹。《釋文》音同。

豐其屋｜ 《說文》作「豐」，云：大屋也。〔註 3926〕

【疏】所在經文爲「豐其屋」。〔註 3927〕《說文》作「豐」當從宋本改作「寷」。《說文・宀部》：「寷，大屋也。从宀豐聲。《易》曰：『寷其屋。』」

〔註 3922〕〔魏〕王弼、韓康伯注，〔唐〕孔穎達等正義：《周易正義》，北京：中華書局景印阮刻本，1980 年版，第 56 頁。

〔註 3923〕〔清〕李富孫撰：《易經異文釋》（續四庫經部易類第 27 冊），上海：上海古籍出版社，景印南菁書院續經解本，2002 年版，第 695 頁。

〔註 3924〕〔魏〕王弼、韓康伯注，〔唐〕孔穎達等正義：《周易正義》，北京：中華書局景印阮刻本，1980 年版，第 56 頁。

〔註 3925〕〔魏〕王弼、韓康伯注，〔唐〕孔穎達等正義：《周易正義》，北京：中華書局景印阮刻本，1980 年版，第 56 頁。

〔註 3926〕《經典釋文彙校》：「宋本注文『豐』作『寷』，雅雨本作『寷』，案作『寷』是也。」見黃焯撰：《經典釋文彙校》，北京：中華書局，1980 年版，第 19 頁。

〔註 3927〕〔魏〕王弼、韓康伯注，〔唐〕孔穎達等正義：《周易正義》，北京：中華書局景印阮刻本，1980 年版，第 56 頁。

〔註 3928〕段氏以《說文》此處引經解字，經文當作「豐」，不作「豊」，可備一說。

闚｜ 苦規反，李登云：小視。

【疏】所在經文爲「闚其戶」。〔註 3929〕闚《廣韻》去隨切，溪支合重紐四平止。《釋文》音同。李登云「小視」者，《廣韻・支韻》：「闚，小視也。」《戰國策・秦策二》「以闚周室」鮑彪注：「闚，窺同。小視也。」〔註 3930〕參看〈觀〉「闚」條。

闃｜ 苦鵙反。徐苦鴂反，一音苦馘反。馬、鄭云：无人貌。《字林》云：靜也。姚作「閴」。孟作「窒」。並通。〔註 3931〕

【疏】所在經文爲「闃其无人」。〔註 3932〕《釋文》「闃」當依盧改作「閴」。闃《廣韻》苦鶪切，溪錫合四入梗。《釋文》音同。徐苦鴂反，音同苦鶪切。一音苦馘反，溪麥開二入梗，按闃《集韻》增有求獲切，羣麥合二入梗，音近。馬、鄭云「无人貌」者，《玉篇・門部》：「闃，靜無人也。」〔註 3933〕《集解》引虞翻曰：「闃，空也。」〔註 3934〕《字林》云「靜也」者，與無人貌畧近。《說文新附・門部》：「闃，靜也。」〔註 3935〕《文選・王粲〈登樓賦〉》「原野闃其無人兮」李善注引《埤蒼》曰：「闃，靜也。」〔註 3936〕姚

〔註 3928〕〔漢〕許愼撰：《說文解字》，北京：中華書局，景印同治十二年陳昌治刻本，1963 年版，第 150 頁。

〔註 3929〕〔魏〕王弼、韓康伯注，〔唐〕孔穎達等正義：《周易正義》，北京：中華書局景印阮刻本，1980 年版，第 56 頁。

〔註 3930〕〔宋〕鮑彪校注，〔元〕吳師道重校，〔明〕張文爟集評：《戰國策譚棷》（四庫存目叢書史部第 44 冊），濟南：齊魯書社，景印明萬曆刻本，第 79 頁。

〔註 3931〕《經典釋文彙校》：「盧本『闃』改『閴』，『鵙』改『鶪』，是也。」見黃焯撰：《經典釋文彙校》，北京：中華書局，1980 年版，第 19 頁。

〔註 3932〕〔魏〕王弼、韓康伯注，〔唐〕孔穎達等正義：《周易正義》，北京：中華書局景印阮刻本，1980 年版，第 56 頁。

〔註 3933〕〔梁〕顧野王撰：《宋本玉篇》，北京：中國書店，景印張氏澤存堂本，1983 年版，第 212 頁。

〔註 3934〕〔唐〕李鼎祚撰：《周易集解》，北京：中國書店，景印嘉慶三年姑蘇喜墨齋張遇堯局鐫本，1987 年版，卷十一，第 8 頁。

〔註 3935〕〔漢〕許愼撰：《說文解字》，北京：中華書局，景印同治十二年陳昌治刻本，1963 年版，第 249 頁。

〔註 3936〕〔梁〕蕭統編，〔唐〕李善注：《文選》（四部精要本第十六冊），上海：上海古籍出版社，景印嘉慶十四年胡克家仿宋淳熙刊本，1992 年版，第 504 頁。

作「闃」、孟作「窒」者，闃（溪紐錫部）、鬩（曉紐錫部）、窒（端紐質部）音近相通。姚信作「闃」者，疑其爲「闃」之譌字也。而「闃」本爲「鬩」之譌字，《詩・小雅・常棣》：「兄弟鬩于牆」毛《傳》：「鬩，很也。」〔註 3937〕鬩有很戾忿爭之義。孟作「窒」者，與「鬩」義同，《廣雅・釋詁三》「恎，很也」王念孫《疏證》：「窒，與恎通，言很戾也。」〔註 3938〕鬩、窒皆訓爲很戾。然姚信、孟喜《易》傳已缺，不知然否。又《古易音訓》引晁說之曰：「窒，古文。」〔註 3939〕

覿｜徒歷反。

【疏】所在經文爲「三歲不覿」。〔註 3940〕覿《廣韻》徒歷切，定錫開四入梗。《釋文》音同。

藏｜如字。

【疏】所在注文爲「藏蔭之物」。〔註 3941〕「如字」者，平聲。

廕｜於鴆反。

【疏】所在注文爲「藏蔭之物」。〔註 3942〕廕、蔭，異體字也。廕《廣韻》於禁切，影沁開重紐三去深。《釋文》音同。

其行｜下孟反。

【疏】所在注文爲「以高其行」。〔註 3943〕參看〈乾〉「庸行」條。

〔註 3937〕〔漢〕毛公傳、鄭玄箋，〔唐〕孔穎達等正義：《毛詩正義》，北京：中華書局景印阮刻本，1980 年版，第 140 頁。

〔註 3938〕〔清〕王念孫撰：《廣雅疏證》，北京：中華書局，景印嘉慶年間王氏家刻本，1983 年版，第 91 頁。

〔註 3939〕〔宋〕呂祖謙撰，〔清〕宋咸熙輯：《古易音訓》（續四庫經部易類第 2 冊），上海：上海古籍出版社，景印清嘉慶七年刻本，2002 年版，第 41 頁。

〔註 3940〕〔魏〕王弼、韓康伯注，〔唐〕孔穎達等正義：《周易正義》，北京：中華書局景印阮刻本，1980 年版，第 56 頁。

〔註 3941〕〔魏〕王弼、韓康伯注，〔唐〕孔穎達等正義：《周易正義》，北京：中華書局景印阮刻本，1980 年版，第 56 頁。

〔註 3942〕〔魏〕王弼、韓康伯注，〔唐〕孔穎達等正義：《周易正義》，北京：中華書局景印阮刻本，1980 年版，第 56 頁。

〔註 3943〕〔魏〕王弼、韓康伯注，〔唐〕孔穎達等正義：《周易正義》，北京：中華書局景印阮刻本，1980 年版，第 56 頁。

治道|直吏反。下同。

【疏】所在注文爲「治道未濟」。〔註 3944〕參看〈乾〉「上治」條。

天際|如字。鄭云：當為瘵。瘵，病也。

【疏】所在經文爲「天際翔也」。〔註 3945〕「如字」者，辨字形作「際」也。孔穎達疏云：「如鳥之飛翔於天際。」〔註 3946〕是亦依如字讀之也。鄭云「當爲瘵」者，際、瘵音近相通。《詩・小雅・菀柳》「無自瘵焉」馬瑞辰《傳箋通釋》：「瘵，與際古通用。」〔註 3947〕「瘵，病也」者，《爾雅・釋詁下》：「瘵，病也。」〔註 3948〕又據《釋文》下條，則鄭玄此句爲「『豐其屋』，天瘵祥也。『闚其戶，闃其无人』，自戕也。」明熊過《周易象旨決錄・卷四》：「『際』依鄭作『瘵』，『翔』依鄭、王肅作『祥』，『藏』依鄭作『戕』，謂天病之以惡祥也，猶高明之家鬼瞰者。」〔註 3949〕

翔|鄭、王肅作「祥」。

【疏】翔、祥，皆從羊得聲，音近可通。《古易音訓》引晁說之曰：「孟亦作祥，云：天降惡祥。」〔註 3950〕

翳光|烏細反。

【疏】所在注文爲「翳光最甚者也」。〔註 3951〕翳《廣韻》二讀，於計切，影霽開四去蟹。烏奚切，影齊開四平蟹。音異義同，障蔽也。《釋文》音同《廣

〔註 3944〕〔魏〕王弼、韓康伯注，〔唐〕孔穎達等正義：《周易正義》，北京：中華書局景印阮刻本，1980 年版，第 56 頁。

〔註 3945〕〔魏〕王弼、韓康伯注，〔唐〕孔穎達等正義：《周易正義》，北京：中華書局景印阮刻本，1980 年版，第 56 頁。

〔註 3946〕〔魏〕王弼、韓康伯注，〔唐〕孔穎達等正義：《周易正義》，北京：中華書局景印阮刻本，1980 年版，第 56 頁。

〔註 3947〕〔清〕馬瑞辰撰：《毛詩傳箋通釋》（四部備要本），上海：中華書局，據南菁書院續經解本校刊，1936 年版，第 253 頁。

〔註 3948〕〔晉〕郭璞注，〔宋〕邢昺疏：《爾雅注疏》，北京：中華書局景印阮刻本，1980 年版，第 8 頁。

〔註 3949〕〔明〕熊過撰：《周易象旨決錄》，臺灣：商務印書館，景印文淵閣四庫全書本第 31 冊，1983 年版，第 560 頁。

〔註 3950〕〔宋〕呂祖謙撰，〔清〕宋咸熙輯：《古易音訓》（續四庫經部易類第 2 冊），上海：上海古籍出版社，景印清嘉慶七年刻本，2002 年版，第 45 頁。

〔註 3951〕〔魏〕王弼、韓康伯注，〔唐〕孔穎達等正義：《周易正義》，北京：中華書局景印阮刻本，1980 年版，第 56 頁。

韻》於計切。

自藏| 如字。眾家作「戕」，慈羊反。馬、王肅云：殘也。鄭云：傷也。

【疏】所在經文爲「『闚其戶，闃其无人』，自藏也。」〔註 3952〕「如字」者，辨字形作「藏」，訓爲匿。眾家作「戕」者，音近相通。《詩・小雅・十月之交》「曰予不戕」陸德明《釋文》:「戕，王本作臧。」〔註 3953〕馬瑞辰《傳箋通釋》:「藏、臧、戕，三字古通用。」〔註 3954〕馬、王肅云「殘也」者，《小爾雅・廣言》:「戕，殘也。」〔註 3955〕鄭云「傷也」者，義近之，《漢書・五行志下之下》「後閽戕吳子」顏師古注：「戕，傷也。」〔註 3956〕

有為| 于僞反。

【疏】所在注文爲「非有爲而藏」。〔註 3957〕參看〈坤〉「爲其」條。

不出戶庭| 此引〈節〉卦九二爻辭，應云「門庭」，作「戶」誤也。或云：門、戶通語。〔註 3958〕

【疏】所在注文爲「不出戶庭，失時致凶」。〔註 3959〕

䷷旅| 力舉反，羇旅也。〈序卦〉云：旅而无所容。〈雜卦〉云：親寡，

〔註 3952〕〔魏〕王弼、韓康伯注，〔唐〕孔穎達等正義：《周易正義》，北京：中華書局景印阮刻本，1980 年版，第 56 頁。

〔註 3953〕〔唐〕陸德明撰：《經典釋文》，北京：中華書局，景印徐乾學通志堂刻本，1983 年版，第 81 頁。

〔註 3954〕〔清〕馬瑞辰撰：《毛詩傳箋通釋》(四部備要本)，上海：中華書局，據南菁書院續經解本校刊，1936 年版，第 201 頁。

〔註 3955〕〔清〕宋翔鳳撰：《小爾雅訓纂》(續四庫經部小學類第 189 冊)，上海：上海古籍出版社，景印嘉慶年間浮溪精舍叢書本，2002 年版，第 494 頁。

〔註 3956〕〔漢〕班固撰：《前漢書》(四部備要本)，上海：中華書局，據武英殿本校刊，1936 年版，第 516 頁。

〔註 3957〕〔魏〕王弼、韓康伯注，〔唐〕孔穎達等正義：《周易正義》，北京：中華書局景印阮刻本，1980 年版，第 56 頁。

〔註 3958〕《經典釋文彙校》:「『門户通語』，阮云：閩監本『語』作『誤』，非。案宋本已譌作『誤』。寫本作『語』。」見黃焯撰：《經典釋文彙校》，北京：中華書局，1980 年版，第 19 頁。

〔註 3959〕〔魏〕王弼、韓康伯注，〔唐〕孔穎達等正義：《周易正義》，北京：中華書局景印阮刻本，1980 年版，第 56 頁。

旅。是也。離宮一世卦。王肅等以為軍旅。

【疏】旅《廣韻》力舉切，來語合三上遇。《釋文》音同。「羈旅也」者，孔穎達《正義》曰：「旅者，客寄之名，羈旅之稱，失其本居而寄他方謂之旅。」〔註 3960〕〈序卦〉、〈雜卦〉，義畧同。《易・序卦》：「旅而无所容，故受之以〈巽〉。」〔註 3961〕《易・雜卦》：「親寡，〈旅〉也。」〔註 3962〕「王肅等以爲軍旅」者，亦旅之常訓也。《說文・㫃部》：「旅，軍之五百人爲旅。」〔註 3963〕

特重｜直用反。

【疏】所在注文爲「故特重曰『旅，貞吉』也。」〔註 3964〕重《廣韻》三讀，訓爲重複，直容切，澄鍾合三平通。訓爲厚重，直隴切，澄腫合三上通。訓爲更爲，柱用切，澄用合三去通。《釋文》音同《廣韻》去聲。

物長｜丁丈反。

【疏】所在注文爲「夫陽爲物長」。〔註 3965〕參看〈師〉「長子」條。

而復｜扶又反。六五注同。

【疏】所在注文爲「而復得中乎外」。〔註 3966〕參看〈蒙〉「則復」條。

令附｜力呈反。

【疏】所在注文爲「令附旅者，不失其正，得其所安也。」。〔註 3967〕參

〔註 3960〕〔魏〕王弼、韓康伯注，〔唐〕孔穎達等正義：《周易正義》，北京：中華書局景印阮刻本，1980 年版，第 56 頁。
〔註 3961〕〔魏〕王弼、韓康伯注，〔唐〕孔穎達等正義：《周易正義》，北京：中華書局景印阮刻本，1980 年版，第 84 頁。
〔註 3962〕〔魏〕王弼、韓康伯注，〔唐〕孔穎達等正義：《周易正義》，北京：中華書局景印阮刻本，1980 年版，第 84 頁。
〔註 3963〕〔漢〕許慎撰：《說文解字》，北京：中華書局，景印同治十二年陳昌治刻本，1963 年版，第 141 頁。
〔註 3964〕〔魏〕王弼、韓康伯注，〔唐〕孔穎達等正義：《周易正義》，北京：中華書局景印阮刻本，1980 年版，第 56 頁。
〔註 3965〕〔魏〕王弼、韓康伯注，〔唐〕孔穎達等正義：《周易正義》，北京：中華書局景印阮刻本，1980 年版，第 56 頁。
〔註 3966〕〔魏〕王弼、韓康伯注，〔唐〕孔穎達等正義：《周易正義》，北京：中華書局景印阮刻本，1980 年版，第 56 頁。
〔註 3967〕〔魏〕王弼、韓康伯注，〔唐〕孔穎達等正義：《周易正義》，北京：中華書

看〈訟〉「而令」條。

非知｜音智。

【疏】所在注文爲「豈非知者有爲之時？」〔註 3968〕知、智，古今字。

瑣瑣｜悉果反。或作「璅」字者，非也。鄭云：瑣瑣，小也。馬云：疲弊貌。王肅云：細小貌。〔註 3969〕

【疏】所在經文爲「旅瑣瑣」。〔註 3970〕瑣《廣韻》蘇果切，心果合一上果。《釋文》音同。或作「璅」字者，璅假借爲瑣也。如《禮記・檀弓上》「縣子璅曰」陸德明《釋文》：「璅，依字作瑣。」〔註 3971〕因爲假借字，故陸氏云「非也」。鄭云「瑣瑣，小也」者，《爾雅・釋訓》：「瑣瑣，小也。」〔註 3972〕孔疏云「細小卑賤之貌也」〔註 3973〕者，義近。馬云「疲弊貌」者，《集解》引虞翻曰：「瑣瑣，最蔽之貌也。」〔註 3974〕又所在經文戰國楚簡《周易》作「遊贏」，〔註 3975〕讀作「旅羸」，「羸」有疲敝之義，與馬融義通。王肅云「細小」者，與鄭玄義同。

懷其資｜本或作「懷其資斧」，非。

【疏】所在經文爲「旅即次，懷其資，得童僕貞。」〔註 3976〕本或作「懷

局景印阮刻本，1980 年版，第 56 頁。

〔註 3968〕〔魏〕王弼、韓康伯注，〔唐〕孔穎達等正義：《周易正義》，北京：中華書局景印阮刻本，1980 年版，第 56 頁。

〔註 3969〕《經典釋文彙校》：「寫本同。宋本『弊』作『獘』。正當作『獘』。」見黃焯撰：《經典釋文彙校》，北京：中華書局，1980 年版，第 20 頁。

〔註 3970〕〔魏〕王弼、韓康伯注，〔唐〕孔穎達等正義：《周易正義》，北京：中華書局景印阮刻本，1980 年版，第 56 頁。

〔註 3971〕〔唐〕陸德明撰：《經典釋文》，北京：中華書局，景印徐乾學通志堂刻本，1983 年版，第 169 頁。

〔註 3972〕〔晉〕郭璞注，〔宋〕邢昺疏：《爾雅注疏》，北京：中華書局景印阮刻本，1980 年版，第 24 頁。

〔註 3973〕〔魏〕王弼、韓康伯注，〔唐〕孔穎達等正義：《周易正義》，北京：中華書局景印阮刻本，1980 年版，第 56 頁。

〔註 3974〕〔唐〕李鼎祚撰：《周易集解》，北京：中國書店，景印嘉慶三年姑蘇喜墨齋張遇堯局鐫本，1987 年版，卷十一，第 9 頁。

〔註 3975〕馬承源主編：《上海博物館藏戰國楚竹書（三）》，上海：上海古籍出版社，2003 年版，第 246 頁。

〔註 3976〕〔魏〕王弼、韓康伯注，〔唐〕孔穎達等正義：《周易正義》，北京：中華書

其資斧」者，蓋因九四爻「得其資斧」而誤增「斧」字，故非。按戰國楚簡、馬王堆漢墓帛書《周易》亦皆無「斧」字。〔註 3977〕

喪｜ 息浪反。卦內并下卦同。

【疏】所在經文爲「喪其童僕」。〔註 3978〕參看〈乾〉「知喪」條。

為施｜ 始豉反。

【疏】所在注文爲「以寄旅之身而爲施下之道」。〔註 3979〕參看〈乾〉「德施」條。

與萌｜ 如字。又音預。〔註 3980〕

【疏】所在注文爲「與萌侵權」。〔註 3981〕與《廣韻》三讀，訓作善、待、黨與時音余呂切，以語合三上遇。訓作參與時羊洳切，以御合三去遇。訓作語辭音以諸切，以魚合三平遇。如字者，讀爲上聲。訓爲同，介詞。而「又音預」者，訓爲參與，動詞。

得其資斧｜ 如字。《子夏傳》及眾家並作「齊斧」。張軌云：齊斧蓋黃鉞斧也。張晏云：整齊也。應劭云：齊，利也。虞喜《志林》云：「齊」當作「齋」，齋戒入廟而受斧。下卦同。

【疏】所在經文爲「旅于處，得其資斧，我心不快。」〔註 3982〕「如字」者，辨字形作「資斧」也。孔穎達亦如字讀之，訓爲用斧，「言用斧除荊棘」。〔註 3983〕《子夏傳》及眾家並作「齊斧」者，資、齊，音同通用。《荀子·哀

局景印阮刻本，1980 年版，第 56 頁。

〔註 3977〕馬承源主編：《上海博物館藏戰國楚竹書（三）》，上海：上海古籍出版社，2003 年版，第 246 頁。

〔註 3978〕〔魏〕王弼、韓康伯注，〔唐〕孔穎達等正義：《周易正義》，北京：中華書局景印阮刻本，1980 年版，第 56 頁。

〔註 3979〕〔魏〕王弼、韓康伯注，〔唐〕孔穎達等正義：《周易正義》，北京：中華書局景印阮刻本，1980 年版，第 56 頁。

〔註 3980〕《經典釋文彙校》：「盧本『如』誤『加』。」見黃焯撰：《經典釋文彙校》，北京：中華書局，1980 年版，第 20 頁。

〔註 3981〕〔魏〕王弼、韓康伯注，〔唐〕孔穎達等正義：《周易正義》，北京：中華書局景印阮刻本，1980 年版，第 56 頁。

〔註 3982〕〔魏〕王弼、韓康伯注，〔唐〕孔穎達等正義：《周易正義》，北京：中華書局景印阮刻本，1980 年版，第 56 頁。

〔註 3983〕〔魏〕王弼、韓康伯注，〔唐〕孔穎達等正義：《周易正義》，北京：中華書

公》「資衰苴杖者不聽樂」楊倞注：「資與齊同。」〔註 3984〕《詩・大雅・板》「喪亂蔑資」馬瑞辰《傳箋通釋》：「資、齊古同聲通用。」〔註 3985〕張軌云「齊斧蓋黃鉞斧也」者，訓齊斧爲黃鉞也。《書・牧誓》：「王左杖黃鉞，右秉白旄以麾。」孔穎達疏：「《廣雅》云：『鉞，斧也。』斧稱黃鉞，故知以黃金飾斧也。」〔註 3986〕故黃鉞者，王權之象徵也。《漢書・王莽傳》：「司徒尋初發長安，宿霸昌廐，亡其黃鉞。尋士房揚素狂直，廼哭曰：此《經》所謂『喪其齊斧』者也。」〔註 3987〕此亦訓齊斧爲黃鉞也。張晏云「整齊也」者，《廣雅・釋言》：「齊，整也。」〔註 3988〕應劭云「齊利也」者，顏師古《漢書・王莽傳注》引同。虞喜《志林》云「齊當作齋，齋戒入廟而受斧」者，齊、齋古通用。唐何超《晉書音義》引虞憙《志林》云：「『齊』當作『齋』，凡師出，必齋戒入廟而受斧也。」〔註 3989〕是以虞喜訓旅卦爲軍旅也。

不快｜苦夬反。

【疏】快《廣韻》苦夬切，溪夬合二去蟹。《釋文》音同。

斫｜諸若反。

【疏】所在注文爲「斧所以斫除荊棘」。〔註 3990〕斫《廣韻》之若切，章藥開三入宕。《釋文》音同。

平坦｜吐但反。

局景印阮刻本，1980 年版，第 56 頁。

〔註 3984〕〔唐〕楊倞注，〔清〕王先謙集解：《荀子集解》，上海：上海書店，景印諸子集成本，1986 年版，第 357 頁。

〔註 3985〕〔清〕馬瑞辰撰：《毛詩傳箋通釋》（四部備要本），上海：中華書局，據南菁書院續經解本校刊，1936 年版，第 305 頁。

〔註 3986〕〔漢〕孔安國傳，〔唐〕孔穎達等正義：《尚書正義》，北京：中華書局景印阮刻本，1980 年版，第 71 頁。

〔註 3987〕〔漢〕班固撰：《前漢書》（四部備要本），上海：中華書局，據武英殿本校刊，1936 年版，第 1369 頁。

〔註 3988〕〔清〕王念孫撰：《廣雅疏證》，北京：中華書局，景印嘉慶年間王氏家刻本，1983 年版，第 163 頁。

〔註 3989〕〔唐〕何超撰：《晉書音義》（中華書局排印本《晉書》附錄），北京：中華書局，1974 年版，第 3225 頁。

〔註 3990〕〔魏〕王弼、韓康伯注，〔唐〕孔穎達等正義：《周易正義》，北京：中華書局景印阮刻本，1980 年版，第 56 頁。

【疏】所在注文爲「不獲平坦之地」。〔註 3991〕坦《廣韻》他但切，透旱開一上山。《釋文》音同。

射雉| 食亦反。注同。

【疏】所在經文爲「射雉一矢」。〔註 3992〕參看〈比〉「則射」條。

而上| 時掌反。

【疏】所在注文爲「而上承於上」。〔註 3993〕參看〈乾〉「上下」條。

上逮| 音代。一音大計反。

【疏】所在經文爲「上逮也」。〔註 3994〕逮《廣韻》二讀，徒耐切，定代開一去蟹。特計切，定霽開四去蟹。音異義同，及也。《釋文》音代，音同《廣韻》徒耐切。一音大計反者，音同《廣韻》特計切。

號| 戶羔反。

【疏】所在經文爲「旅人先笑後號咷」。〔註 3995〕號《廣韻》二讀，訓爲大呼音胡刀切，匣豪開一平效，《釋文》音同。

咷| 道羔反。

【疏】咷《廣韻》二讀，作號咷解時音徒刀切，定豪開一平效，《釋文》音同。

于易| 以豉反，注同。王肅音亦。

【疏】所在經文爲「喪牛于易」。〔註 3996〕參看〈大壯〉「于易」條。

〔註 3991〕〔魏〕王弼、韓康伯注，〔唐〕孔穎達等正義：《周易正義》，北京：中華書局景印阮刻本，1980 年版，第 56 頁。
〔註 3992〕〔魏〕王弼、韓康伯注，〔唐〕孔穎達等正義：《周易正義》，北京：中華書局景印阮刻本，1980 年版，第 56 頁。
〔註 3993〕〔魏〕王弼、韓康伯注，〔唐〕孔穎達等正義：《周易正義》，北京：中華書局景印阮刻本，1980 年版，第 56 頁。
〔註 3994〕〔魏〕王弼、韓康伯注，〔唐〕孔穎達等正義：《周易正義》，北京：中華書局景印阮刻本，1980 年版，第 56 頁。
〔註 3995〕〔魏〕王弼、韓康伯注，〔唐〕孔穎達等正義：《周易正義》，北京：中華書局景印阮刻本，1980 年版，第 56 頁。
〔註 3996〕〔魏〕王弼、韓康伯注，〔唐〕孔穎達等正義：《周易正義》，北京：中華書局景印阮刻本，1980 年版，第 56 頁。

所嫉｜音疾。《字林》音自。本亦作「疾」，下同。

【疏】所在注文爲「眾之所嫉也」。〔註 3997〕嫉《廣韻》二讀，秦悉切，從質開三入臻。疾二切，從至開三去止。音異義同，嫉妒也。《釋文》首音音同《廣韻》入聲。《字林》音同《廣韻》去聲。本亦作「疾」者，音近假借也。《書・秦誓》「冒疾以惡之」孫星衍《今古文注疏》:「『疾』，或作『嫉』。」〔註 3998〕此亦二字音近而成異文之例也。此處蓋假疾爲嫉，訓同。

其義焚也｜馬云：義，宜也。一本作「宜其焚也」。〔註 3999〕

【疏】所在經文爲「其義焚也」。〔註 4000〕馬云「義，宜也」者，常訓也。《廣雅・釋言》:「義，宜也。」〔註 4001〕一本作「宜其焚也」者，義同。

喪牛之凶｜本亦作「喪牛于易」。

【疏】所在經文今注疏本爲 :「『喪牛于易』，終莫之聞也。」

☴巽｜孫問反，入也。《廣雅》云：順也。八純卦。象風，象木。

【疏】巽《廣韻》蘇困切，心慁合一去臻。《釋文》孫問反，心問合三去臻。「入也」者，《易・序卦》:「巽者，入也。」〔註 4002〕《廣雅》云「順也」者，見《廣韻・釋詁一》。又《書・堯典》「巽朕位」孔安國《傳》云 :「巽，順也。」〔註 4003〕「象風，象木」者，《易・說卦》:「巽爲木，爲風。」〔註 4004〕

〔註 3997〕〔魏〕王弼、韓康伯注，〔唐〕孔穎達等正義 :《周易正義》，北京：中華書局景印阮刻本，1980 年版，第 56 頁。

〔註 3998〕〔清〕孫星衍撰 :《尚書今古文注疏》(四部備要本)，上海：中華書局，據冶城山館本校刊，1936 年版，第 172 頁。

〔註 3999〕《經典釋文彙校》:「宋本、葉鈔、朱鈔注無『也』字。寫本正文及注皆無『也』字。」見黃焯撰 :《經典釋文彙校》，北京：中華書局，1980 年版，第 20 頁。

〔註 4000〕〔魏〕王弼、韓康伯注，〔唐〕孔穎達等正義 :《周易正義》，北京：中華書局景印阮刻本，1980 年版，第 57 頁。

〔註 4001〕〔清〕王念孫撰 :《廣雅疏證》，北京：中華書局，景印嘉慶年間王氏家刻本，1983 年版，第 146 頁。

〔註 4002〕〔魏〕王弼、韓康伯注，〔唐〕孔穎達等正義 :《周易正義》，北京：中華書局景印阮刻本，1980 年版，第 84 頁。

〔註 4003〕〔漢〕孔安國傳，〔唐〕孔穎達等正義 :《尚書正義》，北京：中華書局景印阮刻本，1980 年版，第 11 頁。

〔註 4004〕〔魏〕王弼、韓康伯注，〔唐〕孔穎達等正義 :《周易正義》，北京：中華書局景印阮刻本，1980 年版，第 83 頁。

巽弟｜ 大計反。本亦作「悌」。

【疏】所在注文爲「巽悌以行」。〔註 4005〕弟、悌，古今字。《說文新附・心部》:「悌，善兄弟也。从心弟聲。經典通用弟。」〔註 4006〕弟《廣韻》二讀，兄弟特計切，定霽開四去蟹。孝弟徒禮切，定薺開四上蟹。《釋文》音同《廣韻》特計切。則陸氏之時孝弟之弟與兄弟之弟同音也。又如《禮記・王制》「孝弟」下陸德明《釋文》云:「大計反，本又作悌。」〔註 4007〕《禮記・文王世子》「孝弟」下陸德明《釋文》云:「大計反，又作悌。下孝弟皆同。」〔註 4008〕此皆明證也。巽弟者，謙遜豈弟也。

重巽｜ 直龍反。

【疏】所在經文爲「重巽以申命」。〔註 4009〕重複之重《廣韻》直容切，澄鍾合三平通。《釋文》音同。

齊邪｜ 似嗟反。下并下卦同。

【疏】所在注文爲「成命齊邪」。〔註 4010〕參看〈乾〉「邪」條。

志治｜ 直吏反。

【疏】所在經文爲「志治也」。〔註 4011〕參看〈乾〉「上治」條。

紛｜ 芳云反。《廣雅》云：眾也，喜也。一云盛也。

【疏】所在經文爲「用史巫紛若」。〔註 4012〕紛《廣韻》撫文切，敷文

〔註 4005〕〔魏〕王弼、韓康伯注，〔唐〕孔穎達等正義:《周易正義》，北京：中華書局景印阮刻本，1980 年版，第 57 頁。

〔註 4006〕〔漢〕許愼撰:《説文解字》，北京：中華書局，景印同治十二年陳昌治刻本，1963 年版，第 224 頁。

〔註 4007〕〔唐〕陸德明撰:《經典釋文》，北京：中華書局，景印徐乾學通志堂刻本，1983 年版，第 174 頁。

〔註 4008〕〔唐〕陸德明撰:《經典釋文》，北京：中華書局，景印徐乾學通志堂刻本，1983 年版，第 181 頁。

〔註 4009〕〔魏〕王弼、韓康伯注，〔唐〕孔穎達等正義:《周易正義》，北京：中華書局景印阮刻本，1980 年版，第 57 頁。

〔註 4010〕〔魏〕王弼、韓康伯注，〔唐〕孔穎達等正義:《周易正義》，北京：中華書局景印阮刻本，1980 年版，第 57 頁。

〔註 4011〕〔魏〕王弼、韓康伯注，〔唐〕孔穎達等正義:《周易正義》，北京：中華書局景印阮刻本，1980 年版，第 57 頁。

〔註 4012〕〔魏〕王弼、韓康伯注，〔唐〕孔穎達等正義:《周易正義》，北京：中華書

合三平臻。《釋文》音同。《廣雅》云者，《廣雅・釋訓》：「紛紛，眾也。」〔註 4013〕「喜也」者，見《廣雅・釋詁一》。按《方言・卷十》：「紛怡，喜也。湘潭之間曰紛怡。」〔註 4014〕故《廣雅》訓紛爲喜也。一云「盛也」者，與眾義近。《楚辭・離騷》「紛吾既有此內美兮」王逸注：「紛，盛貌。」〔註 4015〕《文選・張衡〈東京賦〉》「紛焱悠以容裔」薛綜注：「紛，盛也。」〔註 4016〕孔疏云：「紛若者，盛多之貌。」〔註 4017〕

而復｜ 扶又反。下同。

【疏】所在注文爲「而復以陽居陰」。〔註 4018〕參看〈蒙〉「則復」條。

神祇｜ 祁支反。

【疏】所在注文爲「能以居中而施至卑於神祇」。〔註 4019〕「祇」讀作神祇之「祇」。祇《廣韻》巨支切，羣支開重紐四平止，《釋文》音同。

頻顣｜ 千寂反，又子六反，此同鄭意。

【疏】所在注文爲「頻蹙」。〔註 4020〕阮元《校勘記》：「岳本、閩監、毛本同。《釋文》出『頻顣』。」〔註 4021〕顣《廣韻》子六切，精屋合三入通，顣頞，鼻頤促皃。《集韻》增倉歷切，清錫開四入梗，嚬也。則音異義同，皆蹙

局景印阮刻本，1980 年版，第 57 頁。

〔註 4013〕〔清〕王念孫撰：《廣雅疏證》，北京：中華書局，景印嘉慶年間王氏家刻本，1983 年版，第 187 頁。

〔註 4014〕〔晉〕郭璞注，〔清〕錢繹箋疏：《方言箋疏》（漢小學四種本），成都：巴蜀書社，景印光緒庚寅年紅蝠山房校刻本，2001 年版，第 1377 頁。

〔註 4015〕〔漢〕王逸撰：《楚辭章句》（叢書集成初編文學類第 1810～1811 冊），上海：商務印書館，據湖北叢書本排印，1939 年版，第 2 頁。

〔註 4016〕〔梁〕蕭統編，〔唐〕李善、呂延濟、劉良、張銑、呂向、李周翰注：《六臣注文選》，北京：中華書局，景印涵芬樓藏宋刊本，1987 年版，第 71 頁。

〔註 4017〕〔魏〕王弼、韓康伯注，〔唐〕孔穎達等正義：《周易正義》，北京：中華書局景印阮刻本，1980 年版，第 57 頁。

〔註 4018〕〔魏〕王弼、韓康伯注，〔唐〕孔穎達等正義：《周易正義》，北京：中華書局景印阮刻本，1980 年版，第 57 頁。

〔註 4019〕〔魏〕王弼、韓康伯注，〔唐〕孔穎達等正義：《周易正義》，北京：中華書局景印阮刻本，1980 年版，第 57 頁。

〔註 4020〕〔魏〕王弼、韓康伯注，〔唐〕孔穎達等正義：《周易正義》，北京：中華書局景印阮刻本，1980 年版，第 57 頁。

〔註 4021〕〔魏〕王弼、韓康伯注，〔唐〕孔穎達等正義：《周易正義》，北京：中華書局景印阮刻本，1980 年版，第 62 頁。

鼻之貌也。《釋文》首音同《集韻》倉歷切。又子六反音同《廣韻》。「此同鄭意」者，鄭玄本亦讀爲子六反也。

不樂|　音洛。

【疏】所在注文爲「不樂而窮」。〔註 4022〕參看〈乾〉「樂則」條。

遠不|　袁万反。

【疏】所在注文爲「遠不仁者也」。〔註 4023〕參看〈乾〉「放遠」條。

之庖|　步交反。

【疏】所在注文爲「三曰充君之庖」。〔註 4024〕庖《廣韻》薄交切，並肴開二平效。《釋文》音同。

先庚|　西薦反。注同。

【疏】所在經文爲「先庚三日」。〔註 4025〕參看〈乾〉「先天」條。

後庚|　胡豆反。

【疏】所在經文爲「後庚三日」。〔註 4026〕參看〈乾〉「後天」條。

卒以|　寸忽反。下同。

【疏】所在注文爲「化不以漸，卒以剛直用加於物」。〔註 4027〕卒《廣韻》三讀，訓爲藏沒，臧沒切，精沒合一入臻。訓爲終也，子聿切，精術合三入臻。訓爲急遽，倉沒切，清沒合一入臻。《釋文》音同《廣韻》倉沒切，訓爲猝然。

〔註 4022〕〔魏〕王弼、韓康伯注，〔唐〕孔穎達等正義：《周易正義》，北京：中華書局景印阮刻本，1980 年版，第 57 頁。

〔註 4023〕〔魏〕王弼、韓康伯注，〔唐〕孔穎達等正義：《周易正義》，北京：中華書局景印阮刻本，1980 年版，第 57 頁。

〔註 4024〕〔魏〕王弼、韓康伯注，〔唐〕孔穎達等正義：《周易正義》，北京：中華書局景印阮刻本，1980 年版，第 57 頁。

〔註 4025〕〔魏〕王弼、韓康伯注，〔唐〕孔穎達等正義：《周易正義》，北京：中華書局景印阮刻本，1980 年版，第 57 頁。

〔註 4026〕〔魏〕王弼、韓康伯注，〔唐〕孔穎達等正義：《周易正義》，北京：中華書局景印阮刻本，1980 年版，第 57 頁。

〔註 4027〕〔魏〕王弼、韓康伯注，〔唐〕孔穎達等正義：《周易正義》，北京：中華書局景印阮刻本，1980 年版，第 57 頁。

不說｜字又作「悅」，同。

【疏】所在注文爲「故初皆不說也」。〔註4028〕說、悅，古今字也。

先申｜音身。或作「甲」字，非。

【疏】所在注文爲「故先申三日」。〔註4029〕申《廣韻》失人切，書真開三平臻。《釋文》音同。訓爲申命也。或作「甲」字者，形近之譌也，故非。

以斷｜丁亂反。下同。

【疏】所在注文爲「喪所以斷」。〔註4030〕參看〈蒙〉「能斷」條。

☱兌｜徒外反，悅也。八純卦，象澤。

【疏】兌《廣韻》徒外切，定泰合一去蟹。《釋文》音同《廣韻》。「悅也」者，《易・序卦》:「兌者，說也。」〔註4031〕《易・說卦》:「兌，說也。」〔註4032〕「象澤」者，《易・說卦》:「兌爲澤。」〔註4033〕

兌說｜音悅。卦內並同。

【疏】所在經文爲「兌，說也。」〔註4034〕音悅者，說、悅，古今字也。

以先｜西薦反。又如字。

【疏】所在經文爲「說以先民」。〔註4035〕參看〈乾〉「先天」條。

〔註4028〕〔魏〕王弼、韓康伯注，〔唐〕孔穎達等正義：《周易正義》，北京：中華書局景印阮刻本，1980年版，第57頁。

〔註4029〕〔魏〕王弼、韓康伯注，〔唐〕孔穎達等正義：《周易正義》，北京：中華書局景印阮刻本，1980年版，第57頁。

〔註4030〕〔魏〕王弼、韓康伯注，〔唐〕孔穎達等正義：《周易正義》，北京：中華書局景印阮刻本，1980年版，第57頁。

〔註4031〕〔魏〕王弼、韓康伯注，〔唐〕孔穎達等正義：《周易正義》，北京：中華書局景印阮刻本，1980年版，第84頁。

〔註4032〕〔魏〕王弼、韓康伯注，〔唐〕孔穎達等正義：《周易正義》，北京：中華書局景印阮刻本，1980年版，第82頁。

〔註4033〕〔魏〕王弼、韓康伯注，〔唐〕孔穎達等正義：《周易正義》，北京：中華書局景印阮刻本，1980年版，第83頁。

〔註4034〕〔魏〕王弼、韓康伯注，〔唐〕孔穎達等正義：《周易正義》，北京：中華書局景印阮刻本，1980年版，第57頁。

〔註4035〕〔魏〕王弼、韓康伯注，〔唐〕孔穎達等正義：《周易正義》，北京：中華書局景印阮刻本，1980年版，第57頁。

犯難| 乃旦反。

【疏】所在經文爲「說以犯難」。〔註 4036〕參看〈乾〉「而難」條。

麗澤| 如字。麗，連也。鄭作「離」，云：猶併也。

【疏】所在經文爲「麗澤，兌。」〔註 4037〕「如字」者，讀如《廣韻》郎計切。「麗，連也」者，王弼注：「麗，猶連也。」〔註 4038〕麗與兼、洊義近。鄭作「離」者，音近義同，附麗、兼連也。云「猶併也」者，同。

黨繫| 本亦作「係」。

【疏】所在注文爲「无所黨係」。〔註 4039〕參看〈同人〉「繫吝」條。

商兌| 如字。商，商量也。鄭云：隱度也。

【疏】所在經文爲「商兌未寧」。〔註 4040〕「如字」者，明字形作「商」也。「商，商量也」者，王弼注：「商，商量裁制之謂也。」〔註 4041〕鄭云「隱度也」者，《廣雅・釋詁一》：「商，度也。」〔註 4042〕隱度者，猶忖度也。與商量義近。

介疾| 音界，隔也。馬云：大也。

【疏】所在經文爲「介疾有喜」。〔註 4043〕介《廣韻》古拜切，見怪開二去蟹。《釋文》音同。「隔也」者，間隔也。《左傳・昭公二十年》「偪介之關」

〔註 4036〕〔魏〕王弼、韓康伯注，〔唐〕孔穎達等正義：《周易正義》，北京：中華書局景印阮刻本，1980 年版，第 57 頁。
〔註 4037〕〔魏〕王弼、韓康伯注，〔唐〕孔穎達等正義：《周易正義》，北京：中華書局景印阮刻本，1980 年版，第 57 頁。
〔註 4038〕〔魏〕王弼、韓康伯注，〔唐〕孔穎達等正義：《周易正義》，北京：中華書局景印阮刻本，1980 年版，第 57 頁。
〔註 4039〕〔魏〕王弼、韓康伯注，〔唐〕孔穎達等正義：《周易正義》，北京：中華書局景印阮刻本，1980 年版，第 57 頁。
〔註 4040〕〔魏〕王弼、韓康伯注，〔唐〕孔穎達等正義：《周易正義》，北京：中華書局景印阮刻本，1980 年版，第 57 頁。
〔註 4041〕〔魏〕王弼、韓康伯注，〔唐〕孔穎達等正義：《周易正義》，北京：中華書局景印阮刻本，1980 年版，第 57 頁。
〔註 4042〕〔清〕王念孫撰：《廣雅疏證》，北京：中華書局，景印嘉慶年間王氏家刻本，1983 年版，第 31 頁。
〔註 4043〕〔魏〕王弼、韓康伯注，〔唐〕孔穎達等正義：《周易正義》，北京：中華書局景印阮刻本，1980 年版，第 57 頁。

杜預注：「介，隔也。」〔註 4044〕《漢書・五行志中之上》「介夏陽之阨」顏師古注：「介，隔也。」〔註 4045〕王弼注同。馬云「大也」者，言雖有大疾，終无咎也。《爾雅・釋詁上》：「介，大也。」〔註 4046〕

將近｜附近之近。

【疏】所在注文爲「將近至尊」。〔註 4047〕參看〈乾〉「近乎」條。

比於｜毗志反。

【疏】所在注文爲「比於上六」。〔註 4048〕參看〈比〉「比」條。

道長｜丁丈反。〔註 4049〕

【疏】所在注文爲「小人道長之謂」。〔註 4050〕參看〈師〉「長子」條。

䷺渙｜呼亂反，散也。〈序卦〉云：離也。離宮五世卦。

【疏】渙散之渙《廣韻》火貫切，曉換合一去山。《釋文》音同。「散也」者，《說文・水部》：「渙，流散也。」〔註 4051〕〈序卦〉云者，《易・序卦》：「渙者，離也。」〔註 4052〕又《易・雜卦》：「渙，離也。」〔註 4053〕與散義同。

〔註 4044〕〔晉〕杜預注，〔唐〕孔穎達等正義：《春秋左傳正義》，北京：中華書局景印阮刻本，1980 年版，第 391 頁。

〔註 4045〕〔漢〕班固撰：《前漢書》（四部備要本），上海：中華書局，據武英殿本校刊，1936 年版，第 484 頁。

〔註 4046〕〔晉〕郭璞注，〔宋〕邢昺疏：《爾雅注疏》，北京：中華書局景印阮刻本，1980 年版，第 2 頁。

〔註 4047〕〔魏〕王弼、韓康伯注，〔唐〕孔穎達等正義：《周易正義》，北京：中華書局景印阮刻本，1980 年版，第 57 頁。

〔註 4048〕〔魏〕王弼、韓康伯注，〔唐〕孔穎達等正義：《周易正義》，北京：中華書局景印阮刻本，1980 年版，第 57 頁。

〔註 4049〕《經典釋文彙校》：「『丁』，寫本、宋本同。汲古本作『之』。宋本『丈』譌作『長』。」見黃焯撰：《經典釋文彙校》，北京：中華書局，1980 年版，第 20 頁。

〔註 4050〕〔魏〕王弼、韓康伯注，〔唐〕孔穎達等正義：《周易正義》，北京：中華書局景印阮刻本，1980 年版，第 57 頁。

〔註 4051〕〔漢〕許慎撰：《說文解字》，北京：中華書局，景印同治十二年陳昌治刻本，1963 年版，第 229 頁。

〔註 4052〕〔魏〕王弼、韓康伯注，〔唐〕孔穎達等正義：《周易正義》，北京：中華書局景印阮刻本，1980 年版，第 84 頁。

〔註 4053〕〔魏〕王弼、韓康伯注，〔唐〕孔穎達等正義：《周易正義》，北京：中華書

王假| 庚白反。下同。梁武帝音賈。〔註 4054〕

【疏】所在經文爲「王假有廟」。〔註 4055〕《釋文》訓爲至也。而梁武帝訓爲大也。參看〈家人〉「王假」條。

而上| 如字，又時掌反。

【疏】所在注文爲「柔得位乎外而上同」。〔註 4056〕參看〈乾〉「上下」條。

之難| 乃旦反。卦內同。

【疏】所在注文爲「內剛而无險困之難」。〔註 4057〕參看〈乾〉「而難」條。

之累| 劣偽反。

【疏】所在注文爲「凡剛得暢而无忌回之累」。〔註 4058〕參看〈乾〉「之累」條。

享于| 香兩反。

【疏】所在經文爲「先王以享于帝立廟。」〔註 4059〕享《廣韻》許兩切，曉養開三上宕。《釋文》音同。

局景印阮刻本，1980 年版，第 84 頁。

〔註 4054〕《經典釋文彙校》：「寫本『庚』作『格』。」見黃焯撰：《經典釋文彙校》，北京：中華書局，1980 年版，第 20 頁。宋毛居正《六經正誤》：「『梁武帝音賈』，『賈』作『賫』，誤。」〔宋〕毛居正撰：《六經正誤》，揚州：江蘇廣陵古籍刻印社，景印通志堂經解本第十六冊，1996 年版，第 569 頁。則毛氏所見本「賈」譌作「賫」也。

〔註 4055〕〔魏〕王弼、韓康伯注，〔唐〕孔穎達等正義：《周易正義》，北京：中華書局景印阮刻本，1980 年版，第 58 頁。

〔註 4056〕〔魏〕王弼、韓康伯注，〔唐〕孔穎達等正義：《周易正義》，北京：中華書局景印阮刻本，1980 年版，第 58 頁。

〔註 4057〕〔魏〕王弼、韓康伯注，〔唐〕孔穎達等正義：《周易正義》，北京：中華書局景印阮刻本，1980 年版，第 58 頁。

〔註 4058〕〔魏〕王弼、韓康伯注，〔唐〕孔穎達等正義：《周易正義》，北京：中華書局景印阮刻本，1980 年版，第 58 頁。

〔註 4059〕〔魏〕王弼、韓康伯注，〔唐〕孔穎達等正義：《周易正義》，北京：中華書局景印阮刻本，1980 年版，第 58 頁。

用拯｜ 拯救之拯。馬云：舉也。伏曼容云：濟也。王肅云：拔也。子夏作「抍」，抍，取也。

【疏】所在經文為「用拯馬壯」。〔註 4060〕參看〈明夷〉「用拯」條。伏曼容云者，《孟子・梁惠王下》「民以為將拯己於水火之中也」趙岐注：「拯，濟也。」〔註 4061〕王肅云「拔也」者，《文選・潘勗〈冊魏公九錫文〉》「拯於危墜」劉良注：「拯，拔。」〔註 4062〕

以逝｜ 「逝」又作「遊」。

【疏】所在注文為「故可以遊行」。〔註 4063〕阮元《校勘記》：「岳本、閩監、毛本同。《釋文》出『以逝』，云『逝』又作『遊』。」〔註 4064〕疑作「逝」為佳，「遊」蓋「逝」字之譌也。

厄劇｜ 本又作「危處」，又作「厄處」。

【疏】所在注文為「不在危劇而後乃逃竄」。〔註 4065〕厄危、劇處，皆因形近相淆亂也，義皆得通。

逃竄｜ 七亂反。

【疏】竄《廣韻》七亂切，清換合一去山。《釋文》音同。

險爭｜ 爭鬭之爭。

【疏】所在注文為「不與險爭」。〔註 4066〕「爭鬭之爭」，注音兼釋義也。

〔註 4060〕〔魏〕王弼、韓康伯注，〔唐〕孔穎達等正義：《周易正義》，北京：中華書局景印阮刻本，1980 年版，第 58 頁。

〔註 4061〕〔漢〕趙岐注，〔宋〕孫奭疏：《孟子注疏》，北京：中華書局景印阮刻本，1980 年版，第 16 頁。

〔註 4062〕〔梁〕蕭統編，〔唐〕李善、呂延濟、劉良、張銑、呂向、李周翰注：《六臣注文選》，北京：中華書局，景印涵芬樓藏宋刊本，1987 年版，第 666 頁。

〔註 4063〕〔魏〕王弼、韓康伯注，〔唐〕孔穎達等正義：《周易正義》，北京：中華書局景印阮刻本，1980 年版，第 58 頁。

〔註 4064〕〔魏〕王弼、韓康伯注，〔唐〕孔穎達等正義：《周易正義》，北京：中華書局景印阮刻本，1980 年版，第 62 頁。

〔註 4065〕〔魏〕王弼、韓康伯注，〔唐〕孔穎達等正義：《周易正義》，北京：中華書局景印阮刻本，1980 年版，第 58 頁。

〔註 4066〕〔魏〕王弼、韓康伯注，〔唐〕孔穎達等正義：《周易正義》，北京：中華書局景印阮刻本，1980 年版，第 58 頁。

机｜音几。

【疏】所在經文爲「渙奔其机，悔亡。」〔註 4067〕音几者，明本字也。《說文・几部》:「几，踞几也。象形。」〔註 4068〕从木之「机」爲木名，此假作几也。王弼注:「机，承物者也。」〔註 4069〕訓同。

有丘｜姚作「有近」。

【疏】所在經文爲「渙有丘」。〔註 4070〕姚作「有近」者，丘、近，形近相淆也。清惠士奇《惠氏易說》曰:「陸氏《釋文》云:『有丘』，姚作『有近』。近，古迈字。音記。詩『往近王舅』《箋》云:『近讀若彼記之子之記』一作丌，上卦巽，巺從丌，故曰渙有丌。」〔註 4071〕案「迈」爲「近」之古字也。《詩》「往近王舅」之「近」，實則「迈」字之譌也，詳見宋毛居正《六經正誤》。〔註 4072〕由此，則迈爲語助耳。惠氏說甚辯，可備一解。

匪夷｜荀作「匪弟」。

【疏】所在經文爲「匪夷所思」。〔註 4073〕荀作「匪弟」者，夷、弟，形近相淆。清毛奇齡《仲氏易》曰:「荀爽本作『弟』，形誤。」〔註 4074〕馬王堆漢墓帛書《周易》作「娣」。〔註 4075〕娣與弟古通。荀氏蓋有所本也。

〔註 4067〕〔魏〕王弼、韓康伯注,〔唐〕孔穎達等正義:《周易正義》，北京:中華書局景印阮刻本，1980 年版，第 58 頁。

〔註 4068〕〔漢〕許愼撰:《説文解字》，北京:中華書局，景印同治十二年陳昌治刻本，1963 年版，第 299 頁。

〔註 4069〕〔魏〕王弼、韓康伯注,〔唐〕孔穎達等正義:《周易正義》，北京:中華書局景印阮刻本，1980 年版，第 58 頁。

〔註 4070〕〔魏〕王弼、韓康伯注,〔唐〕孔穎達等正義:《周易正義》，北京:中華書局景印阮刻本，1980 年版，第 58 頁。

〔註 4071〕〔清〕惠士奇撰:《惠氏易説》(皇清經解本)，上海:上海書店，景印清經解本第二冊，1988 年版，第 21 頁。

〔註 4072〕毛居正曰:「〈崧高〉『往近王舅』，注:『近，已也。』《箋》:『近，辭也。聲如彼記之子之記。』《説文》作䢋，从丌从辵。丌音基，辵音綽，今作迈，音記。字訛作近。」〔宋〕毛居正撰:《六經正誤》，揚州:江蘇廣陵古籍刻印社，景印通志堂經解本第十六冊，1996 年版，第 578 頁。

〔註 4073〕〔魏〕王弼、韓康伯注,〔唐〕孔穎達等正義:《周易正義》，北京:中華書局景印阮刻本，1980 年版，第 58 頁。

〔註 4074〕〔清〕毛奇齡撰:《仲氏易》(皇清經解本)，上海:上海書店，景印清經解本第一冊，1988 年版，第 548 頁。

〔註 4075〕廖名春釋文:《馬王堆帛書周易經傳釋文》(續四庫經部易類第 1 冊)，上海:上海古籍出版社，2002 年版，第 14 頁。

丘墟｜ 去魚反。

【疏】所在注文爲「猶有丘虛匪夷之慮」。〔註 4076〕阮元《校勘記》:「閩監、毛本同。岳本、宋本、古本『虛』作『墟』,《正義》同。《釋文》出『丘墟』。按,虛、墟,正俗字。」〔註 4077〕

渙汗｜ 下旦反。

【疏】所在經文爲「渙汗其大號」。〔註 4078〕汗《廣韻》三讀,汗水之汗侯旰切,匣翰開一去山。《釋文》音同。

以盪｜ 徒黨反。

【疏】所在注文爲「以盪險阨者也」。〔註 4079〕盪《廣韻》三讀,盪突吐郎切,透唐開一平宕。滌盪徒朗切,定蕩開一上宕。盪行他浪切,透宕開一去宕。《釋文》音同《廣韻》徒朗切。

險阨｜ 於隔反。

【疏】險阨之阨《集韻》乙革切,影麥開二入梗。《釋文》音同。

以假｜ 古雅反。

【疏】所在注文爲「正位不可以假人」。〔註 4080〕假借之假《廣韻》古疋切,見馬開二上假。《釋文》音同。

逖｜ 湯歷反。

【疏】所在經文爲「渙其血去逖出」。〔註 4081〕逖《廣韻》他歷切,透錫

〔註 4076〕〔魏〕王弼、韓康伯注,〔唐〕孔穎達等正義:《周易正義》,北京:中華書局景印阮刻本,1980 年版,第 58 頁。

〔註 4077〕〔魏〕王弼、韓康伯注,〔唐〕孔穎達等正義:《周易正義》,北京:中華書局景印阮刻本,1980 年版,第 62 頁。

〔註 4078〕〔魏〕王弼、韓康伯注,〔唐〕孔穎達等正義:《周易正義》,北京:中華書局景印阮刻本,1980 年版,第 58 頁。

〔註 4079〕〔魏〕王弼、韓康伯注,〔唐〕孔穎達等正義:《周易正義》,北京:中華書局景印阮刻本,1980 年版,第 58 頁。

〔註 4080〕〔魏〕王弼、韓康伯注,〔唐〕孔穎達等正義:《周易正義》,北京:中華書局景印阮刻本,1980 年版,第 58 頁。

〔註 4081〕〔魏〕王弼、韓康伯注,〔唐〕孔穎達等正義:《周易正義》,北京:中華書局景印阮刻本,1980 年版,第 58 頁。

開四入梗。《釋文》音同。

血去｜ 羌呂反。〔註 4082〕

【疏】參看〈蒙〉「擊去」條。

最遠｜ 袁万反。下「於遠」、〈象〉「遠害」並同。

【疏】所在注文爲「最遠於害」。〔註 4083〕參看〈乾〉「放遠」條。

不近｜ 附近之近。

【疏】所在注文爲「不近侵害」。〔註 4084〕參看〈乾〉「近乎」條。

☵☱節｜ 薦絜反，止也。明禮有制度之名。一云分段支節之義。坎宮一世卦。

【疏】節《廣韻》子結切，精屑開四入山。《釋文》音同。「止也」者，《易・雜卦》：「節，止也。」〔註 4085〕《廣雅・釋言》：「節，已也。」〔註 4086〕義同。「明禮有制度之名，一云分段支節之義」者，《易・節・彖傳》：「節以制度，不傷財，不害民。」孔彼疏云：「王者以制度爲節，使用之有道，役之有時，則不傷財，不害民也。」〔註 4087〕

男女別｜ 彼列反。

【疏】所在注文爲「男女別也」。〔註 4088〕別《廣韻》二讀，訓爲分別，

〔註 4082〕《經典釋文彙校》：「阮云：此條各本在『逖，湯歷反』下，盧本移在上，是也。焯案寫本在上。」見黃焯撰：《經典釋文彙校》，北京：中華書局，1980 年版，第 20 頁。

〔註 4083〕〔魏〕王弼、韓康伯注，〔唐〕孔穎達等正義：《周易正義》，北京：中華書局景印阮刻本，1980 年版，第 58 頁。

〔註 4084〕〔魏〕王弼、韓康伯注，〔唐〕孔穎達等正義：《周易正義》，北京：中華書局景印阮刻本，1980 年版，第 58 頁。

〔註 4085〕〔魏〕王弼、韓康伯注，〔唐〕孔穎達等正義：《周易正義》，北京：中華書局景印阮刻本，1980 年版，第 84 頁。

〔註 4086〕〔清〕王念孫撰：《廣雅疏證》，北京：中華書局，景印嘉慶年間王氏家刻本，1983 年版，第 155 頁。

〔註 4087〕〔魏〕王弼、韓康伯注，〔唐〕孔穎達等正義：《周易正義》，北京：中華書局景印阮刻本，1980 年版，第 58 頁。

〔註 4088〕〔魏〕王弼、韓康伯注，〔唐〕孔穎達等正義：《周易正義》，北京：中華書局景印阮刻本，1980 年版，第 58 頁。

音方別切，非薛開重紐三入山。訓爲異、離、解，音皮列切，並薛開重紐四入山。《釋文》彼列反，幫紐，與《廣韻》方別切古同。案陸氏《釋文》別有二讀，一讀如字，訓爲分別；一讀彼列反，訓爲辨別。故因訓釋之異，其讀亦異。如《禮記・大傳》「繫之以姓而弗別」陸德明《釋文》:「皇如字，舊彼列反。注及下同。」〔註4089〕《禮記・雜記》「以別吉凶」陸德明《釋文》:「徐彼列反，注同。」〔註4090〕《春秋左氏・哀公十一年》「今欲別其田及家財，各爲一賦」陸德明《釋文》:「如字，一音彼列反。」〔註4091〕《春秋左氏・哀公十二年》「今倒在下，更具列其月，以爲別者」陸德明《釋文》:「如字，又彼列反。」〔註4092〕《春秋穀梁傳・昭公三十一年》「別乎」陸德明《釋文》:「彼列反，又如字，注同」〔註4093〕《春秋穀梁・哀公十二年》「今別其田及家財，各出此賦」陸德明《釋文》:「如字，又彼列反。」〔註4094〕《爾雅・釋親》「從祖而別世統異故」陸德明《釋文》:「彼列反，又如字。下皆同。」〔註4095〕此皆是也。

復正|扶又反。

【疏】所在注文爲「則不可復正也」。〔註4096〕參看〈蒙〉「則復」條。

說以|音悅。注同。

【疏】所在經文爲「說以行險」。〔註4097〕說、悅，古今字。

〔註4089〕〔唐〕陸德明撰：《經典釋文》，北京：中華書局，景印徐乾學通志堂刻本，1983年版，第193頁。

〔註4090〕〔唐〕陸德明撰：《經典釋文》，北京：中華書局，景印徐乾學通志堂刻本，1983年版，第199頁。

〔註4091〕〔唐〕陸德明撰：《經典釋文》，北京：中華書局，景印徐乾學通志堂刻本，1983年版，第301頁。

〔註4092〕〔唐〕陸德明撰：《經典釋文》，北京：中華書局，景印徐乾學通志堂刻本，1983年版，第301頁。

〔註4093〕〔唐〕陸德明撰：《經典釋文》，北京：中華書局，景印徐乾學通志堂刻本，1983年版，第338頁。

〔註4094〕〔唐〕陸德明撰：《經典釋文》，北京：中華書局，景印徐乾學通志堂刻本，1983年版，第340頁。

〔註4095〕〔唐〕陸德明撰：《經典釋文》，北京：中華書局，景印徐乾學通志堂刻本，1983年版，第415頁。

〔註4096〕〔魏〕王弼、韓康伯注，〔唐〕孔穎達等正義：《周易正義》，北京：中華書局景印阮刻本，1980年版，第58頁。

〔註4097〕〔魏〕王弼、韓康伯注，〔唐〕孔穎達等正義：《周易正義》，北京：中華書

澤上有水｜「上」或作「中」，今不用。

【疏】所在經文爲「澤上有水，節。」〔註4098〕阮元《校勘記》:「石經、岳本、閩監、毛本同。《釋文》:『上』或作『中』，今不用。」案當作「澤上」爲是，因卦象爲坎下兌上也。又如《易・師・象》云:「地中有水」〔註4099〕，而《易・比・象》則云:「地上有水」〔註4100〕。

德行｜下孟反。下注同。

【疏】所在經文爲「議德行」。〔註4101〕參看〈乾〉「庸行」條。

故匿｜女力反。

【疏】所在注文爲「而故匿之」。〔註4102〕匿《廣韻》女力切，泥職開三入曾。《釋文》音同。

所怨｜紆万反。又紆元反。

【疏】所在注文爲「无所怨咎」。〔註4103〕怨《廣韻》二讀，於願切，影願合三去山。於袁切，影元合三平山。《羣經音辨・卷六》:「怨，尤之也，於元切，鄭康成說《禮》:不能樂天，謂不知己過而怨天也。意有所尤謂之怨，紆万切。」〔註4104〕則「怨」平聲爲動詞，去聲爲名詞矣。《釋文》首音同《廣韻》去聲。又紆元反音同《廣韻》平聲。

䷼中孚｜芳夫反，信也。艮宮遊魂卦。

局景印阮刻本，1980年版，第58頁。

〔註4098〕〔魏〕王弼、韓康伯注，〔唐〕孔穎達等正義:《周易正義》，北京:中華書局景印阮刻本，1980年版，第58頁。

〔註4099〕〔魏〕王弼、韓康伯注，〔唐〕孔穎達等正義:《周易正義》，北京:中華書局景印阮刻本，1980年版，第13頁。

〔註4100〕〔魏〕王弼、韓康伯注，〔唐〕孔穎達等正義:《周易正義》，北京:中華書局景印阮刻本，1980年版，第14頁。

〔註4101〕〔魏〕王弼、韓康伯注，〔唐〕孔穎達等正義:《周易正義》，北京:中華書局景印阮刻本，1980年版，第58頁。

〔註4102〕〔魏〕王弼、韓康伯注，〔唐〕孔穎達等正義:《周易正義》，北京:中華書局景印阮刻本，1980年版，第58頁。

〔註4103〕〔魏〕王弼、韓康伯注，〔唐〕孔穎達等正義:《周易正義》，北京:中華書局景印阮刻本，1980年版，第58頁。

〔註4104〕〔宋〕賈昌朝撰:《羣經音辨》(叢書集成初編語文學類第1208冊)，上海:商務印書館，景印畿輔叢書本，1939年版，第142頁。

【疏】孚《廣韻》芳無切，敷虞合三平遇。《釋文》音同。信也者，《爾雅・釋詁上》：「孚，信也。」〔註 4105〕

豚｜徒尊反。黃作「遯」。

【疏】所在經文爲「豚魚吉」。〔註 4106〕豚《廣韻》徒渾切，定魂合一平臻。《釋文》音同。黃作「遯」者，李鼎祚《集解》按云：「虞氏以三至上體〈遯〉，便以豚魚爲遯魚」。〔註 4107〕是以虞翻與黃氏義同也。又，焦循《易章句》亦讀豚爲遯。按，豚、遯古通，漢揚雄《太玄・瞢》：「師或導射，豚其埻。」范望注：「豚，遁也。」〔註 4108〕

說而｜音悅。下注皆同。

【疏】所在經文爲「說而巽」。〔註 4109〕說、悅，古今字。

乖爭｜爭鬪之爭。

【疏】所在注文爲「則乖爭不作」。〔註 4110〕「爭鬪之爭」，注音兼釋義也。

之行｜下孟反。

【疏】所在注文爲「敦實之行著」。〔註 4111〕參看〈乾〉「庸行」條。

畜之｜許六反。本或作「獸」。

【疏】所在注文爲「豚者，獸之微賤者也。」〔註 4112〕阮元《校勘記》：「岳

〔註 4105〕〔晉〕郭璞注，〔宋〕邢昺疏：《爾雅注疏》，北京：中華書局景印阮刻本，1980 年版，第 3 頁。

〔註 4106〕〔魏〕王弼、韓康伯注，〔唐〕孔穎達等正義：《周易正義》，北京：中華書局景印阮刻本，1980 年版，第 59 頁。

〔註 4107〕〔唐〕李鼎祚撰：《周易集解》，北京：中國書店，景印嘉慶三年姑蘇喜墨齋張遇堯局鐫本，1987 年版，卷十二，第 4 頁。

〔註 4108〕〔漢〕楊雄撰，〔晉〕范望注：《太玄經》（四部叢刊本），上海：商務印書館，景印上海涵芬樓景印明萬玉堂翻宋本，1922 年版，卷六，第 1 頁。

〔註 4109〕〔魏〕王弼、韓康伯注，〔唐〕孔穎達等正義：《周易正義》，北京：中華書局景印阮刻本，1980 年版，第 59 頁。

〔註 4110〕〔魏〕王弼、韓康伯注，〔唐〕孔穎達等正義：《周易正義》，北京：中華書局景印阮刻本，1980 年版，第 59 頁。

〔註 4111〕〔魏〕王弼、韓康伯注，〔唐〕孔穎達等正義：《周易正義》，北京：中華書局景印阮刻本，1980 年版，第 59 頁。

〔註 4112〕〔魏〕王弼、韓康伯注，〔唐〕孔穎達等正義：《周易正義》，北京：中華書

本、閩監、毛本同。《釋文》出『畜之』，云本或作『獸』。」〔註 4113〕畜《廣韻》二讀，作畜生解時音丑救切，徹宥開三去流。作養解時音許竹切，曉屋合三入通。《釋文》音同《廣韻》入聲。本或作「獸」者，義亦通。

涉難｜乃旦反。

【疏】所在注文爲「用中孚以涉難」。〔註 4114〕參看〈乾〉「而難」條。

有它｜音他。

【疏】所在經文爲「虞吉，有它不燕。」〔註 4115〕它《廣韻》託何切，透歌開一平果。《釋文》音同。

燕｜音鷰。

【疏】燕《廣韻》二讀，燕安之燕於甸切，影霰開四去山。燕國之燕烏前切，影先開四平山。《釋文》音同《廣韻》去聲。

鶴｜戶各反。

【疏】所在經文爲「鶴鳴在陰」。〔註 4116〕鶴《廣韻》下各切，匣鐸開一入宕。《釋文》音同。

和之｜胡臥反。注及下同。

【疏】所在經文爲「其子和之」。〔註 4117〕和作唱和解時《廣韻》胡臥切，匣過合一去果。《釋文》音同。

好爵｜如字。王肅呼報反。孟云：好，小也。

局景印阮刻本，1980 年版，第 59 頁。

〔註 4113〕〔魏〕王弼、韓康伯注，〔唐〕孔穎達等正義：《周易正義》，北京：中華書局景印阮刻本，1980 年版，第 62 頁。

〔註 4114〕〔魏〕王弼、韓康伯注，〔唐〕孔穎達等正義：《周易正義》，北京：中華書局景印阮刻本，1980 年版，第 59 頁。

〔註 4115〕〔魏〕王弼、韓康伯注，〔唐〕孔穎達等正義：《周易正義》，北京：中華書局景印阮刻本，1980 年版，第 59 頁。

〔註 4116〕〔魏〕王弼、韓康伯注，〔唐〕孔穎達等正義：《周易正義》，北京：中華書局景印阮刻本，1980 年版，第 59 頁。

〔註 4117〕〔魏〕王弼、韓康伯注，〔唐〕孔穎達等正義：《周易正義》，北京：中華書局景印阮刻本，1980 年版，第 59 頁。

【疏】所在經文爲「我有好爵」。〔註 4118〕如字者，讀如《廣韻》呼皓切，曉皓開一上效。王肅呼報反者，音同《廣韻》去聲呼到切，曉號開一去效。孟云「好，小也」者，假好爲小也。好（曉紐幽韻）小（心紐宵韻）音近。

爾靡｜ 本又作「縻」，同亡池反，散也。干同，徐又武寄反，又亡彼反。《韓詩》云：共也。孟同。《埤蒼》作「縻」，云：散也。陸作「𦂕」。京作「劘」。〔註 4119〕

【疏】所在經文爲「吾與爾靡之」。〔註 4120〕本又作「縻」者，當依盧本改作「縻」，靡、縻二字古通。《呂氏春秋・孟夏》「縻草死」畢沅《新校正》：「縻，〈月令〉作靡。」〔註 4121〕又《文選・盧湛〈贈劉琨〉》「縻軀不悔」舊校：「縻，善作靡字。」〔註 4122〕此皆靡、縻相通之證也。而此處本又作「縻」者，假縻爲靡也，訓同靡。靡《廣韻》文彼切，明紙開重紐三上止。《集韻》增有忙皮切，明支開重紐三平止，《釋文》亡池反，微紐支韻，古同重脣音。「散也」者，《戰國策・韓策三》「必外靡於天下矣」吳師道注：「靡，散也。」〔註 4123〕《漢書・文帝紀》「爲酒醪，以靡穀者多」顏師古注：「靡，散也。」〔註 4124〕王弼注亦訓爲散，又《周易口義・卷十》：「靡，散也。言我有美好

〔註 4118〕〔魏〕王弼、韓康伯注，〔唐〕孔穎達等正義：《周易正義》，北京：中華書局景印阮刻本，1980 年版，第 59 頁。

〔註 4119〕《經典釋文彙校》：「『縻』，盧改作『縻』。《考證》云：下《埤蒼》作『縻』。則此必不作『縻』。案盧改是也。寫本、宋本、葉鈔並作『縻』。『亡彼』葉鈔作『亡波』，段氏因謂當依《集韻》作『波』。案寫本、宋本皆作『彼』，段說非是。『劘』，閩監本作『劘』。」見黃焯撰：《經典釋文彙校》，北京：中華書局，1980 年版，第 20 頁。

〔註 4120〕〔魏〕王弼、韓康伯注，〔唐〕孔穎達等正義：《周易正義》，北京：中華書局景印阮刻本，1980 年版，第 59 頁。

〔註 4121〕〔清〕畢沅撰：《呂氏春秋》（二十二子本），上海：上海古籍出版社，景印光緒初年浙江書局輯刊本，1986 年版，第 639 頁。

〔註 4122〕〔梁〕蕭統編，〔唐〕李善、呂延濟、劉良、張銑、呂向、李周翰注：《六臣注文選》，北京：中華書局，景印涵芬樓藏宋刊本，1987 年版，第 469 頁。

〔註 4123〕〔宋〕鮑彪校注，〔元〕吳師道重校，〔明〕張文爟集評：《戰國策譚棷》（四庫存目叢書史部第 44 冊），濟南：齊魯書社，景印明萬曆刻本，第 318 頁。

〔註 4124〕〔漢〕班固撰：《前漢書》（四部備要本），上海：中華書局，據武英殿本校刊，1936 年版，第 53 頁。

之爵與爾共散之也。蓋至誠所感，上下和悅之至也。」〔註 4125〕靡者，猶分也。干同者，干寶亦訓靡爲散也。徐又武寄反，微紐寘韻，《集韻》增有縻詖切，明寘開重紐四去止。又亡彼反，微紐紙韻，《集韻》增有母被切，明紙開重紐三上止。古無輕唇音，是以微紐字古入明紐也。故徐邈二讀，於《集韻》有徵。《韓詩》云「共也」者，《詩・衛風・氓》「靡室勞矣」王先謙《三家義集疏》引《韓說》同，蓋本《釋文》也。《集解》引虞翻曰：「靡，共也。」〔註 4126〕訓同。又孔穎達合散、共二義言之，其《正義》曰：「若我有好爵，吾原與爾賢者分散而共之」。〔註 4127〕《埤蒼》作「縻」者，假縻爲靡也，訓同王弼。又如《漢書・律曆志》：「其狀似爵，以縻爵祿」顏師古注引晉灼曰：「縻，散也。」〔註 4128〕與《埤蒼》同。陸作「䌕」者，「䌕」爲「縻」之異體字。《古今韻會舉要・支韻》：「縻，亦書作䌕。」〔註 4129〕京作「劘」者，《玉篇・刀部》：「劘，削也。」〔註 4130〕《楚辭・九懷・株昭》「貴寵沙劘」洪興祖《補注》：「劘，削也。」〔註 4131〕又《太玄・玄掜》「劘之於事」范望注：「劘，謂切劘。」〔註 4132〕《篇海類編・器用類・刀部》：「劘，分割也。」〔註 4133〕由切削引申之而有切分之義，是劘與靡音近義同也，皆訓爲散也。《經典釋文彙校》云「劘」閩監本作「劚」者，蓋與「縻」同也。

〔註 4125〕〔宋〕胡瑗撰，倪天隱述：《周易口義》，臺灣：商務印書館，景印文淵閣四庫全書本第 8 冊，1983 年版，第 435 頁。

〔註 4126〕〔唐〕李鼎祚撰：《周易集解》，北京：中國書店，景印嘉慶三年姑蘇喜墨齋張遇堯局鐫本，1987 年版，卷十二，第 5 頁。

〔註 4127〕〔魏〕王弼、韓康伯注，〔唐〕孔穎達等正義：《周易正義》，北京：中華書局景印阮刻本，1980 年版，第 59 頁。

〔註 4128〕〔漢〕班固撰：《前漢書》（四部備要本），上海：中華書局，據武英殿本校刊，1936 年版，第 344 頁。

〔註 4129〕〔元〕黃公紹編輯，熊忠舉要：《古今韻會舉要》，明嘉靖戊戌江西提學李愚谷刊本，卷二，第 37 頁。

〔註 4130〕〔梁〕顧野王撰：《宋本玉篇》，北京：中國書店，景印張氏澤存堂本，1983 年版，第 320 頁。

〔註 4131〕〔宋〕洪興祖撰：《楚辭補注》（叢書集成初編文學類第 1812～1816 冊），上海：商務印書館，據惜陰軒叢書本排印，1939 年版，第 224 頁。

〔註 4132〕〔漢〕楊雄撰，〔晉〕范望注：《太玄經》（四部叢刊本），上海：商務印書館，景印上海涵芬樓景印明萬玉堂翻宋本，1922 年版，卷九，第 8 頁。

〔註 4133〕〔明〕宋濂撰，屠隆訂正，張嘉和輯：《篇海類編》（續四庫經部小學類第 229～230 冊），上海：上海古籍出版社，景印國家圖書館藏明刻本，2002 年版，第 227 頁。

重陰| 直龍反。

【疏】所在注文爲「處內而居重陰之下」。〔註 4134〕重複之重《廣韻》直容切，澄鍾合三平通。《釋文》音同。

不徇| 似俊反。

【疏】所在注文爲「不徇於外」。〔註 4135〕徇《廣韻》辭閏切，邪稕合三去臻。《釋文》音同。

或罷| 如字。王肅音皮。徐扶彼反。〔註 4136〕

【疏】所在經文爲「得敵，或鼓或罷，或泣或歌。」〔註 4137〕如字者，讀如《廣韻》薄蟹切，並蟹開二上蟹。訓爲止也。《廣韻・蟹韻》:「罷，止也。」〔註 4138〕王肅音皮者，音同《廣韻》符羈切，並支開重紐三平止。訓爲疲也。《廣雅・釋詁一》:「罷，勞也。」〔註 4139〕王弼注云:「不量其力，進退无恒，憊可知也。」〔註 4140〕是亦訓罷爲疲憊之義。徐扶彼反，奉紐紙韻。按，罷《集韻》增有部靡切，並紙開重紐三上止，徐音古同。訓罷爲離散也。《經典釋文彙校》云「汲古本、雅雨本作『波』」者，顧炎武《易音・卷一》云:「王肅音皮，徐邈音扶波反，竝音婆。今人讀皮爲蒲糜反，而罷倦之字因之。至罷休之字，則又別爲蒲蟹反。此字遂誤入五支、十二蟹二韻。」〔註 4141〕顧氏以古音爲婆音，與下文歌韻。

〔註 4134〕〔魏〕王弼、韓康伯注，〔唐〕孔穎達等正義:《周易正義》，北京：中華書局景印阮刻本，1980 年版，第 59 頁。

〔註 4135〕〔魏〕王弼、韓康伯注，〔唐〕孔穎達等正義:《周易正義》，北京：中華書局景印阮刻本，1980 年版，第 59 頁。

〔註 4136〕《經典釋文彙校》:「彼，寫本、宋本同。汲古本、雅雨本作『波』。」見黃焯撰:《經典釋文彙校》，北京：中華書局，1980 年版，第 20 頁。

〔註 4137〕〔魏〕王弼、韓康伯注，〔唐〕孔穎達等正義:《周易正義》，北京：中華書局景印阮刻本，1980 年版，第 59 頁。

〔註 4138〕〔宋〕陳彭年，丘雍撰:《宋本廣韻》，南京：江蘇教育出版社，景印南宋巾箱本，2008 年版，第 77 頁。

〔註 4139〕〔清〕王念孫撰:《廣雅疏證》，北京：中華書局，景印嘉慶年間王氏家刻本，1983 年版，第 32 頁。

〔註 4140〕〔魏〕王弼、韓康伯注，〔唐〕孔穎達等正義:《周易正義》，北京：中華書局景印阮刻本，1980 年版，第 59 頁。

〔註 4141〕〔清〕顧炎武撰:《音學五書》，北京：中華書局，景印觀稼樓仿刻本，1982 年版，第 198 頁。

少陰｜ 詩照反。

【疏】所在注文爲「三居少陰之上」。〔註 4142〕少《廣韻》二讀，多少音書沼切，書小開三上效。幼少失照切，書笑開三去效。《釋文》音同《廣韻》去聲。

長陰｜ 丁丈反。

【疏】所在注文爲「四居長陰之下」。〔註 4143〕參看〈師〉「長子」條。

相比｜ 毗志反。

【疏】所在注文爲「對而不相比」。〔註 4144〕參看〈比〉「比」條。

而閡｜ 五代反。

【疏】所在注文爲「欲進而閡敵」。〔註 4145〕參看〈蒙〉「閡山」條。

憊｜ 備拜反。

【疏】所在注文爲「憊可知也」。〔註 4146〕憊《廣韻》蒲拜切，並怪開二去蟹。《釋文》音同。

幾望｜ 音祈。又音祈。京作「近」。荀作「既」。〔註 4147〕

【疏】所在經文爲「月幾望」。〔註 4148〕參看〈屯〉「君子幾」條。馬王堆漢墓帛書《周易》作「既」。與荀本同。〔註 4149〕

〔註 4142〕〔魏〕王弼、韓康伯注，〔唐〕孔穎達等正義：《周易正義》，北京：中華書局景印阮刻本，1980 年版，第 59 頁。

〔註 4143〕〔魏〕王弼、韓康伯注，〔唐〕孔穎達等正義：《周易正義》，北京：中華書局景印阮刻本，1980 年版，第 59 頁。

〔註 4144〕〔魏〕王弼、韓康伯注，〔唐〕孔穎達等正義：《周易正義》，北京：中華書局景印阮刻本，1980 年版，第 59 頁。

〔註 4145〕〔魏〕王弼、韓康伯注，〔唐〕孔穎達等正義：《周易正義》，北京：中華書局景印阮刻本，1980 年版，第 59 頁。

〔註 4146〕〔魏〕王弼、韓康伯注，〔唐〕孔穎達等正義：《周易正義》，北京：中華書局景印阮刻本，1980 年版，第 59 頁。

〔註 4147〕《經典釋文彙校》：「惠云：近音幾，幾又讀爲冀。」見黃焯撰：《經典釋文彙校》，北京：中華書局，1980 年版，第 20 頁。

〔註 4148〕〔魏〕王弼、韓康伯注，〔唐〕孔穎達等正義：《周易正義》，北京：中華書局景印阮刻本，1980 年版，第 59 頁。

〔註 4149〕廖名春釋文：《馬王堆帛書周易經傳釋文》（續四庫經部易類第 1 冊），上海：

而上| 時掌反。〈象〉同。

【疏】所在注文爲「故曰絕類而上」。〔註4150〕參看〈乾〉「上下」條。

攣| 力圓反。《廣雅》云：拲也。

【疏】所在經文爲「有孚攣如」。攣《廣韻》呂員切，來仙合三平山。《釋文》音同。《廣雅》云「拲也」者，未見今本《廣雅》。《說文・手部》「攣，係也。从手，䜌聲。」〔註4151〕而拲者，《說文・手部》：「拲，兩手同械也。从手，从共，共亦聲。《周禮》：『上辠，梏拲而桎。』」〔註4152〕是二字義近，有拘攣之義也。

可舍| 音捨。

【疏】所在注文爲「信何可舍」。〔註4153〕參看〈屯〉「如舍」條。

翰| 胡旦反。高飛。

【疏】所在經文爲「翰音登于天」。〔註4154〕翰《廣韻》二讀，侯旰切，匣翰開一去山。胡安切，匣寒開一平山。音異義同。《釋文》音同《廣韻》侯旰切。「高飛」者，王弼注：「翰，高飛也。」〔註4155〕

內喪| 息浪反。

【疏】所在注文爲「忠篤內喪」。〔註4156〕參看〈乾〉「知喪」條。

上海古籍出版社，2002年版，第14頁。

〔註4150〕〔魏〕王弼、韓康伯注，〔唐〕孔穎達等正義：《周易正義》，北京：中華書局景印阮刻本，1980年版，第59頁。

〔註4151〕〔漢〕許愼撰：《說文解字》，北京：中華書局，景印同治十二年陳昌治刻本，1963年版，第255頁。

〔註4152〕〔漢〕許愼撰：《說文解字》，北京：中華書局，景印同治十二年陳昌治刻本，1963年版，第257頁。

〔註4153〕〔魏〕王弼、韓康伯注，〔唐〕孔穎達等正義：《周易正義》，北京：中華書局景印阮刻本，1980年版，第59頁。

〔註4154〕〔魏〕王弼、韓康伯注，〔唐〕孔穎達等正義：《周易正義》，北京：中華書局景印阮刻本，1980年版，第59頁。

〔註4155〕〔魏〕王弼、韓康伯注，〔唐〕孔穎達等正義：《周易正義》，北京：中華書局景印阮刻本，1980年版，第59頁。

〔註4156〕〔魏〕王弼、韓康伯注，〔唐〕孔穎達等正義：《周易正義》，北京：中華書局景印阮刻本，1980年版，第59頁。

䷽小過｜ 古臥反。義與〈大過〉同。王肅云：音戈。兌宮遊魂卦。

【疏】參看〈大過〉「大過」條。

遺之｜ 如字。〔註 4157〕

【疏】所在經文爲「飛鳥遺之音」。〔註 4158〕遺《廣韻》二讀，訓爲失，以追切，以脂合三平止。訓爲贈，以醉切，以至合三去止。《釋文》如字，讀如《廣韻》以追切。《經典釋文彙校》云寫本如字下有「肅遺類反」者，音同《廣韻》去聲。清查慎行《周易玩辭集解・卷八》〔註 4159〕亦讀爲去聲。

不宜上｜ 時掌反，注同。下及文「不宜上」、上六注「上亦」同。鄭如字，謂君也。〔註 4160〕

【疏】所在經文爲「不宜上」。〔註 4161〕參看〈乾〉「上下」條。《釋文》時掌反者，爲動詞，王弼如之。「鄭如字，謂君也」者，訓「上」爲名詞，「不宜上」意爲不宜君上也。義亦通。

而浸｜ 子鴆反。

【疏】所在注文爲「柔而浸大」。〔註 4162〕參看〈臨〉「剛浸」條。

以行｜ 下孟反。

【疏】所在經文爲「君子以行過乎恭」。〔註 4163〕參看〈乾〉「庸行」條。

所錯｜ 本又作「措」，又作「厝」。同七路反。

〔註 4157〕《經典釋文彙校》：「寫本『如字』下有『肅遺類反』四字。」見黃焯撰：《經典釋文彙校》，北京：中華書局，1980 年版，第 20 頁。

〔註 4158〕〔魏〕王弼、韓康伯注，〔唐〕孔穎達等正義：《周易正義》，北京：中華書局景印阮刻本，1980 年版，第 59 頁。

〔註 4159〕〔清〕查慎行撰：《周易玩辭集解》，臺灣：商務印書館，景印文淵閣四庫全書本第 41 冊，1983 年版，第 605 頁。

〔註 4160〕《經典釋文彙校》：「『亦』，宋本同。盧本作『極』，是也。」（彙校 20）見黃焯撰：《經典釋文彙校》，北京：中華書局，1980 年版，第 20 頁。

〔註 4161〕〔魏〕王弼、韓康伯注，〔唐〕孔穎達等正義：《周易正義》，北京：中華書局景印阮刻本，1980 年版，第 59 頁。

〔註 4162〕〔魏〕王弼、韓康伯注，〔唐〕孔穎達等正義：《周易正義》，北京：中華書局景印阮刻本，1980 年版，第 59 頁。

〔註 4163〕〔魏〕王弼、韓康伯注，〔唐〕孔穎達等正義：《周易正義》，北京：中華書局景印阮刻本，1980 年版，第 59 頁。

【疏】所在注文爲「无所錯足」。〔註 4164〕錯置之「錯」典籍又作「措」、「厝」。皆一聲之轉也。《說文・手部》:「措，置也。从手昔聲。」〔註 4165〕措爲本字，錯、厝皆假借字也。錯《廣韻》二讀，倉各切，清鐸開一入宕。倉故切，清暮合一去遇。《羣經音辨・卷五》:「錯，雜也，倉各切。錯，置也，七故切，《論語》『舉直錯諸枉』。」〔註 4166〕《釋文》音同《廣韻》倉故切。

其妣｜ 必履反。

【疏】所在經文爲「遇其妣」。〔註 4167〕妣《廣韻》卑履切，幫旨開重紐四上止。《釋文》音同。

于僭｜ 子念反。

【疏】所在注文爲「過而不至於僭」。〔註 4168〕僭《廣韻》子念切，精桥開四去咸。《釋文》音同。

盡於｜ 津忍反。

【疏】所在注文爲「盡於臣位而已」。〔註 4169〕參看〈乾〉「故盡」條。

或戕｜ 徐在良反。注同。

【疏】所在經文爲「從或戕之」。〔註 4170〕戕《廣韻》在良切，從陽開三平宕。徐音同。

〔註 4164〕〔魏〕王弼、韓康伯注，〔唐〕孔穎達等正義：《周易正義》，北京：中華書局景印阮刻本，1980 年版，第 59 頁。

〔註 4165〕〔漢〕許愼撰：《説文解字》，北京：中華書局，景印同治十二年陳昌治刻本，1963 年版，第 252 頁。

〔註 4166〕〔宋〕賈昌朝撰：《羣經音辨》(叢書集成初編語文學類第 1208 冊)，上海：商務印書館，景印畿輔叢書本，1939 年版，第 127 頁。

〔註 4167〕〔魏〕王弼、韓康伯注，〔唐〕孔穎達等正義：《周易正義》，北京：中華書局景印阮刻本，1980 年版，第 59 頁。

〔註 4168〕〔魏〕王弼、韓康伯注，〔唐〕孔穎達等正義：《周易正義》，北京：中華書局景印阮刻本，1980 年版，第 60 頁。

〔註 4169〕〔魏〕王弼、韓康伯注，〔唐〕孔穎達等正義：《周易正義》，北京：中華書局景印阮刻本，1980 年版，第 60 頁。

〔註 4170〕〔魏〕王弼、韓康伯注，〔唐〕孔穎達等正義：《周易正義》，北京：中華書局景印阮刻本，1980 年版，第 60 頁。

故令｜力呈反。注同。〔註4171〕

【疏】所在注文爲「故令小者得過也」。〔註4172〕參看〈訟〉「而令」條。

先過｜西薦反。

【疏】所在注文爲「而不能先過防之」。〔註4173〕參看〈乾〉「先天」條。

而復｜扶又反。卦末同。〔註4174〕

【疏】所在注文爲「而復應而從焉」。〔註4175〕參看〈蒙〉「則復」條。

晏安｜於諫反。又音宴。

【疏】所在注文爲「夫宴安酖毒，不可懷也」。〔註4176〕晏《廣韻》二讀，烏旰切，影翰開一去山。烏澗切，影諫開二去山。《釋文》首音同《廣韻》烏澗切。又音宴，影霰開四去山。

鴆｜除蔭反。本亦作「酖」。

【疏】鴆《廣韻》直禁切，澄沁開三去深。《釋文》音同。本亦作「酖」者，假酖爲鴆也。《說文・鳥部》：「鴆，毒鳥也。从鳥冘聲。一名運日。」〔註4177〕段玉裁注云：「《左傳》鴆毒字皆作『酖』，假借也。」〔註4178〕

沒怯｜去業反。

〔註4171〕《經典釋文彙校》：「『注』，宋本同。盧本作『下』，阮云：是也。」見黃焯撰：《經典釋文彙校》，北京：中華書局，1980年版，第20頁。

〔註4172〕〔魏〕王弼、韓康伯注，〔唐〕孔穎達等正義：《周易正義》，北京：中華書局景印阮刻本，1980年版，第60頁。

〔註4173〕〔魏〕王弼、韓康伯注，〔唐〕孔穎達等正義：《周易正義》，北京：中華書局景印阮刻本，1980年版，第60頁。

〔註4174〕《經典釋文彙校》：「盧本『末』誤『未』。」見黃焯撰：《經典釋文彙校》，北京：中華書局，1980年版，第20頁。

〔註4175〕〔魏〕王弼、韓康伯注，〔唐〕孔穎達等正義：《周易正義》，北京：中華書局景印阮刻本，1980年版，第60頁。

〔註4176〕〔魏〕王弼、韓康伯注，〔唐〕孔穎達等正義：《周易正義》，北京：中華書局景印阮刻本，1980年版，第60頁。

〔註4177〕〔漢〕許慎撰：《說文解字》，北京：中華書局，景印同治十二年陳昌治刻本，1963年版，第82頁。

〔註4178〕〔清〕段玉裁撰：《說文解字注》，上海：上海古籍出版社，景印嘉慶二十年經韻樓本，1988年版，第156頁。

【疏】所在注文為「沈沒怯弱」。〔註 4179〕怯《廣韻》去劫切，溪業開三入咸。《釋文》音同。

公弋｜ 餘職反。

【疏】所在經文為「公弋取彼在穴」。〔註 4180〕弋《廣韻》與職切，以職開三入曾。《釋文》音同。

則蒸｜ 章勝反。字又作「烝」。或作「塍」字，非。

【疏】所在注文為「則烝而為雨」。〔註 4181〕蒸《廣韻》煮仍切，章蒸開三平曾。《釋文》音同。字又作「烝」者，「烝」為「蒸」之本字也。《說文・火部》：「烝，火气上行也。从火丞聲。」〔註 4182〕段玉裁注云：「烝，經典多叚蒸為之。」〔註 4183〕或作「塍」字者，「塍」蓋「騰」之假借字也，義與「烝」同。《儀禮・燕禮》「塍觚于賓」鄭玄注：「今文『塍』皆作『騰』。」〔註 4184〕

小畜｜ 本又作「蓄」，同勑六反。

【疏】所在注文為「是故小畜尚往而亨」。〔註 4185〕畜、蓄古通，皆音敕六反。參看〈小畜〉「小畜」條。

其施｜ 始豉反。

【疏】所在注文為「未能行其施也」。〔註 4186〕參看〈乾〉「德施」條。

〔註 4179〕〔魏〕王弼、韓康伯注，〔唐〕孔穎達等正義：《周易正義》，北京：中華書局景印阮刻本，1980 年版，第 60 頁。
〔註 4180〕〔魏〕王弼、韓康伯注，〔唐〕孔穎達等正義：《周易正義》，北京：中華書局景印阮刻本，1980 年版，第 60 頁。
〔註 4181〕〔魏〕王弼、韓康伯注，〔唐〕孔穎達等正義：《周易正義》，北京：中華書局景印阮刻本，1980 年版，第 60 頁。
〔註 4182〕〔漢〕許慎撰：《說文解字》，北京：中華書局，景印同治十二年陳昌治刻本，1963 年版，第 207 頁。
〔註 4183〕〔清〕段玉裁撰：《說文解字注》，上海：上海古籍出版社，景印嘉慶二十年經韻樓本，1988 年版，第 481 頁。
〔註 4184〕〔漢〕鄭玄注，〔唐〕賈公彥疏：《儀禮注疏》，北京：中華書局景印阮刻本，1980 年版，第 73 頁。
〔註 4185〕〔魏〕王弼、韓康伯注，〔唐〕孔穎達等正義：《周易正義》，北京：中華書局景印阮刻本，1980 年版，第 60 頁。
〔註 4186〕〔魏〕王弼、韓康伯注，〔唐〕孔穎達等正義：《周易正義》，北京：中華書局景印阮刻本，1980 年版，第 60 頁。

而難｜ 乃旦反。

【疏】所在注文爲「過小而難未大作」。〔註 4187〕參看〈乾〉「而難」條。

巳上也｜ 並如字。上又時掌反。注同。鄭作「尚」，云庶幾也。

【疏】所在經文爲「『密云不雨』，已上也。」〔註 4188〕並「如字」者，蓋讀「巳」爲「已」，讀「上」爲去聲也。「上」爲去聲則爲名詞，「已」置名詞前於語法不協，若讀「上」爲如字，則似當讀「巳」爲「己」，義爲己居處一卦之上。而「上」又時掌反者，則爲動詞，義亦通。參看〈乾〉「上下」條。鄭作「尚」者，上、尚古通。云「庶幾也」者，《說文・八部》：「尚，曾也，庶幾也。」〔註 4189〕《易・大壯・象傳》「尚往也」、《易・損・象傳》「尚合志也」孔穎達疏皆云：「尚，庶幾也。」〔註 4190〕

陽巳上，故止也｜ 本又作「陽巳上，故少陰止」。少音多少之少。〔註 4191〕

【疏】所在注文爲「陽巳上，故止也。」本又作「陽巳上，故少陰止」者，王弼於「密雲不雨」下注云：「夫雨者，陰在於上，而陽薄之而不得通，則烝而爲雨。」〔註 4192〕「少陰」者，猶小陰，謂六五也。

上六：弗遇｜ 王付反。本多誤，故詳之。〔註 4193〕

【疏】所在經文爲「上六：弗遇過之」。〔註 4194〕遇《廣韻》牛具切，疑

〔註 4187〕〔魏〕王弼、韓康伯注，〔唐〕孔穎達等正義：《周易正義》，北京：中華書局景印阮刻本，1980 年版，第 60 頁。

〔註 4188〕〔魏〕王弼、韓康伯注，〔唐〕孔穎達等正義：《周易正義》，北京：中華書局景印阮刻本，1980 年版，第 60 頁。

〔註 4189〕〔清〕段玉裁撰：《說文解字注》，上海：上海古籍出版社，景印嘉慶二十年經韻樓本，1988 年版，第 28 頁。

〔註 4190〕〔魏〕王弼、韓康伯注，〔唐〕孔穎達等正義：《周易正義》，北京：中華書局景印阮刻本，1980 年版，第 36、41 頁。

〔註 4191〕《經典釋文彙校》：「注文『止』，宋本同。阮云：十行本、閩監本『止』作『上』，非也。焯案寫本已譌作『上』。」見黃焯撰：《經典釋文彙校》，北京：中華書局，1980 年版，第 20 頁。

〔註 4192〕〔魏〕王弼、韓康伯注，〔唐〕孔穎達等正義：《周易正義》，北京：中華書局景印阮刻本，1980 年版，第 60 頁。

〔註 4193〕《經典釋文彙校》：「寫本、宋本、十行本、閩監本『王』並作『玉』，此本誤。」見黃焯撰：《經典釋文彙校》，北京：中華書局，1980 年版，第 20 頁。

〔註 4194〕〔魏〕王弼、韓康伯注，〔唐〕孔穎達等正義：《周易正義》，北京：中華書

遇合三去遇。《釋文》當依《彙校》定作「玉付反」，音與《廣韻》同。

災眚|生領反。

【疏】所在經文爲「是謂災眚」。〔註4195〕參看〈訟〉「眚」條。

䷾既濟|節計反。下卦同。鄭云：既，已也，盡也。濟，度也。坎宮三世卦。

【疏】濟《廣韻》二讀，其中音子計切者，精霽開四去蟹，訓作渡、定、止、又卦名〈既濟〉。《釋文》音同之。鄭云「既，巳也，盡也」者，《玉篇·皀部》：「既，已也。」〔註4196〕《廣雅·釋詁一》：「既，盡也。」〔註4197〕已、盡義同。「濟，度也」者，度猶渡也。《爾雅·釋言》：「濟，渡也。」〔註4198〕孔穎達疏云：「濟者，濟渡之名，既者，皆盡之稱，萬事皆濟，故以『既濟』爲名。」〔註4199〕

亨小|絕句。以「小」連「利貞」者，非。

【疏】所在經文爲「亨小，利貞。」〔註4200〕《集解》引虞翻曰：「〈泰〉五之二。小，謂二也。柔得中。故『亨小』。六爻得位，各正性命，保合大和，故『利貞』矣。」〔註4201〕《正義》曰：「既萬事皆濟，若小者不通，則有所未濟，故曰『既濟，亨小』也。」〔註4202〕是以虞、孔皆於「小」下絕句也。

局景印阮刻本，1980年版，第60頁。

〔註4195〕〔魏〕王弼、韓康伯注，〔唐〕孔穎達等正義：《周易正義》，北京：中華書局景印阮刻本，1980年版，第60頁。

〔註4196〕〔梁〕顧野王撰：《宋本玉篇》，北京：中國書店，景印張氏澤存堂本，1983年版，第292頁。

〔註4197〕〔清〕王念孫撰：《廣雅疏證》，北京：中華書局，景印嘉慶年間王氏家刻本，1983年版，第41頁。

〔註4198〕〔晉〕郭璞注，〔宋〕邢昺疏：《爾雅注疏》，北京：中華書局景印阮刻本，1980年版，第19頁。

〔註4199〕〔魏〕王弼、韓康伯注，〔唐〕孔穎達等正義：《周易正義》，北京：中華書局景印阮刻本，1980年版，第60頁。

〔註4200〕〔魏〕王弼、韓康伯注，〔唐〕孔穎達等正義：《周易正義》，北京：中華書局景印阮刻本，1980年版，第60頁。

〔註4201〕〔唐〕李鼎祚撰：《周易集解》，北京：中國書店，景印嘉慶三年姑蘇喜墨齋張遇堯局鐫本，1987年版，卷十二，第8頁。

〔註4202〕〔魏〕王弼、韓康伯注，〔唐〕孔穎達等正義：《周易正義》，北京：中華書局景印阮刻本，1980年版，第60頁。

「以小連利貞者，非」者，「小利貞」連讀如查慎行《周易玩辭集解・卷八》：「〈既濟〉：『亨』句。『小利貞』。」其注云：「但六爻陰皆乘陽，小者之利也，六二柔中故曰貞，《本義》『亨小』當爲『小亨』，《程傳》則云『小』字在下，語當然也。若言『小亨』則亨爲小矣。愚又按〈彖〉辭與〈遯〉『亨小利貞』同例，當依《程傳》。」〔註 4203〕查氏理或當然。可備一說。此外，或讀「亨小」爲「小亨」者，見朱子《周易本義》。或以「小」爲衍文者，見《郭氏傳家易說》。

則邪｜ 似嗟反。下同。

【疏】所在注文爲「則邪不可以行矣」。〔註 4204〕參看〈乾〉「邪」條。

曳｜ 以制反。

【疏】所在經文爲「曳其輪」。〔註 4205〕曳《廣韻》餘制切，以祭開三去蟹。《釋文》音同。

濡其｜ 音儒。注同。

【疏】所在經文爲「濡其尾」。〔註 4206〕濡《廣韻》二讀，濡濕音人朱切，日虞合三平遇。《釋文》音同。

於燥｜ 西早反。

【疏】所在注文爲「始濟未涉於燥」。〔註 4207〕燥《廣韻》蘇老切，心皓開一上效。《釋文》音同。

未造｜ 七報反。

〔註 4203〕〔清〕查慎行撰：《周易玩辭集解》，臺灣：商務印書館，景印文淵閣四庫全書本第 41 冊，1983 年版，第 609 頁。

〔註 4204〕〔魏〕王弼、韓康伯注，〔唐〕孔穎達等正義：《周易正義》，北京：中華書局景印阮刻本，1980 年版，第 60 頁。

〔註 4205〕〔魏〕王弼、韓康伯注，〔唐〕孔穎達等正義：《周易正義》，北京：中華書局景印阮刻本，1980 年版，第 60 頁。

〔註 4206〕〔魏〕王弼、韓康伯注，〔唐〕孔穎達等正義：《周易正義》，北京：中華書局景印阮刻本，1980 年版，第 60 頁。

〔註 4207〕〔魏〕王弼、韓康伯注，〔唐〕孔穎達等正義：《周易正義》，北京：中華書局景印阮刻本，1980 年版，第 60 頁。

【疏】所在注文爲「雖未造易」。〔註 4208〕七報反，清開一號去效。參看〈乾〉「大人造」條。

易｜ 以豉反。

【疏】參看〈屯〉「以易」條。

棄難｜ 乃旦反。卦末并下卦同。

【疏】所在注文爲「志棄難者也」。〔註 4209〕參看〈乾〉「而難」條。

婦喪｜ 息浪反。注皆同。

【疏】所在經文爲「婦喪其茀」。〔註 4210〕參看〈乾〉「知喪」條。

其茀｜ 方拂反。首飾也。馬同。干云：馬髴也。鄭云：車蔽也。子夏作「髴」。荀作「紱」。董作「髢」。

【疏】所在經文爲「婦喪其茀」。〔註 4211〕茀《廣韻》二讀，方味切，非未合三去止，同芾。敷勿切，敷物合三入臻，草多。《釋文》方拂反者，《集韻》增有分物切，非物合三入臻，音同。「首飾也」者，王弼注云：「茀，首飾也。」〔註 4212〕焦循《易章句》云：「茀，首飾也。與拂通。」〔註 4213〕干云「馬髴也」者，干寶云馬融本作「髴」字也。髴《廣韻・物韻》：「髴，婦人首飾。」《集解》本亦作「髴」，《集解》引虞翻曰：「髴髮，謂鬒髮也。一名婦人之首飾。」〔註 4214〕鄭云「車蔽也」者，《詩・衛風・碩人》「翟茀以朝」孔穎達疏：「茀，車蔽也。」〔註 4215〕《詩・齊風・載驅》「簟茀朱鞹」毛《傳》：

〔註 4208〕〔魏〕王弼、韓康伯注，〔唐〕孔穎達等正義：《周易正義》，北京：中華書局景印阮刻本，1980 年版，第 60 頁。

〔註 4209〕〔魏〕王弼、韓康伯注，〔唐〕孔穎達等正義：《周易正義》，北京：中華書局景印阮刻本，1980 年版，第 60 頁。

〔註 4210〕〔魏〕王弼、韓康伯注，〔唐〕孔穎達等正義：《周易正義》，北京：中華書局景印阮刻本，1980 年版，第 60 頁。

〔註 4211〕〔魏〕王弼、韓康伯注，〔唐〕孔穎達等正義：《周易正義》，北京：中華書局景印阮刻本，1980 年版，第 60 頁。

〔註 4212〕〔魏〕王弼、韓康伯注，〔唐〕孔穎達等正義：《周易正義》，北京：中華書局景印阮刻本，1980 年版，第 60 頁。

〔註 4213〕〔清〕焦循撰：《易章句》，嘉慶年間雕菰樓刊本，卷二，第 29 頁。

〔註 4214〕〔唐〕李鼎祚撰：《周易集解》，北京：中國書店，景印嘉慶三年姑蘇喜墨齋張遇堯局鐫本，1987 年版，卷十二，第 9 頁。

〔註 4215〕〔漢〕毛公傳、鄭玄箋，〔唐〕孔穎達等正義：《毛詩正義》，北京：中華書

「車之蔽曰茀。」〔註 4216〕此處孔穎達疏引漢李巡曰：「輿革前，謂輿前以革爲車飾曰鞎。茀，車後戶名也。」則茀爲車後蔽之謂也。子夏作「髴」者，與馬融同。荀作「紱」者，音近古通也。《詩・小雅・采芑》「朱茀斯皇」陸德明《釋文》：「『茀』，本又作『芾』，或作『紱』。」〔註 4217〕紱者，蔽膝也。董作「髢」者，《說文・髟部》：「鬄，髮也。从髟，易聲。髢，鬄或从也聲。」〔註 4218〕《儀禮・少牢饋食禮》「主婦被錫衣移袂」鄭玄注：「被錫讀爲髲鬄，古者或剔賤者刑者之髮，以被婦人之紒爲飾，因名髲鬄焉。」〔註 4219〕故髢訓爲婦人假髮也。

不比｜ 毗志反。

【疏】所在注文爲「下不比初」。〔註 4220〕參看〈比〉「比」條。

鬼方｜ 《蒼頡篇》云：鬼，遠也。

【疏】所在經文爲「高宗伐鬼方」。〔註 4221〕《蒼頡篇》云「鬼，遠也」者，《詩・大雅・蕩》「覃及鬼方」毛《傳》：「鬼方，遠方也。」〔註 4222〕馬瑞辰《傳箋通釋》：「鬼方本遠方之通稱，故凡西方、北方之遠國可通稱爲鬼方。」〔註 4223〕

憊｜ 備拜反。鄭云：劣弱也。陸作「備」，云：當為憊，憊，困劣也。

局景印阮刻本，1980 年版，第 54 頁。

〔註 4216〕〔漢〕毛公傳、鄭玄箋，〔唐〕孔穎達等正義：《毛詩正義》，北京：中華書局景印阮刻本，1980 年版，第 86 頁。

〔註 4217〕〔唐〕陸德明撰：《經典釋文》，北京：中華書局，景印徐乾學通志堂刻本，1983 年版，第 78 頁。

〔註 4218〕〔漢〕許愼撰：《說文解字》，北京：中華書局，景印同治十二年陳昌治刻本，1963 年版，第 185 頁。

〔註 4219〕〔漢〕鄭玄注，〔唐〕賈公彥疏：《儀禮注疏》，北京：中華書局景印阮刻本，1980 年版，第 256 頁。

〔註 4220〕〔魏〕王弼、韓康伯注，〔唐〕孔穎達等正義：《周易正義》，北京：中華書局景印阮刻本，1980 年版，第 60 頁。

〔註 4221〕〔魏〕王弼、韓康伯注，〔唐〕孔穎達等正義：《周易正義》，北京：中華書局景印阮刻本，1980 年版，第 60 頁。

〔註 4222〕〔漢〕毛公傳、鄭玄箋，〔唐〕孔穎達等正義：《毛詩正義》，北京：中華書局景印阮刻本，1980 年版，第 285 頁。

〔註 4223〕〔清〕馬瑞辰撰：《毛詩傳箋通釋》（四部備要本），上海：中華書局，據南菁書院續經解本校刊，1936 年版，第 309 頁。

【疏】所在經文爲「『三年克之』，憊也。」〔註 4224〕憊《廣韻》蒲拜切，並怪開二去蟹。《釋文》音同。鄭云「劣弱也」者，憊《說文》作㣬。《說文・心部》：「㣬，㲖也。从心葡聲。」〔註 4225〕引申之，則有劣弱之義。「陸作備，云：當爲憊」者，備爲憊之假借字也。又如《易・遯》「有疾憊也」陸德明《釋文》：「憊，荀作備。」〔註 4226〕陸積訓憊爲困劣者，義與鄭玄同。

繻有｜而朱反。鄭、王肅云：音須。子夏作「襦」。王廙同。薛云：古文作「繻」。

【疏】所在經文爲「繻有衣袽」。〔註 4227〕繻《廣韻》二讀，繻有衣袽人朱切，日虞合三平遇。訓爲傳符帛，相俞切，心虞合三平遇。《釋文》音同《廣韻》人朱切。鄭、王肅云音須者，音同《廣韻》相俞切。子夏作「襦」者，「襦」爲「襦」之異體字也，見《集韻》。馬王堆漢墓帛書《周易》即作「襦」字。〔註 4228〕《說文・衣部》：「襦，短衣也。」〔註 4229〕又《說文・糸部》「繻」下桂馥《義證》云：「『讀若易繻有衣』者，『袈』下引《易》『需有衣袈』，〈考工記・弓人〉注引作『襦有衣絮。』」〔註 4230〕此繻、襦古通之證也。《集解》引虞翻曰：「乾爲衣，故稱『繻』」，〔註 4231〕則虞翻亦讀繻爲襦也。按王弼注云：「繻宜曰濡，衣袽所以塞舟漏也。」〔註 4232〕王弼讀繻爲濡，與虞翻

〔註 4224〕〔魏〕王弼、韓康伯注，〔唐〕孔穎達等正義：《周易正義》，北京：中華書局景印阮刻本，1980 年版，第 60 頁。

〔註 4225〕〔漢〕許愼撰：《說文解字》，北京：中華書局，景印同治十二年陳昌治刻本，1963 年版，第 223 頁。

〔註 4226〕〔唐〕陸德明撰：《經典釋文》，北京：中華書局，景印徐乾學通志堂刻本，1983 年版，第 25 頁。

〔註 4227〕〔魏〕王弼、韓康伯注，〔唐〕孔穎達等正義：《周易正義》，北京：中華書局景印阮刻本，1980 年版，第 60 頁。

〔註 4228〕廖名春釋文：《馬王堆帛書周易經傳釋文》（續四庫經部易類第 1 冊），上海：上海古籍出版社，2002 年版，第 5 頁。

〔註 4229〕〔漢〕許愼撰：《說文解字》，北京：中華書局，景印同治十二年陳昌治刻本，1963 年版，第 172 頁。

〔註 4230〕〔漢〕許愼撰：《說文解字》，北京：中華書局，景印同治十二年陳昌治刻本，1963 年版，第義證 1131。

〔註 4231〕〔唐〕李鼎祚撰：《周易集解》，北京：中國書店，景印嘉慶三年姑蘇喜墨齋張遇堯局鐫本，1987 年版，卷十二，第 10 頁。

〔註 4232〕〔魏〕王弼、韓康伯注，〔唐〕孔穎達等正義：《周易正義》，北京：中華書局景印阮刻本，1980 年版，第 60 頁。

異。而虞氏蓋與《子夏傳》同。薛云古文作「繻」者，以「繻」爲「襦」之古字也。

衣袽｜女居反，絲袽也。王肅音如。《說文》作「絮」，云：緼也。《廣雅》云：絮，塞也。子夏作「茹」。京作「絮」。〔註 4233〕

【疏】所在經文爲「繻有衣袽」。〔註 4234〕袽《廣韻》女余切，娘魚合三平遇。《釋文》音同。「絲袽也」者，《集解》引虞翻曰：「袽，敗衣也。」〔註 4235〕又《玉篇・衣部》：「袽，袾袽，敝衣也。」〔註 4236〕絲袽者，敗絮也，與敗衣義近。王肅音如，日魚合三平遇。古音娘日二紐音近，故通。《說文》作「絮」者，今《說文》作「絮」。《說文・糸部》：「絮，絜緼也。一曰敝絮。从糸奴聲。《易》曰：『需有衣絮。』」〔註 4237〕云「緼也」者，亦與今本《說文》「絮」下說解異，故盧本依今本改之。按《公羊傳・昭公二十年》「或爲主于國」何休注「次宜爲君者持棺絮從」陸德明《釋文》引《說文》云：「絮，緼也。」〔註 4238〕與此條所引正同，蓋陸氏別有所本也。《廣雅》云「絮，塞也」者，「絮」當是「絮」字之譌。《廣雅・釋詁三》：「絮，塞也。」〔註 4239〕《玉篇・糸部》訓同。子夏作「茹」者，蓋假茹爲袽也。京作「絮」者，《說文・糸部》：「絮，敝緜也。从糸如聲。」〔註 4240〕義與《說文》絮「一曰敝絮」義同，京氏之義殆是。

〔註 4233〕《經典釋文彙校》：「《說文》作『絮』，云：緼也。『絮』，宋本同。盧依《說文》改作『絮』。下『絮塞』同，並於『緼』上增『絜』字。黃云：『袽』蓋『絮』之後出。」見黃焯撰：《經典釋文彙校》，北京：中華書局，1980 年版，第 20 頁。

〔註 4234〕〔魏〕王弼、韓康伯注，〔唐〕孔穎達等正義：《周易正義》，北京：中華書局景印阮刻本，1980 年版，第 60 頁。

〔註 4235〕〔唐〕李鼎祚撰：《周易集解》，北京：中國書店，景印嘉慶三年姑蘇喜墨齋張遇堯局鐫本，1987 年版，卷十二，第 10 頁。

〔註 4236〕〔梁〕顧野王撰：《宋本玉篇》，北京：中國書店，景印張氏澤存堂本，1983 年版，第 505 頁。

〔註 4237〕〔漢〕許愼撰：《說文解字》，北京：中華書局，景印同治十二年陳昌治刻本，1963 年版，第 276 頁。

〔註 4238〕〔唐〕陸德明撰：《經典釋文》，北京：中華書局，景印徐乾學通志堂刻本，1983 年版，第 321 頁。

〔註 4239〕〔清〕王念孫撰：《廣雅疏證》，北京：中華書局，景印嘉慶年間王氏家刻本，1983 年版，第 77 頁。

〔註 4240〕〔漢〕許愼撰：《說文解字》，北京：中華書局，景印同治十二年陳昌治刻本，1963 年版，第 276 頁。

有郤| 去逆反。〔註 4241〕

【疏】所在注文爲「夫有隙之棄舟」。〔註 4242〕阮元《校勘記》:「岳本、閩監、毛本同。《釋文》出『有郤』。」〔註 4243〕按,郤通隙。郤《廣韻》綺戟切,溪陌開三入梗。《釋文》音同。

禴| 羊畧反。祭之薄者。

【疏】所在經文爲「不如西鄰之禴祭」。〔註 4244〕禴《廣韻》以灼切,以藥開三入宕。《釋文》音同。「祭之薄者」者,王弼注云:「禴,祭之薄者也。」〔註 4245〕

沼| 之紹反。

【疏】所在注文爲「故沼沚之毛」。〔註 4246〕沼《廣韻》之少切,章小開三上效。《釋文》音同。

沚| 音止。

【疏】沚《廣韻》諸市切,章止開三上止。《釋文》音同。

蘋| 音頻。

【疏】所在注文爲「蘋蘩之菜」。〔註 4247〕蘋《廣韻》符眞切,並眞開重紐四平臻。《釋文》音同。

蘩| 音煩。〔註 4248〕

〔註 4241〕《經典釋文彙校》:「『郤』,宋本同。盧本改作『卻』,是也。寫本作『郄』。」見黃焯撰:《經典釋文彙校》,北京:中華書局,1980 年版,第 20 頁。

〔註 4242〕〔魏〕王弼、韓康伯注,〔唐〕孔穎達等正義:《周易正義》,北京:中華書局景印阮刻本,1980 年版,第 60 頁。

〔註 4243〕〔魏〕王弼、韓康伯注,〔唐〕孔穎達等正義:《周易正義》,北京:中華書局景印阮刻本,1980 年版,第 63 頁。

〔註 4244〕〔魏〕王弼、韓康伯注,〔唐〕孔穎達等正義:《周易正義》,北京:中華書局景印阮刻本,1980 年版,第 60 頁。

〔註 4245〕〔魏〕王弼、韓康伯注,〔唐〕孔穎達等正義:《周易正義》,北京:中華書局景印阮刻本,1980 年版,第 60 頁。

〔註 4246〕〔魏〕王弼、韓康伯注,〔唐〕孔穎達等正義:《周易正義》,北京:中華書局景印阮刻本,1980 年版,第 60 頁。

〔註 4247〕〔魏〕王弼、韓康伯注,〔唐〕孔穎達等正義:《周易正義》,北京:中華書局景印阮刻本,1980 年版,第 60 頁。

〔註 4248〕《經典釋文彙校》:「段云:此條當衍。焯案寫本已有此條。」見黃焯撰:《經

【疏】《廣韻》附袁切，奉元合三平山。《釋文》音同。

非馨｜呼庭反。

【疏】所在注文爲「黍稷非馨」。〔註 4249〕馨《廣韻》呼刑切，曉青開四平梗。《釋文》音同。

䷿未濟｜離宮三世卦。

小狐｜徐音胡。〔註 4250〕

【疏】所在經文爲「小狐汔濟」。〔註 4251〕狐《廣韻》戶吳切，匣模合一平遇。《釋文》引徐音同。

汔｜許訖反。《說文》云：水涸也。鄭云：幾也。

【疏】汔《廣韻》許訖切，曉迄開三入臻。《釋文》音同。《說文》云「水涸也」者，見《說文·水部》。鄭云「幾也」者，用其假借義也。《詩·大雅·民勞》：「汔可小康」鄭玄《箋》：「汔，幾也。」〔註 4252〕又《易·井》「汔至亦未繘井」《集解》引虞翻曰：「汔，幾也。」〔註 4253〕

令物｜力呈反。

【疏】所在注文爲「令物各當其所也」。〔註 4254〕參看〈訟〉「而令」條。

各得其所｜一本「得」作「當」。

典釋文彙校》，北京：中華書局，1980 年版，第 20 頁。

〔註 4249〕〔魏〕王弼、韓康伯注，〔唐〕孔穎達等正義：《周易正義》，北京：中華書局景印阮刻本，1980 年版，第 60 頁。

〔註 4250〕「徐音胡」《古易音訓》作「陸音胡。」見〔宋〕呂祖謙撰，〔清〕宋咸熙輯：《古易音訓》（續四庫經部易類第 2 冊），上海：上海古籍出版社，景印清嘉慶七年刻本，2002 年版，第 41 頁。

〔註 4251〕〔魏〕王弼、韓康伯注，〔唐〕孔穎達等正義：《周易正義》，北京：中華書局景印阮刻本，1980 年版，第 61 頁。

〔註 4252〕〔漢〕毛公傳、鄭玄箋，〔唐〕孔穎達等正義：《毛詩正義》，北京：中華書局景印阮刻本，1980 年版，第 280 頁。

〔註 4253〕〔唐〕李鼎祚撰：《周易集解》，北京：中國書店，景印嘉慶三年姑蘇喜墨齋張遇堯局鐫本，1987 年版，卷十，第 1 頁。

〔註 4254〕〔魏〕王弼、韓康伯注，〔唐〕孔穎達等正義：《周易正義》，北京：中華書局景印阮刻本，1980 年版，第 61 頁。

【疏】所在注文爲「令物各當其所也」。〔註4255〕阮元校勘記：「岳本、閩監、毛本同。《釋文》『各得其所』一本『得』作『當』，古本作『得』，采《音義》。」〔註4256〕

經綸｜本又作「論」，同音倫。又魯門反。

【疏】所在注文爲「經綸屯蹇者也」。〔註4257〕本又作「論」者，論義與綸同。綸者，理絲也。《詩・小雅・采綠》：「言綸之繩」朱熹《集傳》：「理絲曰綸。」〔註4258〕經綸者，《易・屯・象傳》：「雲雷屯，君子以經綸」孔穎達疏云：「經謂經緯，綸謂綱綸，言君子法此屯象有爲之時，以經綸天下，約束於物。」〔註4259〕是以綸本義爲理絲，引申之而有治理之義。而論者，何晏《論語序》「名曰論語集解」陸德明《釋文》：「論，綸也、輪也、理也、次也、撰也。」〔註4260〕與綸義同。綸、論訓爲治理時，《廣韻》悉音力迍切，來諄合三平臻。《釋文》首音同。又魯門反者，來魂合一平臻，論之又音也。《廣韻》「論」字下收有盧昆切，音同之，訓爲思慮。

屯｜張倫反。

【疏】參看〈屯〉「屯」條。

蹇｜紀勉反。

【疏】蹇《廣韻》二讀，九輦切，見獮開重紐三上山。居偃切，見阮開三上山。訓跛、屯難時二讀皆可。《釋文》首音紀免反音同《廣韻》九輦切。

循難｜似遵反。猶履也。

〔註4255〕〔魏〕王弼、韓康伯注，〔唐〕孔穎達等正義：《周易正義》，北京：中華書局景印阮刻本，1980年版，第61頁。

〔註4256〕〔魏〕王弼、韓康伯注，〔唐〕孔穎達等正義：《周易正義》，北京：中華書局景印阮刻本，1980年版，第63頁。

〔註4257〕〔魏〕王弼、韓康伯注，〔唐〕孔穎達等正義：《周易正義》，北京：中華書局景印阮刻本，1980年版，第61頁。

〔註4258〕〔宋〕朱熹撰：《詩經集傳》（四書五經本），北京：中國書店，據世界書局本景印，1985年版，第114頁。

〔註4259〕〔魏〕王弼、韓康伯注，〔唐〕孔穎達等正義：《周易正義》，北京：中華書局景印阮刻本，1980年版，第7頁。

〔註4260〕〔唐〕陸德明撰：《經典釋文》，北京：中華書局，景印徐乾學通志堂刻本，1983年版，第345頁。

【疏】所在注文爲「用健拯難，靖難在正」。〔註 4261〕阮元《校勘記》:「岳本、閩監、毛本同。宋本、足利本『拯』作『施』,『靖』作『循』，古本同。一本『靖』作『脩』。錢本亦作『循』,《釋文》出『循難』。」〔註 4262〕循《廣韻》詳遵切，邪諄合三平臻。《釋文》音同。「猶履也」者，《說文・彳部》:「循，行順也。」〔註 4263〕引申而有履義。《文選・王粲〈登樓賦〉》「循階除而下降兮」呂延濟注:「循，履也。」〔註 4264〕而本又作「靖」、「脩」者，義亦通。

喪其｜息浪反。

【疏】所在注文爲「喪其身也」。〔註 4265〕參看〈乾〉「知喪」條。

已比｜上音紀，下毗志反。

【疏】所在注文爲「而已比之」。〔註 4266〕上音紀者，辨字形作「己」也。下毗志反者，參看〈比〉「比」條。

以近｜附近之近。

【疏】所在注文爲「以近至尊」。〔註 4267〕參看〈乾〉「近乎」條。

暉｜許歸反。字又作「輝」。

【疏】所在經文爲「『君子之光』，其暉吉也。」〔註 4268〕暉《廣韻》許歸

〔註 4261〕〔魏〕王弼、韓康伯注，〔唐〕孔穎達等正義：《周易正義》，北京：中華書局景印阮刻本，1980 年版，第 61 頁。

〔註 4262〕〔魏〕王弼、韓康伯注，〔唐〕孔穎達等正義：《周易正義》，北京：中華書局景印阮刻本，1980 年版，第 63 頁。

〔註 4263〕〔漢〕許慎撰：《說文解字》，北京：中華書局，景印同治十二年陳昌治刻本，1963 年版，第 43 頁。

〔註 4264〕〔梁〕蕭統編，〔唐〕李善、呂延濟、劉良、張銑、呂向、李周翰注：《六臣注文選》，北京：中華書局，景印涵芬樓藏宋刊本，1987 年版，第 209 頁。

〔註 4265〕〔魏〕王弼、韓康伯注，〔唐〕孔穎達等正義：《周易正義》，北京：中華書局景印阮刻本，1980 年版，第 61 頁。

〔註 4266〕〔魏〕王弼、韓康伯注，〔唐〕孔穎達等正義：《周易正義》，北京：中華書局景印阮刻本，1980 年版，第 61 頁。

〔註 4267〕〔魏〕王弼、韓康伯注，〔唐〕孔穎達等正義：《周易正義》，北京：中華書局景印阮刻本，1980 年版，第 61 頁。

〔註 4268〕〔魏〕王弼、韓康伯注，〔唐〕孔穎達等正義：《周易正義》，北京：中華書局景印阮刻本，1980 年版，第 61 頁。

切，曉微合三平止。字又作「輝」者，「輝」爲「暉」之異體字也。《玉篇・日部》：「暉，或煇字。」〔註4269〕煇與輝同。

而耽｜丁南反。

【疏】所在注文爲「而耽於樂之甚」。〔註4270〕耽《廣韻》丁含切，端覃開一平咸。《釋文》音同。

於樂｜音洛。

【疏】參看〈乾〉「樂則」條。

周易繫辭上第七

周易繫｜徐胡詣反，本系也。又音係，續也。字從毄，若直作毄下糸者，音口奚反，非。〔註4271〕

【疏】繫《廣韻》二讀，訓作縛繫時音古詣切，見霽開四去蟹。而訓作《易》之「繫辭」時音胡計切，匣霽開四去，徐氏音同《廣韻》胡計切。「本系也」者，猶系屬也。又音係者，與《廣韻》古詣切音同。孔穎達疏：「文取繫屬之義，故字體從『毄』。又音爲係者，取綱係之義。」〔註4272〕「續也」

〔註4269〕〔梁〕顧野王撰：《宋本玉篇》，北京：中國書店，景印張氏澤存堂本，1983年版，第372頁。

〔註4270〕〔魏〕王弼、韓康伯注，〔唐〕孔穎達等正義：《周易正義》，北京：中華書局景印阮刻本，1980年版，第61頁。

〔註4271〕吳檢齋《經籍舊音辨證》按云：「盧校非也。繫辭之字，舊本作『毄』，以同部假毄作系也，〈司門〉『祭祀之牛牲毄焉』、〈校人〉『三阜爲毄』，《釋文》本並作『毄』，此經文通例，假毄爲系之證一也；孔穎達撰《正義》時所見《易》，本字尚作『毄』，見阮元《校勘記》引用歐宋本、錢本，二也；《玉篇》：『毄，公狄切，係也。』此正承用經典以毄爲系之舊義，蓋由野王所見《周易》、《周禮》字並作『毄』，三也；『胡詣』、『古詣』二反並爲毄字作音，若作毄下糸者，則爲繫繸之繫，音口奚反，非此所用矣。《釋文》分析甚精，而文弨毄下系爲正字，以毄下糸爲俗體，不知古今字書韻書初無毄下從系之文，專輒改作，良爲疏謬。」見吳承仕撰：《經籍舊音序錄、經籍舊音辨證》，北京：中華書局，1986年版，第82～83頁。又《經典釋文彙校》云：「『字從毄，若直作毄下糸者』，宋本同。盧本『從毄』下增『下系』二字。段云：盧沾非也。黃云：『若』作『或』字解。」見黃焯撰：《經典釋文彙校》，北京：中華書局，1980年版，第20頁。

〔註4272〕〔魏〕王弼、韓康伯注，〔唐〕孔穎達等正義：《周易正義》，北京：中華書

者，猶綱係也。繫、系、係典籍通用，參看〈大有〉「繫辭」條。「字從毄，若直作毄下糸者，音口奚反，非」者，段玉裁《說文解字注》於「毄」字下注曰：「《易》『毄辭』《釋文》作此字。故云：系也。字從毄。若直作毄下系者音口奚反，非。此謂『繫』乃《說文》『繫褫』字。『毄辭』不當作『繫』也。」〔註 4273〕依段氏意，「毄」本義爲相擊中也，而典籍中多假毄爲系，今又易「毄」以繫褫之「繫」，故《釋文》非之，以字當作「毄」也。《經典釋文彙校》曰：「黃云，『若』作『或』字解。」按「若」當如字讀之，作「或」字解非。《釋文》云毄下糸者音口奚反，齊溪開四平蟹。《集韻》增牽奚切，音同。

辭｜本亦作「嗣」。依字應作「詞」，說也。《說文》云：詞者，意內而言外也。辤，不受也。受辛者辤。辝，籀文辤字也。〔註 4274〕

【疏】本亦作「嗣」者，「嗣」爲「辭」之籀文。《說文・辛部》：「辭，訟也。从𤔔，𤔔猶理辜也。𤔔，理也。嗣，籀文辭从司。」〔註 4275〕「辭，訟也」段注本《說文》依《廣韻・之韻》改作「辭，說也」，〔註 4276〕可從。《釋文》此處當依寫本改作「辤」爲是。依字應作「詞」者，蓋誤。詞、辭不同。《說文・司部》：「詞，意內而言外也。」〔註 4277〕段注云：「䛐與〈辛部〉之辭、其義迥別。辭者、說也。从𤔔辛。𤔔辛猶理辜。謂文辭足以排難解紛

局景印阮刻本，1980 年版，第 63 頁。此處文字依錢本、宋本。參看阮元《校勘記》。第 83 頁。

〔註 4273〕〔清〕段玉裁撰：《說文解字注》，上海：上海古籍出版社，景印嘉慶二十年經韻樓本，1988 年版，第 119 頁。

〔註 4274〕《經典釋文彙校》：「寫本『嗣』作『辤』，是也。段云：辭，說也。《說文》如是，有《廣韻・七之》可證。此陸分別『辭』與『詞』之不同，而俗人改之。《呂氏音訓》引同，則其誤久矣。上文云『本亦作辤』，故分別『辭』、『辤』之用，而又兼辨『詞』不同『辭』。當作《說文》云『辭，說也』、『詞者』云云，淺人亂之耳。焯云：盧本『受辛者辤』依《說文》作『受辛者宜辤之』。惟陸氏引文從省，不增亦可。」見黃焯撰：《經典釋文彙校》，北京：中華書局，1980 年版，第 20 頁。

〔註 4275〕〔漢〕許慎撰：《說文解字》，北京：中華書局，景印同治十二年陳昌治刻本，1963 年版，第 309 頁。

〔註 4276〕〔清〕段玉裁撰：《說文解字注》，上海：上海古籍出版社，景印嘉慶二十年經韻樓本，1988 年版，第 742 頁。

〔註 4277〕〔漢〕許慎撰：《說文解字》，北京：中華書局，景印同治十二年陳昌治刻本，1963 年版，第 186 頁。

也。然則辭謂篇章也。䛐者，意內而言外。从司言。此謂摹繪物狀及發聲助語之文字也。積文字而爲篇章。積䛐而爲辭。《孟子》曰：不以文害辭。不以䛐害辭也。孔子曰：言以足志。䛐之謂也。文以足言。辭之謂也。」〔註 4278〕繫辭者，聖人繫屬此辭說于爻卦之下也。字作「詞」者，「辭」之假借字也。本作「辤」者，亦假借爲「辭」也。「辤」爲辤去之「辤」，《說文・辛部》：「辤，不受也。从辛从受。受辛宜辤之。辝，籀文辤从台。」〔註 4279〕《釋文》引稍異。

上第七｜本亦作「繫辭上」。王肅本皆作「繫辭上傳」，訖於〈雜卦〉皆有「傳」字。本亦有無「上」字者。〔註 4280〕

【疏】本亦作「繫辭上」者，韓伯如之。王肅本皆作「繫辭上傳」者，《周易章句證異・卷七》引呂祖謙曰：「案《釋文》『繫詞』、『說卦』王肅皆有『傳』字，此蓋鄭玄未合經傳前據題之舊也。」〔註 4281〕本亦有無「上」字者，蓋合上下繫辭爲一篇也，李鼎祚如之。《彙校》云寫本王肅上有「馬」字者，因音義有「皆作」二字，故「王肅」上疑有挩字，當從寫本。

韓伯注｜本亦作「韓康伯注」。案王輔嗣止注六經，講者相承用韓注，〈繫辭〉以下續之。〔註 4282〕

【疏】本亦作「韓康伯注」者，《晉書・卷七十五》：「韓伯，字康伯。潁川長社人也。母殷氏。」〔註 4283〕乃殷浩之外甥。「案王輔嗣止注六經」者，毛居正《六經正誤》云：「『大經』『大』字誤作『六』。蓋先儒以《易》上下經二篇爲大經，以〈繫辭〉以下爲大傳。故云『輔嗣止注大經』也。」〔註 4284〕

〔註 4278〕〔清〕段玉裁撰：《說文解字注》，上海：上海古籍出版社，景印嘉慶二十年經韻樓本，1988 年版，第 430 頁。

〔註 4279〕〔漢〕許慎撰：《說文解字》，北京：中華書局，景印同治十二年陳昌治刻本，1963 年版，第 309 頁。

〔註 4280〕《經典釋文彙校》：「寫本作『繫辭上傳』，又『王肅』上有『馬』字。宋本『者』下有『非』字。」見黃焯撰：《經典釋文彙校》，北京：中華書局，1980 年版，第 20 頁。

〔註 4281〕〔清〕翟均廉撰：《周易章句證異》，臺灣：商務印書館，景印文淵閣四庫全書本第 53 冊，1983 年版，第 733 頁。

〔註 4282〕《經典釋文彙校》：「『六』，宋本同。盧本改作『大』，是也。」見黃焯撰：《經典釋文彙校》，北京：中華書局，1980 年版，第 20 頁。

〔註 4283〕〔唐〕房玄齡等撰：《晉書》，北京：中華書局排印，1974 年版，第 1992 頁。

〔註 4284〕〔宋〕毛居正撰：《六經正誤》，揚州：江蘇廣陵古籍刻印社，景印通志堂經

地卑｜如字。又音婢。本又作「埤」，同。

【疏】所在經文爲「天尊地卑」。〔註 4285〕如字者，讀如《廣韻》府移切，幫支開重紐四平止。又音婢者，假卑爲埤也。埤《集韻》有部靡切，並支開重紐三上止，音與婢同。本又作「埤」者，又如《易・繫辭上》「知崇禮卑」陸德明《釋文》：「『卑』，本亦作『埤』。」〔註 4286〕卑、埤音近相通，皆有卑下之義也。

其易之門｜本亦作「其易之門戶」。

【疏】所在注文爲「乾坤，其易之門戶」。〔註 4287〕阮元《校勘記》：「岳本、閩監、毛本同。《釋文》：『其易之門』本亦作『其易之門戶』，是其本無『戶』字。」〔註 4288〕

斷矣｜丁亂反。

【疏】所在經文爲「剛柔斷矣」。〔註 4289〕參看〈蒙〉「能斷」條。

之分｜符問反，章末注同。

【疏】所在注文爲「則剛柔之分著矣」。〔註 4290〕分作分際、限度解時《廣韻》扶問切，奉問合三去臻。《釋文》音同。

著矣｜張慮反。

【疏】著《廣韻》載有數音，張慮反與《廣韻》去聲陟慮反音同。參看〈坤〉「積著」條。

解本第十六冊，1996 年版，第 569 頁。

〔註 4285〕〔魏〕王弼、韓康伯注，〔唐〕孔穎達等正義：《周易正義》，北京：中華書局景印阮刻本，1980 年版，第 63 頁。

〔註 4286〕〔唐〕陸德明撰：《經典釋文》，北京：中華書局，景印徐乾學通志堂刻本，1983 年版，第 31 頁。

〔註 4287〕〔魏〕王弼、韓康伯注，〔唐〕孔穎達等正義：《周易正義》，北京：中華書局景印阮刻本，1980 年版，第 63 頁。

〔註 4288〕〔魏〕王弼、韓康伯注，〔唐〕孔穎達等正義：《周易正義》，北京：中華書局景印阮刻本，1980 年版，第 71 頁。

〔註 4289〕〔魏〕王弼、韓康伯注，〔唐〕孔穎達等正義：《周易正義》，北京：中華書局景印阮刻本，1980 年版，第 64 頁。

〔註 4290〕〔魏〕王弼、韓康伯注，〔唐〕孔穎達等正義：《周易正義》，北京：中華書局景印阮刻本，1980 年版，第 64 頁。

見矣｜ 賢徧反，注同。

【疏】所在經文爲「變化見矣」。〔註 4291〕參看〈乾〉「見龍」條。

縣象｜ 音玄。

【疏】所在注文爲「懸象運轉以成昏明」。〔註 4292〕縣爲懸之本字。懸《廣韻》胡涓切，匣先合四平山。《釋文》音同。

雨施｜ 始豉反。

【疏】所在注文爲「山澤通氣而雲行雨施」。〔註 4293〕參看〈乾〉「德施」條。

相摩｜ 本又作「磨」，末何反。京云：相磑切也。磑音古代反。馬云：摩切也。鄭注《禮記》云：迫也。迫音百。

【疏】所在經文爲「是故剛柔相摩」。〔註 4294〕本又作「磨」者，摩、磨音近相通也。《禮記・樂記》「陰陽相摩」陸德明《釋文》：「摩，本又作磨。」〔註 4295〕《論語・學而》「如琢如磨」陸德明《釋文》：「摩，一本作磨。」〔註 4296〕摩、磨之別，摩《說文・手部》：「摩，研也。」〔註 4297〕段注本《說文》改作「摩，揅也。」注云：「〈石部〉研之訓䃺也。〈手部〉揅之訓摩也。」〔註 4298〕磨《說文・石部》：「䃺，石磑也。」〔註 4299〕段注云：「䃺今字省作

〔註 4291〕〔魏〕王弼、韓康伯注，〔唐〕孔穎達等正義：《周易正義》，北京：中華書局景印阮刻本，1980 年版，第 64 頁。

〔註 4292〕〔魏〕王弼、韓康伯注，〔唐〕孔穎達等正義：《周易正義》，北京：中華書局景印阮刻本，1980 年版，第 64 頁。

〔註 4293〕〔魏〕王弼、韓康伯注，〔唐〕孔穎達等正義：《周易正義》，北京：中華書局景印阮刻本，1980 年版，第 64 頁。

〔註 4294〕〔魏〕王弼、韓康伯注，〔唐〕孔穎達等正義：《周易正義》，北京：中華書局景印阮刻本，1980 年版，第 64 頁。

〔註 4295〕〔唐〕陸德明撰：《經典釋文》，北京：中華書局，景印徐乾學通志堂刻本，1983 年版，第 196 頁。

〔註 4296〕〔唐〕陸德明撰：《經典釋文》，北京：中華書局，景印徐乾學通志堂刻本，1983 年版，第 345 頁。

〔註 4297〕〔漢〕許愼撰：《說文解字》，北京：中華書局，景印同治十二年陳昌治刻本，1963 年版，第 255 頁。

〔註 4298〕〔清〕段玉裁撰：《說文解字注》，上海：上海古籍出版社，景印嘉慶二十年經韻樓本，1988 年版，第 606 頁。

〔註 4299〕〔漢〕許愼撰：《說文解字》，北京：中華書局，景印同治十二年陳昌治刻本，

磨。引伸之義為研磨。」〔註 4300〕按二字雖有从手从石之別，引申之則皆有摩擦之義也。摩《廣韻》二讀，莫婆切，明戈合一平果。摸臥切，明過合一去果。《釋文》末何反，明紐歌韻，與《廣韻》平聲音近。京云「相磑切也」者，亦是摩擦之義也。漢揚雄《太玄・疑》：「陰陽相磑，物咸雕離」司馬光《集注》引宋衷曰：「物相切劘稱磑。」〔註 4301〕磑《廣韻》五灰切，疑灰合一平蟹。五對切，疑隊合一去蟹。磨、磑各分平、去二聲，平聲為動詞，去聲為名詞。《釋文》古代反，見代開一去蟹。與《廣韻》音異。《集韻》「磑」字增有「居代切」，與《釋文》音同。訓為切近也。按此處「切」亦音去聲。馬云「摩切也」者，義同。鄭注《禮記》云「迫也」者，《禮記・樂記》「陰陽相摩」鄭玄注：「摩，猶迫也。」〔註 4302〕迫者，切迫也。意為陰陽相互逼近也。迫《廣韻》博陌切，幫陌開二入梗。《釋文》音同。

相盪｜ 眾家作「蕩」。王肅音唐黨反。馬云：除也。桓云：動也。唯韓云：相推盪。〔註 4303〕

【疏】所在經文為「八卦相盪」。〔註 4304〕眾家作「蕩」者，盪、蕩古通。盪《廣韻》三讀，盪突吐郎切，透唐開一平宕。滌盪徒朗切，定蕩開一上宕。盪行他浪切，透宕開一去宕。王肅音同《廣韻》徒朗切。馬云「除也」者，《說文・皿部》：「盪，滌器也。」〔註 4305〕引申之則有盪除之義，《文選・阮瑀〈為曹公作書與孫權〉》「盪平天下」劉良注：「盪，除也。」〔註 4306〕桓云「動也」者，亦滌盪之引申義也。《莊子・庚桑楚》「此四六者，不盪胷中則正」郭象

1963 年版，第 195 頁。

〔註 4300〕〔清〕段玉裁撰：《說文解字注》，上海：上海古籍出版社，景印嘉慶二十年經韻樓本，1988 年版，第 452 頁。

〔註 4301〕〔漢〕楊雄撰，〔宋〕司馬光集注：《太玄集注》（新編諸子集成本），北京：中華書局，1998 年版，第 130 頁。

〔註 4302〕〔漢〕鄭玄注，〔唐〕孔穎達等正義：《禮記正義》，北京：中華書局景印阮刻本，1980 年版，第 303 頁。

〔註 4303〕《經典釋文彙校》：「寫本『馬』作『徐』。」見黃焯撰：《經典釋文彙校》，北京：中華書局，1980 年版，第 20 頁。

〔註 4304〕〔魏〕王弼、韓康伯注，〔唐〕孔穎達等正義：《周易正義》，北京：中華書局景印阮刻本，1980 年版，第 64 頁。

〔註 4305〕〔漢〕許慎撰：《說文解字》，北京：中華書局，景印同治十二年陳昌治刻本，1963 年版，第 104 頁。

〔註 4306〕〔梁〕蕭統編，〔唐〕李善、呂延濟、劉良、張銑、呂向、李周翰注：《六臣注文選》，北京：中華書局，景印涵芬樓藏宋刊本，1987 年版，第 782 頁。

注：「盪，動也。」〔註 4307〕《集韻・宕韻》：「盪，動也。」〔註 4308〕「唯韓云：相推盪」者，韓康伯注云：「相推盪也，言運化之推移。」〔註 4309〕訓盪爲推，如《論語・述而》「子不語怪力亂神」何晏《集解》引王肅曰「力謂若奡舟、烏獲舉千鈞之屬也」皇侃疏：「盪，推也。」〔註 4310〕

鼓之|　虞、陸、董皆云：鼓，鼓動也。

【疏】所在經文爲「鼓之以雷霆」。〔註 4311〕虞、陸、董皆云「鼓，鼓動也」者，《集解》引虞翻曰：「鼓，動。」〔註 4312〕鼓訓爲動，又如《莊子・駢拇》「使天下簧鼓」陸德明《釋文》：「鼓，動也。」〔註 4313〕《易・繫辭上》「鼓之舞之以盡神」李鼎祚《集解》引荀爽曰：「鼓者，動也。」〔註 4314〕

霆|　王肅、呂忱音庭。徐又徒鼎反。又音定。京云：霆者，雷之餘氣，挺生万物也。《說文》同。蜀才云：凝為電。〔註 4315〕

【疏】所在經文爲「鼓之以雷霆」。〔註 4316〕霆《廣韻》二讀，特丁切，定青開四平梗。徒鼎切，定迥開四上梗。音異義同，雷霆也。王肅、呂忱音同《廣韻》平聲。徐氏音同《廣韻》上聲。又音定，定徑開四去梗，《集韻》增徒徑切，音同。京云「霆者，雷之餘氣，挺生万物也」者，《說文・雨

〔註 4307〕〔清〕郭慶藩輯：《莊子集釋》，上海：上海書店，景印諸子集成本，1986 年版，第 351 頁。

〔註 4308〕〔宋〕丁度撰：《集韻》，北京：中華書局，景印北京圖書館藏宋刻本，1988 年版，第 172 頁。

〔註 4309〕〔魏〕王弼、韓康伯注，〔唐〕孔穎達等正義：《周易正義》，北京：中華書局景印阮刻本，1980 年版，第 64 頁。

〔註 4310〕〔魏〕何晏解，〔梁〕皇侃疏：《論語集解義疏》（叢書集成初編哲學類第 481～484 冊），上海：商務印書館，1937 年版，第 94 頁。

〔註 4311〕〔魏〕王弼、韓康伯注，〔唐〕孔穎達等正義：《周易正義》，北京：中華書局景印阮刻本，1980 年版，第 64 頁。

〔註 4312〕〔唐〕李鼎祚撰：《周易集解》，北京：中國書店，景印嘉慶三年姑蘇喜墨齋張遇堯局鐫本，1987 年版，卷十三，第 1 頁。

〔註 4313〕〔唐〕陸德明撰：《經典釋文》，北京：中華書局，景印徐乾學通志堂刻本，1983 年版，第 373 頁。

〔註 4314〕〔唐〕李鼎祚撰：《周易集解》，北京：中國書店，景印嘉慶三年姑蘇喜墨齋張遇堯局鐫本，1987 年版，卷十四，第 9 頁。

〔註 4315〕《經典釋文彙校》：「『凝』，宋本同。盧本改作『疑』。」見黃焯撰：《經典釋文彙校》，北京：中華書局，1980 年版，第 20 頁。

〔註 4316〕〔魏〕王弼、韓康伯注，〔唐〕孔穎達等正義：《周易正義》，北京：中華書局景印阮刻本，1980 年版，第 64 頁。

部》:「霆，雷餘聲也。鈴鈴所以挺生萬物。」〔註 4317〕蜀才云「凝爲雹」者，訓霆爲雹也。凝，凝冱也。《易・坤・文言》「陰疑於陽必戰」陸德明《釋文》:「蜀才本作『凝』。」〔註 4318〕凝爲雹，陰陽相凝而成雹者也。《春秋繁露・五行五事》「而秋多雹，雹者，火氣也」凌曙注引《元命包》:「陰陽凝爲雹。」〔註 4319〕《說文・雨部》:「雹，陰陽激燿也。」〔註 4320〕《大戴禮記・曾子天圓》:「陰陽之氣，各從其所，則靜矣。偏則風，俱則雷，交則雹。」〔註 4321〕

運行｜ 姚作「違行」。

【疏】所在經文爲「日月運行，一寒一暑。」〔註 4322〕姚作「違行」者，「運」字之譌也，非。

大始｜ 音泰。王肅作「泰」。

【疏】所在經文爲「乾知大始」。〔註 4323〕大爲太、泰之古字也。

坤作｜ 虞、姚作「坤化」，姚云:「化」當為「作」。

【疏】所在經文爲「坤作成物」。〔註 4324〕虞、姚作「坤化」者，《集解》本同。李道平《周易集解纂疏》云:「《大戴禮・天圓》云:『曾子曰:吐氣者施而含氣者化。』陽施而陰化，故『坤稱化』。」〔註 4325〕姚云「化當爲作」

〔註 4317〕〔漢〕許慎撰:《說文解字》，北京:中華書局，景印同治十二年陳昌治刻本，1963 年版，第 241 頁。

〔註 4318〕〔唐〕陸德明撰:《經典釋文》，北京:中華書局，景印徐乾學通志堂刻本，1983 年版，第 19 頁。

〔註 4319〕〔清〕凌曙撰:《春秋繁露注》(皇清經解續編本)，上海:上海書店，景印清經解續編本第四冊，1988 年版，第 105 頁。

〔註 4320〕〔漢〕許慎撰:《說文解字》，北京:中華書局，景印同治十二年陳昌治刻本，1963 年版，第 241 頁。

〔註 4321〕〔清〕王聘珍撰:《大戴禮記解詁》(續四庫經部禮類第 107 冊)，上海:上海古籍出版社，景印清咸豐元年王氏刻本，2002 年版，第 43 頁。

〔註 4322〕〔魏〕王弼、韓康伯注，〔唐〕孔穎達等正義:《周易正義》，北京:中華書局景印阮刻本，1980 年版，第 64 頁。

〔註 4323〕〔魏〕王弼、韓康伯注，〔唐〕孔穎達等正義:《周易正義》，北京:中華書局景印阮刻本，1980 年版，第 64 頁。

〔註 4324〕〔魏〕王弼、韓康伯注，〔唐〕孔穎達等正義:《周易正義》，北京:中華書局景印阮刻本，1980 年版，第 64 頁。

〔註 4325〕〔清〕李道平撰，潘雨廷點校:《周易集解纂疏》，北京:中華書局，1994

者，以「化」爲「作」字之譌也。孔穎達疏：「『坤作成物』者，坤是地陰之形，坤能造作以成物也。」〔註 4326〕按作、化蓋形近之譌，然義皆得通。

易知| 以豉反。訖章末同。鄭、荀、董並音亦。

【疏】所在經文爲「乾以易知」。〔註 4327〕易《廣韻》二讀，簡易以豉切，以寘開三去止。變易羊益切，以昔開三入梗。孔穎達疏：「易謂易畧，无所造爲，以此爲知，故曰『乾以易知』也。」〔註 4328〕鄭、荀、董並音亦者，音同《廣韻》入聲。蓋訓易爲變易之易，其義未聞，不知然否。按鄭、荀、董讀易爲亦，非。因易、簡對文，故易當讀爲去聲，訓爲簡易。參看〈屯〉「以易」條。

簡能| 如字。姚云：「能」當為「從」。

【疏】所在經文爲「坤以簡能」。〔註 4329〕「如字」者，辨字形作「能」也。姚云「能」當爲「從」者，因「易則易知，簡則易從」而疑之也。

而成位乎其中| 馬、王肅作「而易成位乎其中」。

【疏】所在經文爲「天下之理得，而成位乎其中矣。」〔註 4330〕馬、王肅作「而易成位乎其中」者，《集解》本同之，《集解》引荀爽亦同。

繫辭| 音系。卷內皆同。

【疏】所在經文爲「繫辭焉而明吉凶」。〔註 4331〕參看〈大有〉「繫辭」條。

年版，第 545 頁。

〔註 4326〕〔魏〕王弼、韓康伯注，〔唐〕孔穎達等正義：《周易正義》，北京：中華書局景印阮刻本，1980 年版，第 64 頁。

〔註 4327〕〔魏〕王弼、韓康伯注，〔唐〕孔穎達等正義：《周易正義》，北京：中華書局景印阮刻本，1980 年版，第 64 頁。

〔註 4328〕〔魏〕王弼、韓康伯注，〔唐〕孔穎達等正義：《周易正義》，北京：中華書局景印阮刻本，1980 年版，第 64 頁。

〔註 4329〕〔魏〕王弼、韓康伯注，〔唐〕孔穎達等正義：《周易正義》，北京：中華書局景印阮刻本，1980 年版，第 64 頁。

〔註 4330〕〔魏〕王弼、韓康伯注，〔唐〕孔穎達等正義：《周易正義》，北京：中華書局景印阮刻本，1980 年版，第 64 頁。

〔註 4331〕〔魏〕王弼、韓康伯注，〔唐〕孔穎達等正義：《周易正義》，北京：中華書局景印阮刻本，1980 年版，第 64 頁。

焉而明吉凶。| 虞本更有「悔吝」二字。

【疏】虞本更有「悔吝」二字者，世傳本多無，惠棟《周易述・卷十五》依虞本，彼疏云：「俗本脫『悔吝』，今從虞氏。」〔註 4332〕

迭| 田節反。

【疏】所在注文為「迭進退也」。〔註 4333〕迭《廣韻》徒結切，定屑開四入山。《釋文》音同。

剛柔者，晝夜之象| 虞作「晝夜者，剛柔之象」。

【疏】所在經文為「剛柔者，晝夜之象也。」〔註 4334〕依上下文觀之，虞氏非。

三極| 陸云：極，至也。馬云：三統也。鄭、韓云：三才也。王肅云：陰陽、剛柔、仁義為三極。

【疏】所在經文為「六爻之動，三極之道也。」〔註 4335〕陸云「極，至也」者，《爾雅・釋詁上》：「極，至也。」〔註 4336〕《集解》引陸績曰：「天有陰陽二氣，地有剛柔二性，人有仁義二行。六爻之動，法乎此也。此三才極至之道也。初、四，下極；二、五，中極；三、上，上極也。」〔註 4337〕韓伯注：「三極，三才也。」〔註 4338〕孔穎達疏：「六爻遞相推動而生變化，是天、地、人三才至極之道。」〔註 4339〕此皆訓「三極」為「三才至極」也。馬云「三統

〔註 4332〕〔清〕惠棟撰：《周易述》（四部備要本），上海：中華書局，據學海堂經解本校刊，1936 年版，第 84 頁。

〔註 4333〕〔魏〕王弼、韓康伯注，〔唐〕孔穎達等正義：《周易正義》，北京：中華書局景印阮刻本，1980 年版，第 64 頁。

〔註 4334〕〔魏〕王弼、韓康伯注，〔唐〕孔穎達等正義：《周易正義》，北京：中華書局景印阮刻本，1980 年版，第 62 頁。

〔註 4335〕〔魏〕王弼、韓康伯注，〔唐〕孔穎達等正義：《周易正義》，北京：中華書局景印阮刻本，1980 年版，第 65 頁。

〔註 4336〕〔晉〕郭璞注，〔宋〕邢昺疏：《爾雅注疏》，北京：中華書局景印阮刻本，1980 年版，第 2 頁。

〔註 4337〕〔唐〕李鼎祚撰：《周易集解》，北京：中國書店，景印嘉慶三年姑蘇喜墨齋張遇堯局鐫本，1987 年版，卷十三，第 2 頁。

〔註 4338〕〔魏〕王弼、韓康伯注，〔唐〕孔穎達等正義：《周易正義》，北京：中華書局景印阮刻本，1980 年版，第 65 頁。

〔註 4339〕〔魏〕王弼、韓康伯注，〔唐〕孔穎達等正義：《周易正義》，北京：中華書局景印阮刻本，1980 年版，第 65 頁。

也」者，猶天地人三才也。《漢書・成帝紀》「所以通三統也」顏師古注：「天、地、人是爲三統。」〔註4340〕《風俗通義・皇霸》：「三統者，天地人之始，道之大綱也。」〔註4341〕《論語・爲政》「所損益可知也」何晏注「所損益謂文質三統」陸德明《釋文》：「三統謂天、地、人三正。」〔註4342〕鄭、韓云「三才也」者，與陸積同。王肅云「陰陽、剛柔、仁義爲三極」者，亦三才之義也。陰陽謂天，剛柔謂地，仁義謂人。

能見| 賢遍反。

【疏】所在注文爲「故能見吉凶」。〔註4343〕參看〈乾〉「見龍」條。

易之序也| 陸云：序，象也。京云：次也。虞本作「象」。

【疏】所在經文爲「是故君子所居而安者，易之序也。所樂而玩者，爻之辭也。是故君子居則觀其象而玩其辭，動則觀其變而玩其占。」〔註4344〕陸云「序，象也」者，蓋讀「序」爲「象」，辨字爲「象」字之譌也。若讀爲「象」，則與下文「觀其象而玩其辭」合。京云「次也」者，如字讀之。《廣雅・釋詁三》：「序，次也。」〔註4345〕又此處韓康伯注：「序，易象之次序。」〔註4346〕虞本作「象」者，《集解》引虞翻曰：「舊讀『象』誤作『厚』或作『序』，非也。」〔註4347〕

所樂| 音岳。適會也。虞本作「所變」。

〔註4340〕〔漢〕班固撰：《前漢書》（四部備要本），上海：中華書局，據武英殿本校刊，1936年版，第111頁。

〔註4341〕〔漢〕應劭撰，王利器校注：《風俗通義校注》，北京：中華書局，1981年版，第20頁。

〔註4342〕〔唐〕陸德明撰：《經典釋文》，北京：中華書局，景印徐乾學通志堂刻本，1983年版，第346頁。

〔註4343〕〔魏〕王弼、韓康伯注，〔唐〕孔穎達等正義：《周易正義》，北京：中華書局景印阮刻本，1980年版，第65頁。

〔註4344〕〔魏〕王弼、韓康伯注，〔唐〕孔穎達等正義：《周易正義》，北京：中華書局景印阮刻本，1980年版，第65頁。

〔註4345〕〔清〕王念孫撰：《廣雅疏證》，北京：中華書局，景印嘉慶年間王氏家刻本，1983年版，第74頁。

〔註4346〕〔魏〕王弼、韓康伯注，〔唐〕孔穎達等正義：《周易正義》，北京：中華書局景印阮刻本，1980年版，第65頁。

〔註4347〕〔唐〕李鼎祚撰：《周易集解》，北京：中國書店，景印嘉慶三年姑蘇喜墨齋張遇堯局鐫本，1987年版，卷十三，第2～3頁。

【疏】樂《廣韻》三讀，音樂《廣韻》五角切，疑覺開二入江。喜樂《廣韻》盧各切，來鐸開一入宕。好《廣韻》五教切，疑效開二去效。《釋文》音岳，與《廣韻》五角切音同，則當訓樂爲音樂也。然其訓爲適會，猶喜樂之義也，故當音洛爲是。宋毛居正《六經正誤》:「據陸氏以爲適會是意之趣向，適會其理而玩味之。如此則當音洛。案《正義》以爲愛樂而玩習，如此則當音五教反，若音岳全無義理。此必傳寫之誤，不敢輕改。」〔註4348〕虞本作「所變」者，《集解》引虞翻曰:「爻者，言乎變者也。謂〈乾〉五之〈坤〉，〈坤〉五動，則觀其變。舊作『樂』，字之誤。」〔註4349〕

而玩｜ 五亂反，研玩也。馬云:貪也。鄭作「翫」。〔註4350〕

【疏】玩《廣韻》五換切，疑換合一去山。《釋文》音同。「五亂反」宋本作「玉」者，音同。「研玩也」者，《說文・玉部》:「玩，弄也。」〔註4351〕引申之則有研習把玩之義。馬云「貪也」者，貪猶好也。《左傳・昭公二十六年》「規求無度」孔穎達引服、王、孫注:「玩，貪也。」〔註4352〕鄭作「翫」者，玩、翫古通。《說文・習部》:「翫，習猒也。」〔註4353〕義與玩署同。又《禮記・樂記》「何從出也」鄭玄注:「玩習之久」陸德明《釋文》:「玩，又作翫。」〔註4354〕《文選・張協〈雜詩〉》「閑居玩萬物」舊校:「五臣作翫。」〔註4355〕此皆玩、翫古通之證也。

〔註4348〕〔宋〕毛居正撰:《六經正誤》，揚州:江蘇廣陵古籍刻印社，景印通志堂經解本第十六冊，1996年版，第569頁。

〔註4349〕〔唐〕李鼎祚撰:《周易集解》，北京:中國書店，景印嘉慶三年姑蘇喜墨齋張遇堯局鐫本，1987年版，卷十三，第3頁。

〔註4350〕《經典釋文彙校》:「『五』，寫本同。宋本作『玉』。」見黃焯撰:《經典釋文彙校》，北京:中華書局，1980年版，第20頁。

〔註4351〕〔漢〕許慎撰:《說文解字》，北京:中華書局，景印同治十二年陳昌治刻本，1963年版，第12頁。

〔註4352〕〔晉〕杜預注，〔唐〕孔穎達等正義:《春秋左傳正義》，北京:中華書局景印阮刻本，1980年版，第412頁。按:規爲玩字之譌。

〔註4353〕〔漢〕許慎撰:《說文解字》，北京:中華書局，景印同治十二年陳昌治刻本，1963年版，第74頁。

〔註4354〕〔唐〕陸德明撰:《經典釋文》，北京:中華書局，景印徐乾學通志堂刻本，1983年版，第197頁。

〔註4355〕〔梁〕蕭統編，〔唐〕李善、呂延濟、劉良、張銑、呂向、李周翰注:《六臣注文選》，北京:中華書局，景印涵芬樓藏宋刊本，1987年版，第555頁。

祐之| 音又。後同。

【疏】所在經文爲「是以自天祐之」。〔註 4356〕祐《廣韻》于救切，云宥開三去流。《釋文》音同。

爻者| 戶交反。《說文》云:「交也。」

【疏】所在經文爲「爻者，言乎變者也。」〔註 4357〕爻《廣韻》胡茅切，匣肴開二平效。《釋文》音同。《說文》云「交也」者，《說文・爻部》:「爻，交也，象易六爻頭交也。」〔註 4358〕

小疵| 徐才斯反。馬云:瑕也。

【疏】所在經文爲「悔吝者，言乎其小疵也。」〔註 4359〕疵《廣韻》疾移切，從支開三平止。徐氏音同。馬云「瑕也」者，《書・大誥》「知我國有疵」陸德明《釋文》引馬云:「疵，瑕也。」〔註 4360〕又《慧琳音義・卷三十二》「癡疵」注引劉瓛注《周易》云:「疵，瑕也，敗者也。」〔註 4361〕

辯吉凶| 如字。京云:明也。虞、董、姚、顧、蜀才並云:別也。音彼列反。

【疏】所在經文爲「辯吉凶者存乎辭」。〔註 4362〕「如字」者，明不作假借讀也。辯《說文・辡部》:「辯，治也。从言在辡之閒。」〔註 4363〕徐鍇《繫

〔註 4356〕〔魏〕王弼、韓康伯注，〔唐〕孔穎達等正義:《周易正義》，北京:中華書局景印阮刻本，1980 年版，第 65 頁。

〔註 4357〕〔魏〕王弼、韓康伯注，〔唐〕孔穎達等正義:《周易正義》，北京:中華書局景印阮刻本，1980 年版，第 65 頁。

〔註 4358〕〔漢〕許慎撰:《說文解字》，北京:中華書局，景印同治十二年陳昌治刻本，1963 年版，第 70 頁。

〔註 4359〕〔魏〕王弼、韓康伯注，〔唐〕孔穎達等正義:《周易正義》，北京:中華書局景印阮刻本，1980 年版，第 65 頁。

〔註 4360〕〔唐〕陸德明撰:《經典釋文》，北京:中華書局，景印徐乾學通志堂刻本，1983 年版，第 46 頁。

〔註 4361〕〔唐〕釋慧琳撰:《一切經音義》(續四庫經部小學類第 196～197 冊)，上海:上海古籍出版社，景印日本元文三年至延亨三年榑桑雒東獅谷白蓮社刻本，2002 年版，第 197 冊，第 5 頁。

〔註 4362〕〔魏〕王弼、韓康伯注，〔唐〕孔穎達等正義:《周易正義》，北京:中華書局景印阮刻本，1980 年版，第 65 頁。

〔註 4363〕〔漢〕許慎撰:《說文解字》，北京:中華書局，景印同治十二年陳昌治刻本，1963 年版，第 309 頁。

傳》:「察言以治之也。」〔註 4364〕引申之，則有辯明之義。故京房云:「明也。」訓爲明者，又如《周易畧例・明象》「辯是與非」邢璹注:「辯，明也。」〔註 4365〕虞、董、姚、顧、蜀才並云「別也」者，別義與辨同。亦辯明義之引申也。《易・履・象傳》「君子以辯上下」李鼎祚《集解》引虞翻曰:「辯，別也。」〔註 4366〕又《易・同人》「君子以類族辯物」《集解》引虞翻注同。別《廣韻》二讀，訓爲分別，音方別切，非薛開重紐三入山。訓爲異、離、解，音皮列切，並薛開重紐四入山。《釋文》彼列反，幫紐薛韻。參看〈節〉「男女別」條。

見乎｜　賢遍反。

【疏】所在注文爲「吉凶之狀見乎爻」。〔註 4367〕參看〈乾〉「見龍」條。

乎介｜　音界。注同。王肅、干、韓云:纖介也。

【疏】所在經文爲「憂悔吝者存乎介」。〔註 4368〕介《廣韻》古拜切，見怪開二去蟹。《釋文》音同。王肅、干、韓云「纖介也」者，韓康伯注云:「介，纖介也。」〔註 4369〕《易・豫》「介于石」陸德明《釋文》:「介，纖介也。」〔註 4370〕參看〈豫〉「介于」條。

纖｜　息廉反。

【疏】所在注文爲「介，纖介也。」〔註 4371〕纖《廣韻》息廉切，心鹽開

〔註 4364〕〔南唐〕徐鍇撰:《說文解字繫傳》，北京：中華書局，景印道光年間祁巂藻刻本，1987 年版，第 280 頁。

〔註 4365〕〔晉〕王弼著，〔唐〕邢璹註，〔明〕范欽訂:《周易略例》，嘉靖四年范氏天一閣刊本，卷一，第 3 頁。

〔註 4366〕〔唐〕李鼎祚撰:《周易集解》，北京：中國書店，景印嘉慶三年姑蘇喜墨齋張遇堯局鐫本，1987 年版，卷三，第 11 頁。

〔註 4367〕〔魏〕王弼、韓康伯注，〔唐〕孔穎達等正義:《周易正義》，北京：中華書局景印阮刻本，1980 年版，第 65 頁。

〔註 4368〕〔魏〕王弼、韓康伯注，〔唐〕孔穎達等正義:《周易正義》，北京：中華書局景印阮刻本，1980 年版，第 65 頁。

〔註 4369〕〔魏〕王弼、韓康伯注，〔唐〕孔穎達等正義:《周易正義》，北京：中華書局景印阮刻本，1980 年版，第 65 頁。

〔註 4370〕〔唐〕陸德明撰:《經典釋文》，北京：中華書局，景印徐乾學通志堂刻本，1983 年版，第 22 頁。

〔註 4371〕〔魏〕王弼、韓康伯注，〔唐〕孔穎達等正義:《周易正義》，北京：中華書局景印阮刻本，1980 年版，第 65 頁。

三平咸。《釋文》音同。

震无咎｜ 馬云：震，驚也。鄭云：懼也。王肅、韓云：動也。周云：救也。〔註 4372〕

【疏】所在經文爲「震无咎者存乎悔」。〔註 4373〕馬云「震驚也」者，《漢書・宣帝紀》：「震于珍物」顏師古注引服虔曰：「震，驚也。」〔註 4374〕鄭云「懼也」者，懼與驚義畧同。《爾雅・釋詁下》：「震，懼也。」〔註 4375〕王肅、韓云「動也」者，韓伯注：「震，動也。」〔註 4376〕又《集解》引虞翻同。按《易・說卦》：「震，動也。」〔註 4377〕《易・序卦》：「震者，動也。」〔註 4378〕周云「救也」者，假震爲振也。《小爾雅・廣言》：「振，救也。」〔註 4379〕十行本、閩監本、雅雨本「救」作「威」者，《左傳・文公六年》「其子何震之有」杜預注：「震，威也。」〔註 4380〕《國語・周語中》：「君之武震」韋昭注：「震，威也。」〔註 4381〕

險易｜ 以豉反，注同。京云：險，惡也；易，善也。

〔註 4372〕《經典釋文彙校》：「寫本、宋本同。十行本、閩監本、雅雨本『救』作『威』。惠云：震與振通，故云救。」見黃焯撰：《經典釋文彙校》，北京：中華書局，1980 年版，第 20 頁。

〔註 4373〕〔魏〕王弼、韓康伯注，〔唐〕孔穎達等正義：《周易正義》，北京：中華書局景印阮刻本，1980 年版，第 65 頁。

〔註 4374〕〔漢〕班固撰：《前漢書》（四部備要本），上海：中華書局，據武英殿本校刊，1936 年版，第 91 頁。

〔註 4375〕〔晉〕郭璞注，〔宋〕邢昺疏：《爾雅注疏》，北京：中華書局景印阮刻本，1980 年版，第 8 頁。

〔註 4376〕〔魏〕王弼、韓康伯注，〔唐〕孔穎達等正義：《周易正義》，北京：中華書局景印阮刻本，1980 年版，第 65 頁。

〔註 4377〕〔魏〕王弼、韓康伯注，〔唐〕孔穎達等正義：《周易正義》，北京：中華書局景印阮刻本，1980 年版，第 82 頁。

〔註 4378〕〔魏〕王弼、韓康伯注，〔唐〕孔穎達等正義：《周易正義》，北京：中華書局景印阮刻本，1980 年版，第 84 頁。

〔註 4379〕〔清〕宋翔鳳撰：《小爾雅訓纂》（續四庫經部小學類第 189 冊），上海：上海古籍出版社，景印嘉慶年間浮溪精舍叢書本，2002 年版，第 495 頁。

〔註 4380〕〔晉〕杜預注，〔唐〕孔穎達等正義：《春秋左傳正義》，北京：中華書局景印阮刻本，1980 年版，第 142 頁。

〔註 4381〕〔吳〕韋昭注，〔清〕董增齡正義：《國語正義》（續四庫史部雜史類第 422 冊），上海：上海古籍出版社，景印光緒庚辰會稽章氏式訓堂刊本，2002 年版，第 41 頁。

【疏】所在經文爲「辭有險易」。〔註 4382〕易《廣韻》二讀，難易之易以豉切，以寘開三去止。《釋文》音同。京云「險，惡也；易，善也」者，《玉篇・阜部》：「險，惡也。」〔註 4383〕易有平易之義，《易・繫辭下》「易者使傾」李鼎祚《集解》引陸績曰：「易，平易也。」〔註 4384〕引申之則訓爲善也。

之否｜ 備鄙反。

【疏】所在注文爲「之否則其辭險」。〔註 4385〕參看〈屯〉「則否」條。

天地準｜ 如字。京云：準，等也。鄭云：中也，平也。

【疏】所在經文爲「《易》與天地準」。〔註 4386〕準《廣韻》二讀，訓爲均平，之尹切，章準合三上臻。訓爲頬權，職悅切，章薛合三入山。《釋文》「如字」者，音同《廣韻》上聲。京云「準，等也」者，《廣雅・釋詁三》：「準，平也。」〔註 4387〕《集解》引虞翻曰：「準，同也。」〔註 4388〕鄭云「中也，平也」者，中猶平也。《國語・晉語九》「夫以回鬻國之中」韋昭注：「中，平也。」〔註 4389〕

彌｜ 如字。本又作「弥」。〔註 4390〕

〔註 4382〕〔魏〕王弼、韓康伯注，〔唐〕孔穎達等正義：《周易正義》，北京：中華書局景印阮刻本，1980 年版，第 65 頁。

〔註 4383〕〔梁〕顧野王撰：《宋本玉篇》，北京：中國書店，景印張氏澤存堂本，1983 年版，第 417 頁。

〔註 4384〕〔唐〕李鼎祚撰：《周易集解》，北京：中國書店，景印嘉慶三年姑蘇喜墨齋張遇堯局鐫本，1987 年版，卷十六，第 7 頁。

〔註 4385〕〔魏〕王弼、韓康伯注，〔唐〕孔穎達等正義：《周易正義》，北京：中華書局景印阮刻本，1980 年版，第 65 頁。

〔註 4386〕〔魏〕王弼、韓康伯注，〔唐〕孔穎達等正義：《周易正義》，北京：中華書局景印阮刻本，1980 年版，第 65 頁。

〔註 4387〕〔清〕王念孫撰：《廣雅疏證》，北京：中華書局，景印嘉慶年間王氏家刻本，1983 年版，第 107 頁。

〔註 4388〕〔唐〕李鼎祚撰：《周易集解》，北京：中國書店，景印嘉慶三年姑蘇喜墨齋張遇堯局鐫本，1987 年版，卷十三，第 4 頁。

〔註 4389〕〔吳〕韋昭注，〔清〕董增齡正義：《國語正義》（續四庫史部雜史類第 422 冊），上海：上海古籍出版社，景印光緒庚辰會稽章氏式訓堂刊本，2002 年版，第 248 頁。

〔註 4390〕《經典釋文彙校》：「『彌』、『弥』二字寫本、宋本互易，下注中『彌綸』字宋本又作『弥』。」見黃焯撰：《經典釋文彙校》，北京：中華書局，1980 年版，第 20 頁。

【疏】所在經文爲「故能彌綸天地之道」。〔註 4391〕「如字」者，明依本字讀之，不作通假也。彌《廣韻》武移切，明支開重紐三平止。本又作「弥」者，「弥」爲「彌」之異體字也。《集韻・支韻》:「彌，或作弥。」〔註 4392〕

綸｜ 音倫。京云：彌，遍；綸，知也。王肅云：綸，纏裹也。荀云：彌，終也；綸，迹也。〔註 4393〕

【疏】綸《廣韻》二讀，絲綸力迍切，來諄合三平臻。綸巾古頑切，見山合二平山。《釋文》音同《廣韻》力迍切。京云「彌，遍；綸，知也」者，《周禮・春官・大祝》「彌祀社稷禱祠」鄭玄注:「彌。猶徧也。」〔註 4394〕綸訓爲知，舊注無稽，蓋依上下文義而爲訓也。王肅云「綸，纏裹也」者，《後漢書・班固傳》:「絡以綸連」李賢注:「綸糾，青絲綬也。」〔註 4395〕引申之則有糾合纏裹之義，《集解》引虞翻曰:「綸，絡。」〔註 4396〕《正義》曰:「綸謂經綸牽引。」〔註 4397〕義皆同之。荀云「彌，終也；綸，迹也」者，《爾雅・釋言》:「彌，終也。」〔註 4398〕《詩・大雅・生民》「誕彌厥月」毛《傳》:「彌，終。」〔註 4399〕綸訓迹亦無徵於舊訓。《廣雅・釋詁三》:「綸，道也。」〔註 4400〕引申之則有履迹之義。

〔註 4391〕〔魏〕王弼、韓康伯注，〔唐〕孔穎達等正義：《周易正義》，北京：中華書局景印阮刻本，1980 年版，第 65 頁。

〔註 4392〕〔宋〕丁度撰：《集韻》，北京：中華書局，景印北京圖書館藏宋刻本，1988 年版，第 10 頁。

〔註 4393〕《經典釋文彙校》:「惠曰：《文選》引云：彌綸，纏裹也。」見黃焯撰：《經典釋文彙校》，北京：中華書局，1980 年版，第 20 頁。

〔註 4394〕〔漢〕鄭玄注，〔唐〕賈公彥疏：《周禮注疏》，北京：中華書局景印阮刻本，1980 年版，第 173 頁。

〔註 4395〕〔南朝宋〕范曄撰：《後漢書》(四部備要本)，上海：中華書局，據武英殿本校刊，1936 年版，第 592 頁。

〔註 4396〕〔唐〕李鼎祚撰：《周易集解》，北京：中國書店，景印嘉慶三年姑蘇喜墨齋張遇堯局鐫本，1987 年版，卷十三，第 4 頁。

〔註 4397〕〔魏〕王弼、韓康伯注，〔唐〕孔穎達等正義：《周易正義》，北京：中華書局景印阮刻本，1980 年版，第 65 頁。

〔註 4398〕〔晉〕郭璞注，〔宋〕邢昺疏：《爾雅注疏》，北京：中華書局景印阮刻本，1980 年版，第 19 頁。

〔註 4399〕〔漢〕毛公傳、鄭玄箋，〔唐〕孔穎達等正義：《毛詩正義》，北京：中華書局景印阮刻本，1980 年版，第 261 頁。

〔註 4400〕〔清〕王念孫撰：《廣雅疏證》，北京：中華書局，景印嘉慶年間王氏家刻本，1983 年版，第 89 頁。

天下之道｜一本作「天地」。

【疏】所在經文爲「故能彌綸天地之道」。〔註 4401〕集解本作「天下」。〔註 4402〕義皆得通。

俯以｜音甫。

【疏】所在經文爲「俯以察於地理」。〔註 4403〕俯《廣韻》方矩切，非麌合三上遇。《釋文》音甫，幫麌合三上遇。

察於｜一本作「觀於」。

【疏】所在經文爲「俯以察於地理」。〔註 4404〕一本作「觀於」者，義同。

反終｜鄭、虞作「及終」。

【疏】所在經文爲「原始反終」。〔註 4405〕《正義》曰：「原窮事物之初始，反復事物之終末。」〔註 4406〕鄭、虞作「及終」者，《集解》本同。《集解》引《九家易》曰：「陰陽交合，物之始也。陰陽分離，物之終也。合則生，離則死。故『原始及終，故知死生之說』矣。」〔註 4407〕

之說｜如字。宋衷始銳反，云：舍也。

【疏】所在經文爲「故知死生之說」。〔註 4408〕說中古常用者，蓋有三讀，訓爲說解，《集韻》輸爇切，書薛合三入山。訓爲遊說，《廣韻》舒芮切，書

〔註 4401〕〔魏〕王弼、韓康伯注，〔唐〕孔穎達等正義：《周易正義》，北京：中華書局景印阮刻本，1980 年版，第 65 頁。

〔註 4402〕〔唐〕李鼎祚撰：《周易集解》，北京：中國書店，景印嘉慶三年姑蘇喜墨齋張遇堯局鐫本，1987 年版，卷十三，第 4 頁。

〔註 4403〕〔魏〕王弼、韓康伯注，〔唐〕孔穎達等正義：《周易正義》，北京：中華書局景印阮刻本，1980 年版，第 65 頁。

〔註 4404〕〔魏〕王弼、韓康伯注，〔唐〕孔穎達等正義：《周易正義》，北京：中華書局景印阮刻本，1980 年版，第 65 頁。

〔註 4405〕〔魏〕王弼、韓康伯注，〔唐〕孔穎達等正義：《周易正義》，北京：中華書局景印阮刻本，1980 年版，第 65 頁。

〔註 4406〕〔魏〕王弼、韓康伯注，〔唐〕孔穎達等正義：《周易正義》，北京：中華書局景印阮刻本，1980 年版，第 65 頁。

〔註 4407〕〔唐〕李鼎祚撰：《周易集解》，北京：中國書店，景印嘉慶三年姑蘇喜墨齋張遇堯局鐫本，1987 年版，卷十三，第 4 頁。

〔註 4408〕〔魏〕王弼、韓康伯注，〔唐〕孔穎達等正義：《周易正義》，北京：中華書局景印阮刻本，1980 年版，第 65 頁。

祭合三去蟹。訓爲喜悅，《集韻》欲雪切，以薛合三入山。「如字」者，讀如《集韻》輸爇切，訓爲學說。宋衷始銳反者，音同《集韻》舒芮切，此處訓爲舍也。《詩・召南・甘棠》「召伯所說」毛《傳》:「說，舍也。」〔註4409〕《左傳・宣公十二年》「日中而說」杜預注:「說，舍也。」〔註4410〕宋衷之義，蓋言知死生之所止舍也。

烟｜ 音因。

【疏】所在注文爲「精氣烟熅」。〔註4411〕阮元校勘記:「岳本同。閩監、毛本『烟熅』作『絪縕』。《釋文》出『烟熅』。」〔註4412〕烟《廣韻》二讀，訓爲天地氣，音於眞切，影眞開重紐三平臻。訓爲煙，音烏前切，影先開四平山。《釋文》音同《廣韻》於眞切。烟熅，又作絪縕、氤氳，音近相通，謂天地陰陽二氣之交合也。

熅｜ 紆云反。

【疏】熅《廣韻》於云切，影文合三平臻。《釋文》音同。

盡聚｜ 津忍反，下同。

【疏】所在注文爲「盡聚散之理」。〔註4413〕參看〈乾〉「故盡」條。

知周｜ 音智，注同。

【疏】所在經文爲「知周乎萬物」。〔註4414〕知、智，古今字。

道濟｜ 如字。鄭云:「道」當作「導」。

〔註4409〕〔漢〕毛公傳、鄭玄箋，〔唐〕孔穎達等正義:《毛詩正義》，北京:中華書局景印阮刻本，1980年版，第20頁。

〔註4410〕〔晉〕杜預注，〔唐〕孔穎達等正義:《春秋左傳正義》，北京:中華書局景印阮刻本，1980年版，第179頁。

〔註4411〕〔魏〕王弼、韓康伯注，〔唐〕孔穎達等正義:《周易正義》，北京:中華書局景印阮刻本，1980年版，第65頁。

〔註4412〕〔魏〕王弼、韓康伯注，〔唐〕孔穎達等正義:《周易正義》，北京:中華書局景印阮刻本，1980年版，第72頁。

〔註4413〕〔魏〕王弼、韓康伯注，〔唐〕孔穎達等正義:《周易正義》，北京:中華書局景印阮刻本，1980年版，第65頁。

〔註4414〕〔魏〕王弼、韓康伯注，〔唐〕孔穎達等正義:《周易正義》，北京:中華書局景印阮刻本，1980年版，第65頁。

【疏】所在經文爲「而道濟天下」。〔註 4415〕如字者，讀如《廣韻》徒皓切，定皓開一上效。鄭云「道」當作「導」者，讀道爲導也。導濟者，猶治理也。《釋名・釋言語》:「道，導也，所以通導萬物也。」〔註 4416〕《廣雅・釋詁三》:「道，治也。」〔註 4417〕

不流| 如字。京作「留」。

【疏】所在經文爲「旁行而不流」。〔註 4418〕「如字」者，辨字作「流」也。《正義》曰:「言聖人之德，應變旁行，无不被及，而不有流移淫過。」〔註 4419〕京作「留」者，流、留，音近而爲異文。《詩・邶風・旄丘》「流離之子」王先謙《三家義集疏》:「《魯》『流』作『留』。」《文選・曹植〈與楊德祖書〉》「建永世之業，流金石之功」舊校:「善本『流』作『留』字。」此處京房作「留」，依留讀之。惠棟《周易述》同，彼注云:「旁行周六十四卦，月主五卦，爻主一日，歲既周而復始，故不留也。」

樂天| 音洛。注同。虞作「變天」。

【疏】所在經文爲「樂天知命，故不憂。」〔註 4420〕音洛者，參看〈乾〉「樂則」條。虞作「變天」者，《周易象旨決錄・卷五》:「易旁行不流，故玩辭者變通天道，以知天命，亦周物不憂，似天也。『樂天』依虞翻作『變天』。」〔註 4421〕

功贍| 涉豔反。

〔註 4415〕〔魏〕王弼、韓康伯注，〔唐〕孔穎達等正義:《周易正義》，北京：中華書局景印阮刻本，1980 年版，第 65 頁。

〔註 4416〕〔漢〕劉熙撰，〔清〕畢沅疏證，王先謙補:《釋名疏證補》(漢小學四種本)，成都：巴蜀書社，景印光緒二十二年刊本，2001 年版，第 1499 頁。

〔註 4417〕〔清〕王念孫撰:《廣雅疏證》，北京：中華書局，景印嘉慶年間王氏家刻本，1983 年版，第 96 頁。

〔註 4418〕〔魏〕王弼、韓康伯注，〔唐〕孔穎達等正義:《周易正義》，北京：中華書局景印阮刻本，1980 年版，第 65 頁。

〔註 4419〕〔魏〕王弼、韓康伯注，〔唐〕孔穎達等正義:《周易正義》，北京：中華書局景印阮刻本，1980 年版，第 65 頁。

〔註 4420〕〔魏〕王弼、韓康伯注，〔唐〕孔穎達等正義:《周易正義》，北京：中華書局景印阮刻本，1980 年版，第 65 頁。

〔註 4421〕〔明〕熊過撰:《周易象旨決錄》，臺灣：商務印書館，景印文淵閣四庫全書本第 31 冊，1983 年版，第 588 頁。

【疏】所在注文爲「則仁功贍矣」。〔註 4422〕贍《廣韻》時豔切，禪豔開三去咸。《釋文》音同。

範圍｜ 鄭云：範，法也。馬、王肅、張作「犯違」。張云：犯違猶裁成也。

【疏】所在經文爲「範圍天地之化而不過」。〔註 4423〕鄭云「範，法也」者，《爾雅・釋詁上》：「範，法也。」〔註 4424〕又《集解》引《九家易》曰：「範者，法也。圍者，周也。」〔註 4425〕韓注云：「範圍者，擬範天地，而周備其理也。」〔註 4426〕馬、王肅、張作「犯違」者，音近而爲異文也。張云「犯違猶裁成也」者，假犯違爲範圍也。範圍有限制之義，引申之則爲裁成也。《周易本義》：「範，如鑄金之有模範。圍，匡郭也。天地之化无窮，而聖人爲之範圍，不使過於中道，所謂裁成者也。」〔註 4427〕按《郭氏傳家易說・卷七》云：「先儒或以『範圍』爲『犯違』，誤矣。」〔註 4428〕

而知｜ 如字。荀爽、荀柔之、明僧紹音智。

【疏】所在經文爲「通乎晝夜之道而知」。〔註 4429〕「如字」者，韓注云：「通幽明之故，則无不知也。」〔註 4430〕蓋亦讀知爲如字也。荀爽、荀柔之、明僧紹音智者，《集解》引荀爽曰：「通於乾坤之道，無所不知矣。」

〔註 4422〕〔魏〕王弼、韓康伯注，〔唐〕孔穎達等正義：《周易正義》，北京：中華書局景印阮刻本，1980 年版，第 65 頁。

〔註 4423〕〔魏〕王弼、韓康伯注，〔唐〕孔穎達等正義：《周易正義》，北京：中華書局景印阮刻本，1980 年版，第 65 頁。

〔註 4424〕〔晉〕郭璞注，〔宋〕邢昺疏：《爾雅注疏》，北京：中華書局景印阮刻本，1980 年版，第 3 頁。

〔註 4425〕〔唐〕李鼎祚撰：《周易集解》，北京：中國書店，景印嘉慶三年姑蘇喜墨齋張遇堯局鐫本，1987 年版，卷十三，第 4 頁。

〔註 4426〕〔魏〕王弼、韓康伯注，〔唐〕孔穎達等正義：《周易正義》，北京：中華書局景印阮刻本，1980 年版，第 65 頁。

〔註 4427〕〔宋〕朱熹撰：《周易本義》（四書五經本），北京：中國書店，據世界書局本景印，1985 年版，第 58 頁。

〔註 4428〕〔宋〕郭雍撰：《郭氏傳家易說》（叢書集成初編哲學類第 412～416 冊），上海：商務印書館，據聚珍版叢書本排印，1935 年版，第 258 頁。

〔註 4429〕〔魏〕王弼、韓康伯注，〔唐〕孔穎達等正義：《周易正義》，北京：中華書局景印阮刻本，1980 年版，第 65 頁。

〔註 4430〕〔魏〕王弼、韓康伯注，〔唐〕孔穎達等正義：《周易正義》，北京：中華書局景印阮刻本，1980 年版，第 65 頁。

〔註 4431〕无所不知謂之智，故荀爽讀知爲去聲。

以上| 時掌反。

【疏】所在注文爲「自此以上」。〔註 4432〕參看〈乾〉「上下」條。

之稱| 尺證反。下章及注同。

【疏】所在注文爲「无之稱也」。〔註 4433〕參看〈師〉「之稱」條。

知者| 音智，下「之知」、注「知者」、「其知」、「仁知」並同。

【疏】所在經文爲「知者見之謂之知」。〔註 4434〕知、智，古今字。

其分| 符問反。

【疏】所在注文爲「各盡其分」。〔註 4435〕分作分際、限度解時《廣韻》扶問切，奉問合三去臻。《釋文》音同。

鮮矣| 悉淺反。注同。師說云：盡也。〔註 4436〕鄭作「尟」。馬、鄭、王肅云：少也。

【疏】所在經文爲「故君子之道鮮矣」。〔註 4437〕鮮《廣韻》三讀，訓爲少時音息淺切，心獮開三上山。《釋文》音同。師說云「盡也」者，《爾雅・釋詁下》：「鮮，罕也。」〔註 4438〕鄭作「尟」者，「尟」爲「鮮」之本字也。《說

〔註 4431〕〔唐〕李鼎祚撰：《周易集解》，北京：中國書店，景印嘉慶三年姑蘇喜墨齋張遇堯局鐫本，1987 年版，卷十三，第 5 頁。

〔註 4432〕〔魏〕王弼、韓康伯注，〔唐〕孔穎達等正義：《周易正義》，北京：中華書局景印阮刻本，1980 年版，第 65 頁。

〔註 4433〕〔魏〕王弼、韓康伯注，〔唐〕孔穎達等正義：《周易正義》，北京：中華書局景印阮刻本，1980 年版，第 66 頁。

〔註 4434〕〔魏〕王弼、韓康伯注，〔唐〕孔穎達等正義：《周易正義》，北京：中華書局景印阮刻本，1980 年版，第 66 頁。

〔註 4435〕〔魏〕王弼、韓康伯注，〔唐〕孔穎達等正義：《周易正義》，北京：中華書局景印阮刻本，1980 年版，第 66 頁。

〔註 4436〕宋毛居正《六經正誤》：「『鮮矣』注『師說云：盡也。』師者，師氏。人姓也。師氏《易》說謂之師說，作『帥』誤。」〔宋〕毛居正撰：《六經正誤》，揚州：江蘇廣陵古籍刻印社，景印通志堂經解本第十六冊，1996 年版，第 569 頁。由此觀之，毛氏所見本「師」譌作「帥」也。

〔註 4437〕〔魏〕王弼、韓康伯注，〔唐〕孔穎達等正義：《周易正義》，北京：中華書局景印阮刻本，1980 年版，第 66 頁。

〔註 4438〕〔晉〕郭璞注，〔宋〕邢昺疏：《爾雅注疏》，北京：中華書局景印阮刻本，

文・是部》:「尟，是少也。」〔註 4439〕馬、鄭、王肅云「少也」者，「少」與「罕」義同。又《釋文》於《詩・邶風・新臺》「籧篨不鮮」下引王云、《左傳・隱公三年》「憾而能眕者，鮮矣」、〈宣公二年〉「鮮克有終」、〈襄公二十一年〉「鮮食」下僉曰:「鮮，少也。」〔註 4440〕

藏諸| 才剛反。鄭作「臧」，云：善也。

【疏】所在經文爲「顯諸仁，藏諸用」。〔註 4441〕藏《廣韻》二讀，隱藏昨郎切，從唐開一平宕。庫藏徂浪切，從宕開一去宕。鄭作「臧」者，「臧」爲「藏」之古字。鄭作「臧」者，蓋古《易》如是也。云「善也」者，依「臧」如字讀之。《爾雅・釋詁上》:「臧，善也。」〔註 4442〕

衣| 於既反。

【疏】所在注文爲「衣被萬物」。〔註 4443〕衣《廣韻》二讀，衣裳於希切，影微開三平止。衣著於既切，影未開三去止。衣作名詞音平聲，動詞音去聲。《釋文》音同《廣韻》去聲。

被| 皮寄反。

【疏】被《廣韻》二讀，訓爲寢衣，皮彼切，並紙開重紐三上止。訓爲被服，平義切，並寘重紐三去止。《釋文》音同《廣韻》去聲。

則有經營之功也| 本亦无「功」字，一本「功」作「迹」。

【疏】所在注文爲「則有經營之跡也」。〔註 4444〕

1980 年版，第 9 頁。

〔註 4439〕〔漢〕許慎撰:《說文解字》，北京：中華書局，景印同治十二年陳昌治刻本，1963 年版，第 39 頁。

〔註 4440〕〔唐〕陸德明撰:《經典釋文》，北京：中華書局，景印徐乾學通志堂刻本，1983 年版，第 60、222、244、263 頁。

〔註 4441〕〔魏〕王弼、韓康伯注，〔唐〕孔穎達等正義:《周易正義》，北京：中華書局景印阮刻本，1980 年版，第 66 頁。

〔註 4442〕〔晉〕郭璞注，〔宋〕邢昺疏:《爾雅注疏》，北京：中華書局景印阮刻本，1980 年版，第 2 頁。

〔註 4443〕〔魏〕王弼、韓康伯注，〔唐〕孔穎達等正義:《周易正義》，北京：中華書局景印阮刻本，1980 年版，第 66 頁。

〔註 4444〕〔魏〕王弼、韓康伯注，〔唐〕孔穎達等正義:《周易正義》，北京：中華書局景印阮刻本，1980 年版，第 66 頁。

成象|　蜀才作「盛象」。

【疏】所在經文注疏本爲：「成象之謂乾」。〔註 4445〕蜀才作「盛象」者，成、盛古通用。各本皆作「成」，作「盛」於義不通。

爻法|　胡孝反。馬、韓如字，云：放也。蜀才作「效」。

【疏】所在經文爲「效法之謂坤」。〔註 4446〕胡孝反者，假爻爲效也者，《易·繫辭下》：「爻也者，效天下之動者也。」〔註 4447〕《廣雅·釋詁三》：「爻，效也。」〔註 4448〕馬、韓「如字」者，讀如《廣韻》胡茅切，匣肴開二平效。云「放也」者，放音上聲，放效也。蜀才作「效」者，與注疏本同。

形詰|　去吉也。

【疏】所在注文爲「不可以形詰者也」。〔註 4449〕「去吉也」者，「去吉反」之譌也。詰《廣韻》去吉切，溪質開重紐四入臻。《釋文》音同。

大虛|　音泰。下「大極」同。

【疏】所在注文爲「莫不獨化於大虛」。〔註 4450〕大、太古皆作大。

欻爾|　況勿反。

【疏】所在注文爲「故兩而自造矣」。〔註 4451〕阮元《校勘記》：「岳本、閩監、毛本『故兩』作『欻爾』，《釋文》出『欻爾』，古本『欻』作『歘』，采《集解》。」〔註 4452〕欻《廣韻》許勿切，曉物合三入臻。《釋文》音同。

〔註 4445〕〔魏〕王弼、韓康伯注，〔唐〕孔穎達等正義：《周易正義》，北京：中華書局景印阮刻本，1980 年版，第 66 頁。

〔註 4446〕〔魏〕王弼、韓康伯注，〔唐〕孔穎達等正義：《周易正義》，北京：中華書局景印阮刻本，1980 年版，第 66 頁。

〔註 4447〕〔魏〕王弼、韓康伯注，〔唐〕孔穎達等正義：《周易正義》，北京：中華書局景印阮刻本，1980 年版，第 75 頁。

〔註 4448〕〔清〕王念孫撰：《廣雅疏證》，北京：中華書局，景印嘉慶年間王氏家刻本，1983 年版，第 104 頁。

〔註 4449〕〔魏〕王弼、韓康伯注，〔唐〕孔穎達等正義：《周易正義》，北京：中華書局景印阮刻本，1980 年版，第 66 頁。

〔註 4450〕〔魏〕王弼、韓康伯注，〔唐〕孔穎達等正義：《周易正義》，北京：中華書局景印阮刻本，1980 年版，第 66 頁。

〔註 4451〕〔魏〕王弼、韓康伯注，〔唐〕孔穎達等正義：《周易正義》，北京：中華書局景印阮刻本，1980 年版，第 66 頁。

〔註 4452〕〔魏〕王弼、韓康伯注，〔唐〕孔穎達等正義：《周易正義》，北京：中華書

自造｜ 在早反，下同。

【疏】造《廣韻》二讀，訓爲作，昨早切，從皓開一上效。訓爲至，七到切，清號開一去效。《釋文》音同《廣韻》上聲。訓爲作也，孔疏訓同。

稱極｜ 尺征反。

【疏】所在注文爲「言變化而稱極乎神也」。〔註 4453〕稱《廣韻》二讀，一爲處陵切，昌蒸開三平曾。一爲昌孕切，昌證開三去曾。稱作動詞音平聲，作名詞音去聲。《釋文》尺征反，昌紐清韻。與《廣韻》平聲音近。

為稱｜ 尺證反。

【疏】所在注文爲「則以道爲稱」。〔註 4454〕《釋文》音同《廣韻》去聲。參看〈師〉「之稱」條。

不禦｜ 魚呂反，禁止也。

【疏】所在經文爲「以言乎遠則不禦」。〔註 4455〕禦《廣韻》魚巨切，疑語合三上遇。《釋文》音同《廣韻》。「禁止也」者，《爾雅・釋言》：「禦，禁也。」〔註 4456〕

乎迩｜ 本又作「邇」，音尒。

【疏】所在經文爲「以言乎邇則靜而正」。〔註 4457〕《釋文》出「迩」者，「邇」之古文也。《說文・辵部》：「邇，近也。从辵爾聲。迩，古文邇。」〔註 4458〕邇《廣韻》兒氏切，日紙開三上止。《釋文》音同。

局景印阮刻本，1980 年版，第 72 頁。

〔註 4453〕〔魏〕王弼、韓康伯注，〔唐〕孔穎達等正義：《周易正義》，北京：中華書局景印阮刻本，1980 年版，第 66 頁。

〔註 4454〕〔魏〕王弼、韓康伯注，〔唐〕孔穎達等正義：《周易正義》，北京：中華書局景印阮刻本，1980 年版，第 66 頁。

〔註 4455〕〔魏〕王弼、韓康伯注，〔唐〕孔穎達等正義：《周易正義》，北京：中華書局景印阮刻本，1980 年版，第 66 頁。

〔註 4456〕〔晉〕郭璞注，〔宋〕邢昺疏：《爾雅注疏》，北京：中華書局景印阮刻本，1980 年版，第 16 頁。

〔註 4457〕〔魏〕王弼、韓康伯注，〔唐〕孔穎達等正義：《周易正義》，北京：中華書局景印阮刻本，1980 年版，第 66 頁。

〔註 4458〕〔漢〕許慎撰：《說文解字》，北京：中華書局，景印同治十二年陳昌治刻本，1963 年版，第 41 頁。

也專｜ 如字，陸作「塼」，音同。〔註 4459〕

【疏】所在經文爲「夫乾，其靜也專，其動也直」。〔註 4460〕「如字」者，明字形作「專」也。韓注：「專，專一也。」〔註 4461〕即依如字讀之。專一之專《說文》作「嫥」，「專」本義爲紡專，嫥一者，其假借義也。陸作「塼」者，「專」之俗字也。此蓋亦假塼爲嫥也。《經典釋文彙校》云盧本改作「摶」，義亦通，然不知所據。

也翕｜ 虛級反，斂也。

【疏】所在經文爲「夫坤，其靜也翕，其動也闢」。〔註 4462〕翕《廣韻》許及切，曉緝開重紐三入深。《釋文》音同。「斂也」者，《爾雅・釋詁上》：「翕，合也。」〔註 4463〕《荀子・議兵》「代翕代張」楊倞注：「翕，斂也。」〔註 4464〕韓注：「翕，斂也。」〔註 4465〕

也闢｜ 婢亦反，開也。

【疏】闢《廣韻》房益切，並昔開三入梗。《釋文》音同。「開也」者，《說文・門部》：「闢，開也。」〔註 4466〕又《易・繫辭上》「闢戶謂之乾」李鼎祚《集解》引虞翻曰：「闢，開也。」〔註 4467〕

易簡｜ 以豉反。

〔註 4459〕《經典釋文彙校》：「寫本、宋本同。盧本『塼』改作『摶』。」見黃焯撰：《經典釋文彙校》，北京：中華書局，1980 年版，第 20 頁。

〔註 4460〕〔魏〕王弼、韓康伯注，〔唐〕孔穎達等正義：《周易正義》，北京：中華書局景印阮刻本，1980 年版，第 66 頁。

〔註 4461〕〔魏〕王弼、韓康伯注，〔唐〕孔穎達等正義：《周易正義》，北京：中華書局景印阮刻本，1980 年版，第 66 頁。

〔註 4462〕〔魏〕王弼、韓康伯注，〔唐〕孔穎達等正義：《周易正義》，北京：中華書局景印阮刻本，1980 年版，第 67 頁。

〔註 4463〕〔晉〕郭璞注，〔宋〕邢昺疏：《爾雅注疏》，北京：中華書局景印阮刻本，1980 年版，第 3 頁。

〔註 4464〕〔唐〕楊倞注，〔清〕王先謙集解：《荀子集解》，上海：上海書店，景印諸子集成本，1986 年版，第 182 頁。

〔註 4465〕〔魏〕王弼、韓康伯注，〔唐〕孔穎達等正義：《周易正義》，北京：中華書局景印阮刻本，1980 年版，第 67 頁。

〔註 4466〕〔漢〕許慎撰：《說文解字》，北京：中華書局，景印同治十二年陳昌治刻本，1963 年版，第 248 頁。

〔註 4467〕〔唐〕李鼎祚撰：《周易集解》，北京：中國書店，景印嘉慶三年姑蘇喜墨齋張遇堯局鐫本，1987 年版，卷十四，第 6 頁。

【疏】所在經文為「易簡之善配至德」。〔註 4468〕參看〈屯〉「以易」條。

知崇｜ 音智，注同。

【疏】所在經文為「知崇禮卑」。〔註 4469〕知、智古今字也。

禮｜ 蜀才作「體」。

【疏】所在經文為「知崇禮卑」。〔註 4470〕蜀才作「體」者，《周易集解纂疏》同，今《周易集解》作「禮」。又《周易述・卷十四》亦同，惠彼注云：「乾以易知，故知崇。正位居體，故體卑。崇效天五，卑法地二，天地設位，而易行乎其中矣。」〔註 4471〕按禮、體古通。《禮記・禮器》：「禮也者，猶體也。」〔註 4472〕《法言・問道》：「禮，體也。」〔註 4473〕《釋名・釋言語》：「禮，體也，得事體也。」〔註 4474〕是禮、體同源也。又《荀子・修身》「故學也者，禮法也」楊倞注云：「禮或為體。」〔註 4475〕是此類也。

卑｜ 必彌反。本亦作「埤」。徐音婢。下同。

【疏】參看〈繫辭上〉「地卑」條。

賾｜ 仕責反。下同。九家作「冊」。京作「嘖」，云：情也。

【疏】所在經文為「聖人有以見天下之賾」。〔註 4476〕賾《廣韻》士革切，

〔註 4468〕〔魏〕王弼、韓康伯注，〔唐〕孔穎達等正義：《周易正義》，北京：中華書局景印阮刻本，1980 年版，第 67 頁。

〔註 4469〕〔魏〕王弼、韓康伯注，〔唐〕孔穎達等正義：《周易正義》，北京：中華書局景印阮刻本，1980 年版，第 67 頁。

〔註 4470〕〔魏〕王弼、韓康伯注，〔唐〕孔穎達等正義：《周易正義》，北京：中華書局景印阮刻本，1980 年版，第 67 頁。

〔註 4471〕〔清〕惠棟撰：《周易述》（四部備要本），上海：中華書局，據學海堂經解本校刊，1936 年版，第 88 頁。

〔註 4472〕〔漢〕鄭玄注，〔唐〕孔穎達等正義：《禮記正義》，北京：中華書局景印阮刻本，1980 年版，第 207 頁。

〔註 4473〕〔漢〕楊雄著，李軌注：《法言》，上海：上海書店，景印諸子集成本，1986 年版，第 10 頁。

〔註 4474〕〔漢〕劉熙撰，〔清〕畢沅疏證，王先謙補：《釋名疏證補》（漢小學四種本），成都：巴蜀書社，景印光緒二十二年刊本，2001 年版，第 1499 頁。

〔註 4475〕〔唐〕楊倞注，〔清〕王先謙集解：《荀子集解》，上海：上海書店，景印諸子集成本，1986 年版，第 20 頁。

〔註 4476〕〔魏〕王弼、韓康伯注，〔唐〕孔穎達等正義：《周易正義》，北京：中華書局景印阮刻本，1980 年版，第 67 頁。

崇入開二麥梗。《釋文》音同。《正義》曰：「賾謂幽深難見。」〔註 4477〕九家作「冊」者，冊、賾古音同在錫部。此蓋假冊爲賾也。京作「嘖」者，《集解》本同。云「情也」者，《太玄·礥》「化在嘖也」、《太玄·玄瑩》「陰陽所以抽嘖也」范望皆注曰：「嘖，情也。」〔註 4478〕

典禮｜ 京作「等禮」，姚作「典體」。

【疏】所在經文爲「而觀其會通，以行其典禮」。〔註 4479〕京作「等禮」者，「等」當是「典」字之譌也。「典」說文《古文》作𥫗，字从竹，「等」與之形近而致譌也。姚作「典體」者，禮、體古通。

以斷｜ 丁亂反，下注同。

【疏】所在經文爲「繫辭焉以斷其吉凶」。〔註 4480〕參看〈蒙〉「能斷」條。

惡也｜ 於嫁反。荀作「亞」，亞，次也。又烏路反，馬、鄭烏洛反，亞通。〔註 4481〕

【疏】所在經文爲「言天下之至賾而不可惡也」。〔註 4482〕於嫁反者，假惡爲亞也。亞《廣韻》衣嫁切，影禡開二去假。《釋文》音同。荀作「亞」者，李富孫《易經異文釋·卷五》：「《書大傳》：王升舟入水鼓鐘惡，觀臺惡，將舟惡，宗廟惡。惡讀爲亞，次也。《周禮·肆師》注引竝作『亞』。」〔註 4483〕

〔註 4477〕〔魏〕王弼、韓康伯注，〔唐〕孔穎達等正義：《周易正義》，北京：中華書局景印阮刻本，1980 年版，第 67 頁。

〔註 4478〕〔漢〕楊雄撰，〔晉〕范望注：《太玄經》（四部叢刊本），上海：商務印書館，景印上海涵芬樓景印明萬玉堂翻宋本，1922 年版，卷一第 1 頁、卷七第 19 頁。

〔註 4479〕〔魏〕王弼、韓康伯注，〔唐〕孔穎達等正義：《周易正義》，北京：中華書局景印阮刻本，1980 年版，第 67 頁。

〔註 4480〕〔魏〕王弼、韓康伯注，〔唐〕孔穎達等正義：《周易正義》，北京：中華書局景印阮刻本，1980 年版，第 67 頁。

〔註 4481〕《經典釋文彙校》：「『馬、鄭烏洛反。亞通』，『亞』字誤，宋本、葉鈔、朱鈔作『並』。」見黃焯撰：《經典釋文彙校》，北京：中華書局，1980 年版，第 20 頁。

〔註 4482〕〔魏〕王弼、韓康伯注，〔唐〕孔穎達等正義：《周易正義》，北京：中華書局景印阮刻本，1980 年版，第 67 頁。

〔註 4483〕〔清〕李富孫撰：《易經異文釋》（續四庫經部易類第 27 冊），上海：上海古籍出版社，景印南菁書院續經解本，2002 年版，第 700 頁。

又《史記・盧綰傳》「封爲亞谷侯」裴駰《集解》引徐廣曰：「『亞』一作『惡』也。」〔註 4484〕「亞，次也」者，《爾雅・釋言》：「亞，次也。」〔註 4485〕惠棟《周易述・卷十四》注云：「惡讀爲亞，亞，次也。至賾无情，故不可次。」彼疏云：「次，猶仲也。」〔註 4486〕故此處訓亞爲次，有輕視之義也。惡《廣韻》三讀，訓爲不善，烏各切，影鐸開一入宕。訓爲憎惡，烏路切，影暮合一去遇。訓爲語辭，哀都切，影模合一平遇。《釋文》又烏路反音同《廣韻》烏路切，《正義》曰：「不可鄙賤輕惡也。」〔註 4487〕是亦讀惡爲厭惡也。馬、鄭烏洛反音同《廣韻》烏各切。訓爲意動，以之爲惡也。「亞通」當依《經典釋文彙校》改作「並通」。

言天下之至動而不可亂也｜ 眾家本並然。鄭本作「至賾」，云：「賾當為動」。九家亦作「冊」。

【疏】所在經文爲「言天下之至動而不可亂也」。〔註 4488〕「鄭本作至賾，云：賾當爲動」者，《集解》引虞翻曰：「『動』，舊誤作『嘖』也。」〔註 4489〕九家亦作「冊」者，讀冊爲賾也。

可遠｜ 袁万反。

【疏】所在注文爲「《易》之爲書，不可遠也。」〔註 4490〕參看〈乾〉「放遠」條。

之惡｜ 烏路反。〔註 4491〕

〔註 4484〕〔漢〕司馬遷撰：《史記》（四部備要本），上海：中華書局，據武英殿本校刊，1936 年版，第 937 頁。

〔註 4485〕〔晉〕郭璞注，〔宋〕邢昺疏：《爾雅注疏》，北京：中華書局景印阮刻本，1980 年版，第 18 頁。

〔註 4486〕〔清〕惠棟撰：《周易述》（四部備要本），上海：中華書局，據學海堂經解本校刊，1936 年版，第 88～89 頁。

〔註 4487〕〔魏〕王弼、韓康伯注，〔唐〕孔穎達等正義：《周易正義》，北京：中華書局景印阮刻本，1980 年版，第 67 頁。

〔註 4488〕〔魏〕王弼、韓康伯注，〔唐〕孔穎達等正義：《周易正義》，北京：中華書局景印阮刻本，1980 年版，第 67 頁。

〔註 4489〕〔唐〕李鼎祚撰：《周易集解》，北京：中國書店，景印嘉慶三年姑蘇喜墨齋張遇堯局鐫本，1987 年版，卷十三，第 7 頁。

〔註 4490〕〔魏〕王弼、韓康伯注，〔唐〕孔穎達等正義：《周易正義》，北京：中華書局景印阮刻本，1980 年版，第 67 頁。

〔註 4491〕《經典釋文彙校》：「宋本、汲古本、雅雨本同。盧本改作『惡之』。是也。」

【疏】所在注文爲「惡之則逆於順」。〔註 4492〕參看〈蒙〉「所惡」條。

錯之| 七各反。

【疏】所在注文爲「錯之則乖於理」。〔註 4493〕錯《廣韻》二讀，倉各切，清鐸開一入宕。倉故切，清暮合一去遇。《羣經音辨・卷五》:「錯，雜也，倉各切。錯，置也，七故切，《論語》『舉直錯諸枉』。」〔註 4494〕《釋文》音同《廣韻》倉各切，訓爲錯亂也。

議之| 陸、姚、桓玄、荀柔之作「儀之」。

【疏】所在經文爲「議之而後動」。〔註 4495〕陸姚等作「儀之」者，焦循《易章句》依之，其注曰:「議，儀也，謂謀而擇其宜也。」按議、儀古通。《墨子・非儒下》「博學不可使議世」孫詒讓《閒詁》引畢云:「《晏子》『議』作『儀』。」〔註 4496〕《經義述聞・左傳下・議事以制》:「《鄭語》:『伯翳能議百物以佐舜者也』。《漢書・地理志》『議』作『儀』。」〔註 4497〕此皆二字古通之證也。

則盡| 津忍反。

【疏】所在注文爲「則盡變化之道」。〔註 4498〕參看〈乾〉「故盡」條。

子和| 胡臥反，注同。

見黃焯撰:《經典釋文彙校》，北京:中華書局，1980 年版，第 21 頁。

〔註 4492〕〔魏〕王弼、韓康伯注，〔唐〕孔穎達等正義:《周易正義》，北京:中華書局景印阮刻本，1980 年版，第 67 頁。

〔註 4493〕〔魏〕王弼、韓康伯注，〔唐〕孔穎達等正義:《周易正義》，北京:中華書局景印阮刻本，1980 年版，第 67 頁。

〔註 4494〕〔宋〕賈昌朝撰:《羣經音辨》(叢書集成初編語文學類第 1208 冊)，上海:商務印書館，景印畿輔叢書本，1939 年版，第 127 頁。

〔註 4495〕〔魏〕王弼、韓康伯注，〔唐〕孔穎達等正義:《周易正義》，北京:中華書局景印阮刻本，1980 年版，第 67 頁。

〔註 4496〕〔清〕孫詒讓撰:《墨子閒詁》，上海:上海書店，景印諸子集成本，1986 年版，第 185 頁。

〔註 4497〕〔清〕王引之撰:《經義述聞》(續四庫經部羣經總義類第 174～175 冊)，上海:上海古籍出版社，景印道光七年王氏京師刻本，2002 年版，第 175 冊，第 32 冊。

〔註 4498〕〔魏〕王弼、韓康伯注，〔唐〕孔穎達等正義:《周易正義》，北京:中華書局景印阮刻本，1980 年版，第 67 頁。

【疏】所在經文爲「其子和之」。〔註 4499〕和作唱和解時《廣韻》胡臥切，匣過合一去果。《釋文》音同。

縻之｜ 本又作「靡」，亡池反。徐又亡彼反。京作「劘」。〔註 4500〕

【疏】所在經文爲「吾與爾靡之」。〔註 4501〕參看〈中孚〉「爾靡」條。

行發｜ 下孟反，下同。

【疏】所在經文爲「行發乎邇」。〔註 4502〕參看〈乾〉「庸行」條。

見乎｜ 賢遍反。

【疏】所在經文爲「見乎遠」。〔註 4503〕參看〈乾〉「見龍」條。

樞｜ 尺朱反。王廙云：戶樞也。一云門臼。

【疏】所在經文爲「言行君子之樞機。」〔註 4504〕樞《廣韻》昌朱切，昌虞合三平遇。《釋文》音同。王廙云「戶樞也」者，《說文・木部》：「樞，戶樞也。」〔註 4505〕段注云：「樞，戶所以轉動開閉之樞機也。」〔註 4506〕戶樞者，言門轉動之軸也。一云「門臼」者，言承軸之臼也。皆所以主門之開閉也。

機｜ 王廙云：弩牙也。

〔註 4499〕〔魏〕王弼、韓康伯注，〔唐〕孔穎達等正義：《周易正義》，北京：中華書局景印阮刻本，1980 年版，第 67 頁。

〔註 4500〕《經典釋文彙校》：「寫本同。宋本、十行本、閩監本、雅雨本『縻』、『靡』二字互易。」見黃焯撰：《經典釋文彙校》，北京：中華書局，1980 年版，第 20 頁。

〔註 4501〕〔魏〕王弼、韓康伯注，〔唐〕孔穎達等正義：《周易正義》，北京：中華書局景印阮刻本，1980 年版，第 67 頁。

〔註 4502〕〔魏〕王弼、韓康伯注，〔唐〕孔穎達等正義：《周易正義》，北京：中華書局景印阮刻本，1980 年版，第 67 頁。

〔註 4503〕〔魏〕王弼、韓康伯注，〔唐〕孔穎達等正義：《周易正義》，北京：中華書局景印阮刻本，1980 年版，第 67 頁。

〔註 4504〕〔魏〕王弼、韓康伯注，〔唐〕孔穎達等正義：《周易正義》，北京：中華書局景印阮刻本，1980 年版，第 67 頁。

〔註 4505〕〔漢〕許慎撰：《說文解字》，北京：中華書局，景印同治十二年陳昌治刻本，1963 年版，第 120 頁。

〔註 4506〕〔清〕段玉裁撰：《說文解字注》，上海：上海古籍出版社，景印嘉慶二十年經韻樓本，1988 年版，第 255 頁。

【疏】王廙云「弩牙也」者，《玉篇・木部》：「機，弩牙也。」〔註 4507〕孔疏曰：「樞謂戶樞，機謂弩牙。」〔註 4508〕訓同王廙。

先號｜ 戶羔反。

【疏】所在經文爲「先號咷而後笑」。〔註 4509〕參看〈同人〉「號」條。

咷｜ 道羔反。

【疏】道羔反，定豪開一平效。參看〈同人〉「咷」條。

或默｜ 亡北反。字或作「嘿」。

【疏】所在經文爲「或默或語」。〔註 4510〕默《廣韻》莫北切，明德開一入曾。《釋文》亡北反，微紐，古音同《廣韻》。毛居正《六經正誤》：「亡當作茫。」〔註 4511〕毛氏徑易「亡」爲明紐字，以合於常音，然不知何據。字或作「嘿」者，《玉篇・口部》：「嘿，與默同。」〔註 4512〕又《詩・小雅・小弁》「莫高匪山」鄭玄《箋》「猶有默存者焉」陸德明《釋文》：「默，本亦作嘿。」〔註 4513〕《左傳・昭公十五年》「宴樂以早」杜預注「猶當靜默」陸德明《釋文》：「默，本或作嘿。」〔註 4514〕《左傳・哀公十一年》「我不欲戰而能默」陸德明《釋文》：「默，本亦作嘿。」〔註 4515〕《論語・述而》「默而識之」陸

〔註 4507〕〔梁〕顧野王撰：《宋本玉篇》，北京：中國書店，景印張氏澤存堂本，1983 年版，第 237 頁。

〔註 4508〕〔魏〕王弼、韓康伯注，〔唐〕孔穎達等正義：《周易正義》，北京：中華書局景印阮刻本，1980 年版，第 67 頁。

〔註 4509〕〔魏〕王弼、韓康伯注，〔唐〕孔穎達等正義：《周易正義》，北京：中華書局景印阮刻本，1980 年版，第 67 頁。

〔註 4510〕〔魏〕王弼、韓康伯注，〔唐〕孔穎達等正義：《周易正義》，北京：中華書局景印阮刻本，1980 年版，第 67 頁。

〔註 4511〕〔宋〕毛居正撰：《六經正誤》，揚州：江蘇廣陵古籍刻印社，景印通志堂經解本第十六冊，1996 年版，第 571 頁。

〔註 4512〕〔梁〕顧野王撰：《宋本玉篇》，北京：中國書店，景印張氏澤存堂本，1983 年版，第 103 頁。

〔註 4513〕〔唐〕陸德明撰：《經典釋文》，北京：中華書局，景印徐乾學通志堂刻本，1983 年版，第 82 頁。

〔註 4514〕〔唐〕陸德明撰：《經典釋文》，北京：中華書局，景印徐乾學通志堂刻本，1983 年版，第 283 頁。

〔註 4515〕〔唐〕陸德明撰：《經典釋文》，北京：中華書局，景印徐乾學通志堂刻本，1983 年版，第 300 頁。

德明《釋文》:「默，俗作嘿。」〔註 4516〕皆此類也。

利斷| 丁亂反。王肅丁管反。

【疏】所在經文爲「其利斷金」。〔註 4517〕斷《廣韻》三讀，都管切，端緩合一上山。徒管切，定緩合一上山。丁貫切，端換合一去山。音異義同，斷絕也。《釋文》首音同《廣韻》丁貫切。王肅音同《廣韻》都管切。參看〈蒙〉「能斷」條。

其臭| 昌又反。

【疏】所在經文爲「其臭如蘭」。〔註 4518〕臭訓爲氣味解時《集韻》許救切，曉宥開三去流。《釋文》讀作香臭之臭，音誤。

初六藉| 在夜反。下同。

【疏】所在經文爲「初六：藉用白茅，无咎」。〔註 4519〕藉《廣韻》二讀，以蘭茅藉地音慈夜切，從禡開三去假。狼藉音秦昔切，從昔開三入梗。《釋文》音同《廣韻》慈夜切。

用白茅| 卯交反。

【疏】茅《廣韻》莫交切，明肴開二平效。《釋文》音同。

无咎| 或以此為別章。今不用。

【疏】以此爲別章者，非。〈繫辭傳〉分章各家之異同，可詳參《周易章句證異》卷七、卷八。

苟錯| 七故反，本亦作「措」。

【疏】所在注文爲「苟錯諸地而可矣」。〔註 4520〕參看〈復〉「錯之」條。

〔註 4516〕〔唐〕陸德明撰：《經典釋文》，北京：中華書局，景印徐乾學通志堂刻本，1983 年版，第 348 頁。

〔註 4517〕〔魏〕王弼、韓康伯注，〔唐〕孔穎達等正義：《周易正義》，北京：中華書局景印阮刻本，1980 年版，第 67 頁。

〔註 4518〕〔魏〕王弼、韓康伯注，〔唐〕孔穎達等正義：《周易正義》，北京：中華書局景印阮刻本，1980 年版，第 67 頁。

〔註 4519〕〔魏〕王弼、韓康伯注，〔唐〕孔穎達等正義：《周易正義》，北京：中華書局景印阮刻本，1980 年版，第 67 頁。

〔註 4520〕〔魏〕王弼、韓康伯注，〔唐〕孔穎達等正義：《周易正義》，北京：中華書

本亦作「措」者，錯置之本字也。《說文・手部》:「措，置也。」〔註4521〕

可重| 直勇反。

【疏】所在經文爲「夫茅之爲物薄，而用可重也。」〔註4522〕重《廣韻》三讀，訓爲重複，直容切，澄鍾合三平通。訓爲厚重，直隴切，澄腫合三上通。訓爲更爲，柱用切，澄用合三去通。《釋文》音同《廣韻》上聲。

愼斯術也| 時震反。鄭、干同。一本作「順」。師用義。鄭云：術，道。〔註4523〕

【疏】所在經文爲「愼斯術也以往」。〔註4524〕愼《廣韻》時刃切，禪震開三去臻。《釋文》音同。鄭、干同者，鄭玄、干寶本亦作「愼」也。一本作「順」者，愼、順古通。「師用義」者，言九師以順爲義也。愼斯術也，言順乎此道也。九師者，《漢書・藝文志》:「《淮南道訓》二篇。淮南王安聘明《易》者九人，號九師說。」〔註4525〕《彙校》依臧氏，以爲師爲陸氏之師者，非。鄭云「術道」者，《廣雅・釋宮》:「術，道也。」〔註4526〕

不德| 鄭、陸、蜀才作「置」。鄭云:「置」當為「德」。

【疏】所在經文爲「有功而不德」。〔註4527〕鄭、陸、蜀才作「置」者，《讀書雜志・逸周書第三》於〈官人篇〉「有施而口弗德」下王念孫案云:「《大戴記》正作『有施而不置』。」又云:「《荀子・哀公篇》:『言忠信而心不德』。《大

局景印阮刻本，1980年版，第67頁。

〔註4521〕〔漢〕許愼撰:《說文解字》，北京：中華書局，景印同治十二年陳昌治刻本，1963年版，第252頁。

〔註4522〕〔魏〕王弼、韓康伯注，〔唐〕孔穎達等正義:《周易正義》，北京：中華書局景印阮刻本，1980年版，第67頁。

〔註4523〕《經典釋文彙校》:「惠云：言師作『順』而釋爲『愼』也。臧云：是陸氏之師用『順』字爲義。焯案臧說是。」見黃焯撰:《經典釋文彙校》，北京：中華書局，1980年版，第20頁。

〔註4524〕〔魏〕王弼、韓康伯注，〔唐〕孔穎達等正義:《周易正義》，北京：中華書局景印阮刻本，1980年版，第67頁。

〔註4525〕〔漢〕班固撰:《前漢書》(四部備要本)，上海：中華書局，據武英殿本校刊，1936年版，第573頁。

〔註4526〕〔清〕王念孫撰:《廣雅疏證》，北京：中華書局，景印嘉慶年間王氏家刻本，1983年版，第214頁。

〔註4527〕〔魏〕王弼、韓康伯注，〔唐〕孔穎達等正義:《周易正義》，北京：中華書局景印阮刻本，1980年版，第67頁。

戴記・哀公問五義篇》『德』作『置』。」〔註 4528〕故《詩・周頌・清廟》「秉文之德」馬瑞辰《傳箋通釋》云:「德讀如置音,古字通用。」〔註 4529〕鄭云「置」當爲「德」者,讀置爲德也。按「德」古字作「悳」,與「置」皆从直得聲,故通。

下人| 遐嫁反,後同。〔註 4530〕

【疏】所在經文爲「語以其功下人者也」。〔註 4531〕參看〈屯〉「下賤」條。

為階| 姚作「機」。

【疏】所在經文爲「亂之所生也,則言語以爲階。」〔註 4532〕姚作「機」者,階古音見紐脂部,機見紐微部,雙聲相通。機者,發動之所由也。

為易者| 本又云「作易者」。

【疏】所在經文爲「作《易》者,其知盜乎?」〔註 4533〕作、爲義同。

乘釁| 許覲反。

【疏】所在注文爲「言盜亦乘釁而至也」。〔註 4534〕釁《廣韻》許覲切,曉震開重紐三去臻。《釋文》音同。

致寇至| 徐或作「戎」。宋衷云:戎誤。

〔註 4528〕〔清〕王念孫撰:《讀書雜志》(續四庫子部雜家類第 1152~1153 冊),上海:上海古籍出版社,景印道光十二年刻本,2002 年版,第 1152 冊,第 441~442 頁。

〔註 4529〕〔清〕馬瑞辰撰:《毛詩傳箋通釋》(四部備要本),上海:中華書局,據南菁書院續經解本校刊,1936 年版,第 343 頁。

〔註 4530〕《經典釋文彙校》:「盧云:『後同』二字疑衍。」見黃焯撰:《經典釋文彙校》,北京:中華書局,1980 年版,第 21 頁。

〔註 4531〕〔魏〕王弼、韓康伯注,〔唐〕孔穎達等正義:《周易正義》,北京:中華書局景印阮刻本,1980 年版,第 67 頁。

〔註 4532〕〔魏〕王弼、韓康伯注,〔唐〕孔穎達等正義:《周易正義》,北京:中華書局景印阮刻本,1980 年版,第 68 頁。

〔註 4533〕〔魏〕王弼、韓康伯注,〔唐〕孔穎達等正義:《周易正義》,北京:中華書局景印阮刻本,1980 年版,第 68 頁。

〔註 4534〕〔魏〕王弼、韓康伯注,〔唐〕孔穎達等正義:《周易正義》,北京:中華書局景印阮刻本,1980 年版,第 68 頁。

【疏】所在經文爲「負且乘，致寇至。」〔註 4535〕參看〈需〉「致寇」條。

乘也者｜如字。一讀繩證反。

【疏】所在經文爲「乘也者，君子之器也。」〔註 4536〕一讀繩證反者，蓋王肅音也。參看〈解〉「且乘」條。

慢藏｜才浪反。

【疏】所在經文爲「慢藏誨盜，冶容誨淫。」〔註 4537〕藏《廣韻》二讀，隱藏昨郎切，從唐開一平宕。庫藏徂浪切，從宕開一去宕。《釋文》音同去聲。按《釋文》藏作動詞音平聲，作名詞音去聲。此處「慢藏」與下「冶容」對文。冶容者，冶其容也；慢藏者，慢其藏也。

誨｜如字，教也。虞作「悔」，謂悔恨。

【疏】如字者，辨字形作「誨」也。讀如《廣韻》荒內切，曉隊合一去蟹。「教也」者，《廣雅・釋詁四》：「誨，教也。」〔註 4538〕孔疏訓同。虞作「悔」者，集解本同之，《集解》引虞翻曰：「坎心爲悔。」〔註 4539〕

冶容｜音也。鄭、陸、虞、姚、王肅作「野」，言妖野容儀，教誨淫泆也。王肅云：作「野」，音也。〔註 4540〕

【疏】冶《廣韻》羊者切，以馬開三上假。《釋文》音同。鄭等作「野」者，集解本同。《集解》引虞翻曰：「三動成乾爲野。」〔註 4541〕《後漢書・崔

〔註 4535〕〔魏〕王弼、韓康伯注，〔唐〕孔穎達等正義：《周易正義》，北京：中華書局景印阮刻本，1980 年版，第 68 頁。

〔註 4536〕〔魏〕王弼、韓康伯注，〔唐〕孔穎達等正義：《周易正義》，北京：中華書局景印阮刻本，1980 年版，第 68 頁。

〔註 4537〕〔魏〕王弼、韓康伯注，〔唐〕孔穎達等正義：《周易正義》，北京：中華書局景印阮刻本，1980 年版，第 68 頁。

〔註 4538〕〔清〕王念孫撰：《廣雅疏證》，北京：中華書局，景印嘉慶年間王氏家刻本，1983 年版，第 118 頁。

〔註 4539〕〔唐〕李鼎祚撰：《周易集解》，北京：中國書店，景印嘉慶三年姑蘇喜墨齋張遇堯局鐫本，1987 年版，卷十三，第 10 頁。

〔註 4540〕《經典釋文彙校》：「『王肅云』七字衍文，説詳《考證》。」見黃焯撰：《經典釋文彙校》，北京：中華書局，1980 年版，第 21 頁。

〔註 4541〕〔唐〕李鼎祚撰：《周易集解》，北京：中國書店，景印嘉慶三年姑蘇喜墨齋

駰傳》「揚蛾眉於復關兮，犯孔戒之冶容」李賢注引鄭玄注〈繫辭〉云：謂飾其容而見於外曰冶。」〔註 4542〕是鄭玄讀冶爲野，訓爲外也。冶、野古通，《論衡·言毒篇》「在草則爲巴豆、冶葛」舊校：「冶，一作野。」〔註 4543〕按，冶、野之本字當作「蠱」，李富孫《異文釋》：「《太平廣記》引作『蠱容誨婬』。案：桂氏馥曰：〈南都賦〉『侍者蠱媚』，五臣作『冶媚』。《眾經音義》云：《聲類》：蠱，戈者反，《周易》作冶。」〔註 4544〕《說文·仌部》「冶」字下段玉裁注云：「《易》：『野容誨淫』。陸德明本作『冶容』。按：野、冶皆蠱之叚借也。」〔註 4545〕「言妖野容儀，教誨淫泆也」者，《正義》曰：「女子妖冶其容，身不精慤，是教誨淫者，使來淫己也。」〔註 4546〕王肅云「作野，音也」者，音與冶同。

大衍｜延善反，又注「演」同。鄭云：衍，演也。干云：合也。王廙、蜀才云：廣也。

【疏】所在經文爲「大衍之數五十」。〔註 4547〕衍《廣韻》二讀，以淺切，以獮開三上山。予線切，以線開三去山。《釋文》音同《廣韻》上聲。參看〈需〉「衍在」條。演《廣韻》以淺切，音同。鄭云「衍，演也」者，衍、演音近相通也。演，推演也。《集韻·獮韻》：「衍，通作演。」〔註 4548〕《正義》曰：「其用此策推演天地之數。」〔註 4549〕干云「合也」者，《集解》引干寶曰：「衍，

張遇堯局鐫本，1987 年版，卷十三，第 10 頁。

〔註 4542〕〔南朝宋〕范曄撰：《後漢書》（四部備要本），上海：中華書局，據武英殿本校刊，1936 年版，第 710 頁。

〔註 4543〕〔漢〕王充撰：《論衡》，上海：上海書店，景印諸子集成本，1986 年版，第 223 頁。

〔註 4544〕〔清〕李富孫撰：《易經異文釋》（續四庫經部易類第 27 冊），上海：上海古籍出版社，景印南菁書院續經解本，2002 年版，第 701 頁。

〔註 4545〕〔清〕段玉裁撰：《說文解字注》，上海：上海古籍出版社，景印嘉慶二十年經韻樓本，1988 年版，第 571 頁。

〔註 4546〕〔魏〕王弼、韓康伯注，〔唐〕孔穎達等正義：《周易正義》，北京：中華書局景印阮刻本，1980 年版，第 68 頁。

〔註 4547〕〔魏〕王弼、韓康伯注，〔唐〕孔穎達等正義：《周易正義》，北京：中華書局景印阮刻本，1980 年版，第 68 頁。

〔註 4548〕〔宋〕丁度撰：《集韻》，北京：中華書局，景印北京圖書館藏宋刻本，1988 年版，第 112 頁。

〔註 4549〕〔魏〕王弼、韓康伯注，〔唐〕孔穎達等正義：《周易正義》，北京：中華書局景印阮刻本，1980 年版，第 68 頁。

合也。」〔註 4550〕與《釋文》引同。《莊子・天運》「盛以篋衍」陸德明《釋文》引司馬云：「衍，合也。」〔註 4551〕又《管子・五行》「衍組甲厲兵」戴望《校正》：「《北堂書鈔・五十一》引作『合組甲，厲士眾』。」〔註 4552〕是衍有合義明矣。《周易集解纂疏》疏曰：「《說文》曰：『衍，水朝宗于海也』。『衍』于文為水行，水行歸海，合之象也。故云『衍，合也。』言合天地之數而用之，即下經所謂『五位相得而各有合』也。」〔註 4553〕王廙、蜀才云「廣也」者，《廣雅・釋詁二》：「衍，廣也。」〔註 4554〕《周易集解纂疏》云：「蓋惟合天地之數，而後可以推演而廣大之也。」〔註 4555〕

大極｜ 音泰。

【疏】所在注文為「斯易之太極也」。〔註 4556〕大音泰，大為太之古字也。

掛一｜ 卦買反，別也。王肅音卦。

【疏】所在經文為「掛一以象三」。〔註 4557〕掛《廣韻》古賣切，見卦合二去蟹。《釋文》卦買反，見蟹開二上蟹。《集韻・蟹韻》增古買切，與《釋文》首音同，亦訓為別也。按，此處「掛」疑與「解」通。掛（見紐支部）、解（見紐錫部），古音音近，故通。《廣韻・薛韻》：「別，解也。」〔註 4558〕王

〔註 4550〕〔唐〕李鼎祚撰：《周易集解》，北京：中國書店，景印嘉慶三年姑蘇喜墨齋張遇堯局鐫本，1987 年版，卷十四，第 1 頁。

〔註 4551〕〔唐〕陸德明撰：《經典釋文》，北京：中華書局，景印徐乾學通志堂刻本，1983 年版，第 380 頁。

〔註 4552〕〔唐〕尹知章注，戴望校正：《管子校正》，上海：上海書店，景印諸子集成本，1986 年版，第 251 頁。

〔註 4553〕〔清〕李道平撰，潘雨廷點校：《周易集解纂疏》，北京：中華書局，1994 年版，第 579 頁。

〔註 4554〕〔清〕王念孫撰：《廣雅疏證》，北京：中華書局，景印嘉慶年間王氏家刻本，1983 年版，第 46 頁。

〔註 4555〕〔清〕李道平撰，潘雨廷點校：《周易集解纂疏》，北京：中華書局，1994 年版，第 579 頁。

〔註 4556〕〔魏〕王弼、韓康伯注，〔唐〕孔穎達等正義：《周易正義》，北京：中華書局景印阮刻本，1980 年版，第 68 頁。

〔註 4557〕〔魏〕王弼、韓康伯注，〔唐〕孔穎達等正義：《周易正義》，北京：中華書局景印阮刻本，1980 年版，第 68 頁。

〔註 4558〕〔宋〕陳彭年，丘雍撰：《宋本廣韻》，南京：江蘇教育出版社，景印南宋巾箱本，2008 年版，第 147 頁。

肅音卦者，音同《廣韻》。

揲| 時設反。案：揲猶數也。《說文》云：閱持也。一音思頰反。徐音息列反。鄭云：取也。

【疏】所在經文爲「揲之以四」。〔註 4559〕揲《廣韻》三讀，揲著食列切，船薛開三入山。摺揲徒協切，定帖開四入咸。度揲與涉切，以葉開三入咸。《釋文》時設反，禪薛開三入山。案「揲猶數也」者，《玉篇・手部》：「揲，數蓍也。」〔註 4560〕《集韻・薛部》：「揲，持數也。」〔註 4561〕《說文》云「閱持也」者，見《說文・手部》。段注云：「閱者、具數也。更迭數之也。」〔註 4562〕一音思頰反，心帖開四入咸，《集韻》增有悉協切，音同。徐音息列反，心薛開三入山，《集韻》增有私列切，音同。鄭云「取也」者，朱駿聲《說文通訓定聲》：「《史記・扁倉傳》『揲荒爪幕』，按謂取膏肓入隔膜也。」〔註 4563〕

歸奇| 紀宜反。注下同。

【疏】所在經文爲「歸奇於扐以象閏」。〔註 4564〕奇《廣韻》二讀，訓爲奇異，渠羈切，羣支開重紐三平止。訓爲不偶，居宜切，見支開重紐三平止。《釋文》音同《廣韻》居宜切，奇者，殘餘也。

於扐| 郎得反。下同。馬云：指間也。荀柔之云：別也。

【疏】扐《廣韻》盧則切，來德開一入曾。《釋文》音同。馬云「指間也」者，《集韻・德韻》：「扐，指間也。」〔註 4565〕朱熹《周易本義》云：「扐，勒

〔註 4559〕〔魏〕王弼、韓康伯注，〔唐〕孔穎達等正義：《周易正義》，北京：中華書局景印阮刻本，1980 年版，第 68 頁。

〔註 4560〕〔梁〕顧野王撰：《宋本玉篇》，北京：中國書店，景印張氏澤存堂本，1983 年版，第 126 頁。

〔註 4561〕〔宋〕丁度撰：《集韻》，北京：中華書局，景印北京圖書館藏宋刻本，1988 年版，第 202 頁。

〔註 4562〕〔清〕段玉裁撰：《說文解字注》，上海：上海古籍出版社，景印嘉慶二十年經韻樓本，1988 年版，第 596 頁。

〔註 4563〕〔清〕朱駿聲撰：《說文通訓定聲》（續四庫經部小學類第 220～221 冊），上海：上海古籍出版社，景印道光二十八年刻本，2002 年版，第 220 冊，第 230 頁。

〔註 4564〕〔魏〕王弼、韓康伯注，〔唐〕孔穎達等正義：《周易正義》，北京：中華書局景印阮刻本，1980 年版，第 68 頁。

〔註 4565〕〔宋〕丁度撰：《集韻》，北京：中華書局，景印北京圖書館藏宋刻本，1988

於左手中三指之兩間也。」〔註 4566〕荀柔之云「別也」者，別者，分也。分蓍於指間也。《漢書・東方朔傳》「迺別蓍布卦而對曰」顏師古注：「別，分也。」〔註 4567〕荀柔之蓋即此義。

後掛｜ 京作「卦」，云：再扐而後布卦。

【疏】所在經文爲「故再扐而後掛」。〔註 4568〕韓注云：「分而爲二，既揲之餘，合掛於一，故曰『再扐而後掛』」。〔註 4569〕京作「卦」者，洵是。《周易集解纂疏》云：「經文『後掛』《乾鑿度》、《說文》引作『再扐而後卦』。京氏曰：『再扐而後布掛』，是『掛』當作『卦』。虞注『布掛之一爻』，以及『再扐後掛』，尋其文義，亦當作『卦』。作『掛』者，皆傳抄之誤也。」〔註 4570〕

之策｜ 初革反。字亦作「筴」。〔註 4571〕

【疏】所在經文爲「乾之策二百一十有六」。〔註 4572〕策《廣韻》楚革切，初麥開二入梗。《釋文》音同。字亦作「筴」者，「策」之異體也。《集韻・麥韻》：「策，或作筴。」〔註 4573〕

當｜ 如字，下同。

【疏】所在經文爲「當期之日」。如字者，讀如《廣韻》都郎切，端唐開一平宕。

年版，第 119 頁。

〔註 4566〕〔宋〕朱熹撰：《周易本義》（四書五經本），北京：中國書店，據世界書局本景印，1985 年版，第 60 頁。

〔註 4567〕〔漢〕班固撰：《前漢書》（四部備要本），上海：中華書局，據武英殿本校刊，1936 年版，第 933 頁。

〔註 4568〕〔魏〕王弼、韓康伯注，〔唐〕孔穎達等正義：《周易正義》，北京：中華書局景印阮刻本，1980 年版，第 68 頁。

〔註 4569〕〔魏〕王弼、韓康伯注，〔唐〕孔穎達等正義：《周易正義》，北京：中華書局景印阮刻本，1980 年版，第 68 頁。

〔註 4570〕〔清〕李道平撰，潘雨廷點校：《周易集解纂疏》，北京：中華書局，1994 年版，第 582 頁。

〔註 4571〕《經典釋文彙校》：「惠云：『之策』依字當作『筴』。注云『字亦作策』。」見黃焯撰：《經典釋文彙校》，北京：中華書局，1980 年版，第 21 頁。

〔註 4572〕〔魏〕王弼、韓康伯注，〔唐〕孔穎達等正義：《周易正義》，北京：中華書局景印阮刻本，1980 年版，第 68 頁。

〔註 4573〕〔宋〕丁度撰：《集韻》，北京：中華書局，景印北京圖書館藏宋刻本，1988 年版，第 212 頁。

期｜本又作「朞」，音基。同。

【疏】所在經文爲「當期之日」。〔註 4574〕本又作「朞」者，「期」之異體字也。期《廣韻》二讀，訓爲期會，渠之切，羣之開三平止。訓爲周年，居之切，見之開三平止。按，期年之「期」本字爲「稘」。《說文・禾部》:「稘，復其時也。从禾其聲。《虞書》曰:『稘，三百有六旬。』」〔註 4575〕段玉裁注:「稘，言帀也。十二月匝爲『期年』，《中庸》一月帀爲『期月』。《左傳》旦至旦亦爲『期』。今皆假『期』爲之，『期』行而『稘』廢矣。」〔註 4576〕

而伸｜本又作「信」，音身。〔註 4577〕

【疏】所在經文爲「引而伸之」。〔註 4578〕本又作「信」者，假信爲伸也。《儀禮・士相見禮》「君子欠伸」鄭玄注:「古文『伸』作『信』。」〔註 4579〕

而長｜丁丈反。

【疏】所在經文爲「觸類而長之」。〔註 4580〕《正義》曰:「各以類增長」。〔註 4581〕參看〈師〉「長子」條。

德行｜下孟反。

【疏】所在經文爲「神德行」。〔註 4582〕《正義》曰:「而神靈其德行之事」。

〔註 4574〕〔魏〕王弼、韓康伯注，〔唐〕孔穎達等正義:《周易正義》，北京:中華書局景印阮刻本，1980 年版，第 68 頁。

〔註 4575〕〔漢〕許慎撰:《說文解字》，北京:中華書局，景印同治十二年陳昌治刻本，1963 年版，第 146 頁。

〔註 4576〕〔清〕段玉裁撰:《說文解字注》，上海:上海古籍出版社，景印嘉慶二十年經韻樓本，1988 年版，第 328 頁。

〔註 4577〕《經典釋文彙校》:「惠云:『而伸』依字當作『信』，注云『本又作伸』。焯案寫本作『伸』，音身，又作『信』。宋本與此本同。」見黃焯撰:《經典釋文彙校》，北京:中華書局，1980 年版，第 21 頁。

〔註 4578〕〔魏〕王弼、韓康伯注，〔唐〕孔穎達等正義:《周易正義》，北京:中華書局景印阮刻本，1980 年版，第 68 頁。

〔註 4579〕〔漢〕鄭玄注，〔唐〕賈公彥疏:《儀禮注疏》，北京:中華書局景印阮刻本，1980 年版，第 33 頁。

〔註 4580〕〔魏〕王弼、韓康伯注，〔唐〕孔穎達等正義:《周易正義》，北京:中華書局景印阮刻本，1980 年版，第 68 頁。

〔註 4581〕〔魏〕王弼、韓康伯注，〔唐〕孔穎達等正義:《周易正義》，北京:中華書局景印阮刻本，1980 年版，第 68 頁。

〔註 4582〕〔魏〕王弼、韓康伯注，〔唐〕孔穎達等正義:《周易正義》，北京:中華書

〔註 4583〕參看〈乾〉「庸行」條。

酬｜ 市由反。徐又音幬。

【疏】所在經文爲「是故可與酬酢」。〔註 4584〕酬《廣韻》市流切，禪尤開三平流。《釋文》首音與《廣韻》同。徐又音幬，澄尤開三平流，《集韻》據增陳留切。

酢｜ 在洛反。京作「醋」。〔註 4585〕

【疏】酢《廣韻》在各切，從鐸開一入宕。《釋文》音同。京作「醋」者，酬酢之本字也。《說文・酉部》:「醋，客酌主人也。」〔註 4586〕《說文・酉部》:「酢，醶也。」〔註 4587〕段注於「醋」下云:「按諸經多以酢爲醋。惟《禮經》尚仍其舊。」〔註 4588〕

與祐｜ 音又，助也。馬云：配也。荀作「侑」。

【疏】所在經文爲「可與祐神矣」。〔註 4589〕祐《廣韻》于救切，云宥開三去流。《釋文》音同。《說文・示部》:「祐，助也。」〔註 4590〕馬云「配也」者，配猶侑也。《資治通鑒・晉紀十七》「選隴西、賈陵等十二人配之」胡三

局景印阮刻本，1980 年版，第 68 頁。

〔註 4583〕〔魏〕王弼、韓康伯注，〔唐〕孔穎達等正義：《周易正義》，北京：中華書局景印阮刻本，1980 年版，第 68 頁。

〔註 4584〕〔魏〕王弼、韓康伯注，〔唐〕孔穎達等正義：《周易正義》，北京：中華書局景印阮刻本，1980 年版，第 69 頁。

〔註 4585〕《經典釋文彙校》:「寫本『在』作『才』。嚴曰:《說文》酢，醶也。醋，客酌主人也。經典相承。自《儀禮》外，皆以『酢』爲『醋』，唯《釋文》引京作『醋』，尚與《說文》合。然〈特牲饋食禮〉『尸以醋主人』，鄭注古文『醋』作『酢』，則先秦古書早互易用之，蓋兩通矣。」見黃焯撰:《經典釋文彙校》，北京：中華書局，1980 年版，第 21 頁。

〔註 4586〕〔漢〕許慎撰:《說文解字》，北京：中華書局，景印同治十二年陳昌治刻本，1963 年版，第 312 頁。

〔註 4587〕〔漢〕許慎撰:《說文解字》，北京：中華書局，景印同治十二年陳昌治刻本，1963 年版，第 313 頁。

〔註 4588〕〔清〕段玉裁撰:《說文解字注》，上海：上海古籍出版社，景印嘉慶二十年經韻樓本，1988 年版，第 749 頁。

〔註 4589〕〔魏〕王弼、韓康伯注，〔唐〕孔穎達等正義：《周易正義》，北京：中華書局景印阮刻本，1980 年版，第 69 頁。

〔註 4590〕〔漢〕許慎撰:《說文解字》，北京：中華書局，景印同治十二年陳昌治刻本，1963 年版，第 7 頁。

省注云：「配，侑也。」〔註 4591〕荀作「侑」者，義與「祐」同，助也。《集韻・旨部》：「侑，祐也。」〔註 4592〕《文選・馬融〈長笛賦〉》「勸侑君子」李善注引鄭玄注《周禮》曰：「侑，助也。」〔註 4593〕

聖人之道｜ 明僧紹作「君子之道」。

【疏】所在經文爲「《易》有聖人之道四焉」。〔註 4594〕

以言者｜ 下三句無「以」字，一本四句皆有。

【疏】所在經文爲「以言者尚其辭，以動者尚其變，以制器者尚其象，以卜筮者尚其占。」〔註 4595〕

如嚮｜ 許兩反。又作「響」。〔註 4596〕

【疏】所在經文注疏本爲：「其受命也如響」。〔註 4597〕《釋文》出「嚮」者，假嚮爲響也。嚮《廣韻》二讀，與向同時，音許亮切，曉漾開三去宕。而兩階之間謂之嚮，音許兩切，曉養開三上宕。《釋文》音同《廣韻》上聲，此處讀作響。「嚮」本爲「向」之後起字。此處假嚮爲響。

能與｜ 音預，下及注同。

【疏】所在經文爲「其孰能與於此」。〔註 4598〕與《廣韻》三讀，訓作善、

〔註 4591〕〔宋〕司馬光編著，〔元〕胡三省音注：《資治通鑑》，北京：中華書局排印，1956 年版，第 2992 頁。

〔註 4592〕〔宋〕丁度撰：《集韻》，北京：中華書局，景印北京圖書館藏宋刻本，1988 年版，第 93 頁。

〔註 4593〕〔梁〕蕭統編，〔唐〕李善注：《文選》（四部精要本第十六冊），上海：上海古籍出版社，景印嘉慶十四年胡克家仿宋淳熙刊本，1992 年版，第 543 頁。

〔註 4594〕〔魏〕王弼、韓康伯注，〔唐〕孔穎達等正義：《周易正義》，北京：中華書局景印阮刻本，1980 年版，第 69 頁。

〔註 4595〕〔魏〕王弼、韓康伯注，〔唐〕孔穎達等正義：《周易正義》，北京：中華書局景印阮刻本，1980 年版，第 69 頁。

〔註 4596〕《經典釋文彙校》：「石經作『響』。《六帖・三十一卜筮門》引作『響』。足利本亦作『響』。」見黄焯撰：《經典釋文彙校》，北京：中華書局，1980 年版，第 21 頁。

〔註 4597〕〔魏〕王弼、韓康伯注，〔唐〕孔穎達等正義：《周易正義》，北京：中華書局景印阮刻本，1980 年版，第 69 頁。

〔註 4598〕〔魏〕王弼、韓康伯注，〔唐〕孔穎達等正義：《周易正義》，北京：中華書局景印阮刻本，1980 年版，第 69 頁。

待、黨與時音余呂切，以語合三上遇。訓作參與時音羊洳切，以御合三去遇。訓作語辭音以諸切，以魚合三平遇。《釋文》音預與《廣韻》去聲同。訓爲參與。

參伍｜七南反。

【疏】所在經文爲「參伍以變」。〔註 4599〕參《廣韻》四讀，參星，所今切，生侵開三平深。參承，倉含切，清覃開一平咸。同三，蘇甘切，心談開一平咸。參鼓，七紺切，清勘開一去咸。《釋文》音同《廣韻》倉含切，訓爲三數之也。《周易本義》:「參者，三數之也。伍者，五數之也。」〔註 4600〕

錯｜七各反。

【疏】所在經文爲「錯綜其數」。〔註 4601〕錯《廣韻》二讀，倉各切，清鐸開一入宕。倉故切，清暮合一去遇。《羣經音辨・卷五》:「錯，雜也，倉各切。錯，置也，七故切，《論語》『舉直錯諸枉』。」〔註 4602〕《釋文》七各反，音同《廣韻》倉各切，則訓錯爲錯雜、交錯也。

綜｜宗統反。

【疏】綜《廣韻》子宋切，精宋合一去通。《釋文》音同《廣韻》去聲。

天地之文｜一本作「天下」。虞、陸本作「之爻」。〔註 4603〕

【疏】所在經文爲「遂成天下之文」。〔註 4604〕一本作「天下」者，今世傳諸本多作「天下」。虞、陸本作「之爻」者，「爻」爲「文」字之譌，《集解》引虞翻即作「之文」。〔註 4605〕

〔註 4599〕〔魏〕王弼、韓康伯注，〔唐〕孔穎達等正義：《周易正義》，北京：中華書局景印阮刻本，1980 年版，第 69 頁。

〔註 4600〕〔宋〕朱熹撰：《周易本義》（四書五經本），北京：中國書店，據世界書局本景印，1985 年版，第 61 頁。

〔註 4601〕〔魏〕王弼、韓康伯注，〔唐〕孔穎達等正義：《周易正義》，北京：中華書局景印阮刻本，1980 年版，第 69 頁。

〔註 4602〕〔宋〕賈昌朝撰：《羣經音辨》（叢書集成初編語文學類第 1208 冊），上海：商務印書館，景印畿輔叢書本，1939 年版，第 127 頁。

〔註 4603〕《經典釋文彙校》:「惠云：案虞注仍作『文』。」見黃焯撰：《經典釋文彙校》，北京：中華書局，1980 年版，第 21 頁。

〔註 4604〕〔魏〕王弼、韓康伯注，〔唐〕孔穎達等正義：《周易正義》，北京：中華書局景印阮刻本，1980 年版，第 69 頁。

〔註 4605〕〔唐〕李鼎祚撰：《周易集解》，北京：中國書店，景印嘉慶三年姑蘇喜墨齋

无籌｜直周反。

【疏】所在注文為「至精者，无籌策而不可亂」。〔註 4606〕籌《廣韻》直由切，澄尤開三平流。《釋文》音同。

研｜蜀才作「揅」。

【疏】所在經文為「夫易，聖人之所以極深而研幾也。」〔註 4607〕蜀才作「揅」者，《廣雅・釋詁三》：「揅，磨也」王念孫《疏證》：「研，與揅同。」〔註 4608〕於研磨之義，二字可通。

幾也｜如字。本或作「機」，鄭云：「機」當作「幾」，幾，微也。〔註 4609〕

【疏】幾如字者，辨字形作「幾」也。韓注云：「適動微之會則曰幾。」〔註 4610〕本或作「機」者，假機作幾也。《說文・𢆶部》：「幾，微也。」〔註 4611〕《說文・木部》：「機，主發謂之機。」〔註 4612〕按，《易經異文釋》引惠氏曰：「《范式碑》作『研機』。」〔註 4613〕

夫易，開｜王肅作「闓」，音同。

【疏】所在經文為「夫易，開物成務」。〔註 4614〕王肅作「闓」者，《廣韻・咍韻》：「開，經典亦作闓。」

張遇堯局鐫本，1987 年版，卷十四，第 4 頁。

〔註 4606〕〔魏〕王弼、韓康伯注，〔唐〕孔穎達等正義：《周易正義》，北京：中華書局景印阮刻本，1980 年版，第 69 頁。

〔註 4607〕〔魏〕王弼、韓康伯注，〔唐〕孔穎達等正義：《周易正義》，北京：中華書局景印阮刻本，1980 年版，第 69 頁。

〔註 4608〕〔清〕王念孫撰：《廣雅疏證》，北京：中華書局，景印嘉慶年間王氏家刻本，1983 年版，第 77 頁。

〔註 4609〕《經典釋文彙校》：「寫本作『幾當作機』。」見黃焯撰：《經典釋文彙校》，北京：中華書局，1980 年版，第 21 頁。

〔註 4610〕〔魏〕王弼、韓康伯注，〔唐〕孔穎達等正義：《周易正義》，北京：中華書局景印阮刻本，1980 年版，第 69 頁。

〔註 4611〕〔漢〕許慎撰：《說文解字》，北京：中華書局，景印同治十二年陳昌治刻本，1963 年版，第 84 頁。

〔註 4612〕〔漢〕許慎撰：《說文解字》，北京：中華書局，景印同治十二年陳昌治刻本，1963 年版，第 123 頁。

〔註 4613〕〔清〕李富孫撰：《易經異文釋》（續四庫經部易類第 27 冊），上海：上海古籍出版社，景印南菁書院續經解本，2002 年版，第 702 頁。

〔註 4614〕〔魏〕王弼、韓康伯注，〔唐〕孔穎達等正義：《周易正義》，北京：中華書局景印阮刻本，1980 年版，第 69 頁。

物成務｜ 一本無「夫易」二字。

冒天｜ 莫報反，注同。覆也。

【疏】所在經文爲「冒天下之道」。〔註 4615〕冒《廣韻》二讀，訓爲覆，莫報切，明號開一去效。訓爲干犯，莫北切，明德開一入曾。《釋文》音同《廣韻》去聲。「覆也」者，《小爾雅·廣詁》：「冒，覆也。」〔註 4616〕

以斷｜ 丁亂反，下二章同。

【疏】所在經文爲「以斷天下之疑」。〔註 4617〕參看〈蒙〉「能斷」條。

蓍｜ 音尸。

【疏】所在經文爲「是故蓍之德圓而神」。〔註 4618〕蓍《廣韻》式脂切，書脂開三平止。《釋文》音同。

圓而｜ 本又作「貟」。音同。

【疏】本又作「員」者，「員」爲「圓」之本字也。《古易音訓》引晁說之曰：「員，古文。」〔註 4619〕林義光《文源》曰：「按古作[illegible]（員父尊彝）。从口从鼎。實『圓』之本字。鼎口也。鼎口圓象。省作[illegible]（員父敦）。」〔註 4620〕

方以知｜ 音智。注同。下「知以」、「叡知」、注「神知」，皆同。

【疏】所在經文爲「卦之德方以知」。〔註 4621〕知、智，古今字。

〔註 4615〕〔魏〕王弼、韓康伯注，〔唐〕孔穎達等正義：《周易正義》，北京：中華書局景印阮刻本，1980 年版，第 69 頁。

〔註 4616〕〔清〕宋翔鳳撰：《小爾雅訓纂》（續四庫經部小學類第 189 冊），上海：上海古籍出版社，景印嘉慶年間浮溪精舍叢書本，2002 年版，第 482 頁。

〔註 4617〕〔魏〕王弼、韓康伯注，〔唐〕孔穎達等正義：《周易正義》，北京：中華書局景印阮刻本，1980 年版，第 69 頁。

〔註 4618〕〔魏〕王弼、韓康伯注，〔唐〕孔穎達等正義：《周易正義》，北京：中華書局景印阮刻本，1980 年版，第 69 頁。

〔註 4619〕〔宋〕呂祖謙撰，〔清〕宋咸熙輯：《古易音訓》（續四庫經部易類第 2 冊），上海：上海古籍出版社，景印清嘉慶七年刻本，2002 年版，第 46 頁。

〔註 4620〕見林義光《文源·卷四》，轉引自李圃主編：《古文字詁林》，上海：上海世紀出版集團、上海教育出版社，1999 年版，第六冊，第 165 頁。

〔註 4621〕〔魏〕王弼、韓康伯注，〔唐〕孔穎達等正義：《周易正義》，北京：中華書局景印阮刻本，1980 年版，第 69 頁。

有分｜符問反。

【疏】所在注文爲「方者止而有分」。〔註 4622〕分作分際、限度解時《廣韻》扶問切，奉問合三去臻。《釋文》音同。

易以｜以豉反。韓音亦，謂變易。

【疏】所在經文爲「六爻之義易以貢」。〔註 4623〕以豉反者，讀爲簡易之易也。「韓音亦，謂變易」者，韓注云：「六爻變易，以告吉凶。」〔註 4624〕是讀爲變易也。參看〈屯〉「以易」條。

貢｜如字。告也。京、陸、虞作「工」。荀作「功」。

【疏】「如字」者，辨字形作「貢」也。「告也」者，《中說・天地》「以貢其俗」阮逸注：「貢，告也。」京、陸、虞作「工」者，惠棟《周易述・卷十五》同，彼注云：「六爻九六相變，工讀爲功，功業見乎變，故六爻之義易以工，所以斷天下之疑也。」〔註 4625〕荀作「功」者，《廣雅・釋言》：「貢，功也。」〔註 4626〕《周禮・天官・大宰》「五曰賦貢」鄭玄注：「貢，功也。」〔註 4627〕

洗心｜劉瓛悉殄反，盡也。王肅、韓悉禮反。京、荀、虞、董、張、蜀才作「先」，石經同。〔註 4628〕

〔註 4622〕〔魏〕王弼、韓康伯注，〔唐〕孔穎達等正義：《周易正義》，北京：中華書局景印阮刻本，1980 年版，第 69 頁。

〔註 4623〕〔魏〕王弼、韓康伯注，〔唐〕孔穎達等正義：《周易正義》，北京：中華書局景印阮刻本，1980 年版，第 69 頁。

〔註 4624〕〔魏〕王弼、韓康伯注，〔唐〕孔穎達等正義：《周易正義》，北京：中華書局景印阮刻本，1980 年版，第 69 頁。

〔註 4625〕〔清〕惠棟撰：《周易述》（四部備要本），上海：中華書局，據學海堂經解本校刊，1936 年版，第 96 頁。

〔註 4626〕〔清〕王念孫撰：《廣雅疏證》，北京：中華書局，景印嘉慶年間王氏家刻本，1983 年版，第 159 頁。

〔註 4627〕〔漢〕鄭玄注，〔唐〕賈公彥疏：《周禮注疏》，北京：中華書局景印阮刻本，1980 年版，第 8 頁。

〔註 4628〕《經典釋文彙校》：「馮登府《漢石經補考》云：班固〈幽通賦〉『神先心以定命』正用此傳。惠云：『洗心』之說，異端也。老莊有之，宋儒名尊孔孟，實近二氏，故從其說。又曰：《莊子》有『心齋』之說，故韓伯注云：洗心曰齋。」見黃焯撰：《經典釋文彙校》，北京：中華書局，1980 年版，第 21 頁。

【疏】所在經文爲「聖人以此洗心」。〔註 4629〕洗《廣韻》二讀，洗浴先禮切，心齊開四上蟹。姑洗蘇典切，心銑開四上山。劉瓛音同《廣韻》蘇典切。「盡也」者，《書・酒誥》「自洗腆」《釋文》引馬融曰：「洗，盡也。」〔註 4630〕王肅、韓悉禮反者，音同《廣韻》先禮切。京、荀等作「先」者，集解本經文亦作「先」，〔註 4631〕《周易集解纂疏》曰：「尋古洗濯字皆作『洒』，無作『洗』者，蔡邕《石經》及京、荀、虞、董遇、張璠、蜀才皆作『先』，今從之。」〔註 4632〕

洗濯｜ 直角反。

【疏】所在注文爲「洗濯萬物之心」。〔註 4633〕濯《廣韻》二讀，直角切，澄覺開二入江。直教切，澄效開二去效。訓爲洗滌二讀皆可。《釋文》音同《廣韻》直角切。

藏往｜ 如字。劉作「臧」，善也。

【疏】所在經文爲「退藏於密」。〔註 4634〕「如字」者，辨字形作「藏」也。劉作「臧」者，「臧」爲「藏」之古字。劉作「臧」者，蓋古《易》如是也。「善也」者，依「臧」如字讀之。《爾雅・釋詁上》：「臧，善也。」〔註 4635〕

能與｜ 音預。

【疏】所在經文爲「其孰能與此哉」。〔註 4636〕與《廣韻》三讀，訓作善、

〔註 4629〕〔魏〕王弼、韓康伯注，〔唐〕孔穎達等正義：《周易正義》，北京：中華書局景印阮刻本，1980 年版，第 69 頁。

〔註 4630〕〔唐〕陸德明撰：《經典釋文》，北京：中華書局，景印徐乾學通志堂刻本，1983 年版，第 47 頁。

〔註 4631〕〔唐〕李鼎祚撰：《周易集解》，北京：中國書店，景印嘉慶三年姑蘇喜墨齋張遇堯局鐫本，1987 年版，卷十四，第 6 頁。

〔註 4632〕〔清〕李道平撰，潘雨廷點校：《周易集解纂疏》，北京：中華書局，1994 年版，第 597 頁。

〔註 4633〕〔魏〕王弼、韓康伯注，〔唐〕孔穎達等正義：《周易正義》，北京：中華書局景印阮刻本，1980 年版，第 69 頁。

〔註 4634〕〔魏〕王弼、韓康伯注，〔唐〕孔穎達等正義：《周易正義》，北京：中華書局景印阮刻本，1980 年版，第 69 頁。

〔註 4635〕〔晉〕郭璞注，〔宋〕邢昺疏：《爾雅注疏》，北京：中華書局景印阮刻本，1980 年版，第 2 頁。

〔註 4636〕〔魏〕王弼、韓康伯注，〔唐〕孔穎達等正義：《周易正義》，北京：中華書局景印阮刻本，1980 年版，第 70 頁。

待、黨與時音余呂切，以語合三上遇。訓作參與時音羊洳切，以御合三去遇。訓作語辭音以諸切，以魚合三平遇。《釋文》音預與《廣韻》去聲同。訓爲參與。

不殺| 馬、鄭、王肅、干所戒反。師同。徐所例反。陸、韓如字。

【疏】所在經文爲「古之聰明叡知，神武而不殺者夫」。〔註 4637〕殺《廣韻》二讀，所八切，生黠開二入山。所拜切，生怪開二去蟹。《羣經音辨·卷三》:「殺，戮也，所八切。殺，降也，士介切。」〔註 4638〕《釋文》音同《廣韻》去聲。則訓殺爲衰減也。《集解》引虞翻曰:「乾坤坎離，反復不衰，故『而不殺者夫』。」〔註 4639〕是訓殺爲衰也。惠棟《周易述》同。按殺、衰一聲之轉，於義可通，《廣雅·釋詁二》:「殺，減也。」〔註 4640〕《太玄·割》「陽形縣殺」司馬光《集解》引宋曰:「殺，衰也。」〔註 4641〕徐所例反者，《集韻》音同。字又作「㣧」，訓爲降。與衰減義同。陸、韓如字者，讀如《廣韻》入聲，訓爲殺戮之殺也，孔疏訓同。

者夫| 音符，如字。〔註 4642〕

【疏】當依宋本。參看〈乾〉「夫位」條。

齊戒| 側皆反。注同。

【疏】所在經文爲「聖人以此齊戒」。〔註 4643〕側皆反者，齊同齋也。齋《廣韻》側皆切，莊皆開二平蟹。《釋文》音同。

〔註 4637〕〔魏〕王弼、韓康伯注，〔唐〕孔穎達等正義:《周易正義》，北京:中華書局景印阮刻本，1980 年版，第 70 頁。

〔註 4638〕〔宋〕賈昌朝撰:《羣經音辨》(叢書集成初編語文學類第 1208 冊)，上海:商務印書館，景印畿輔叢書本，1939 年版，第 31 頁。

〔註 4639〕〔唐〕李鼎祚撰:《周易集解》，北京:中國書店，景印嘉慶三年姑蘇喜墨齋張遇堯局鐫本，1987 年版，卷十四，第 6 頁。

〔註 4640〕〔清〕王念孫撰:《廣雅疏證》，北京:中華書局，景印嘉慶年間王氏家刻本，1983 年版，第 61 頁。

〔註 4641〕〔漢〕楊雄撰，〔宋〕司馬光集注:《太玄集注》(新編諸子集成本)，北京:中華書局，1998 年版，第 149 頁。

〔註 4642〕《經典釋文彙校》:「宋本『如字』作『下同』，十行本、閩監本同。」見黃焯撰:《經典釋文彙校》，北京:中華書局，1980 年版，第 21 頁。

〔註 4643〕〔魏〕王弼、韓康伯注，〔唐〕孔穎達等正義:《周易正義》，北京:中華書局景印阮刻本，1980 年版，第 70 頁。

以神明其德夫｜ 荀、虞、顧絕句。眾皆以「夫」字為下句。一本無「夫」字。

【疏】所在經文爲「以神明其德夫是故闔戶謂之坤」。〔註 4644〕集解本、注疏本皆於「夫」下絕句。

闔戶｜ 胡臘反。

【疏】闔《廣韻》胡臘切，匣盍開一入咸。《釋文》音同。

闢戶｜ 婢亦反。王肅甫亦反。

【疏】所在經文爲「闢戶謂之乾」。〔註 4645〕闢《廣韻》房益切，並昔開三入梗。《釋文》首音音同《廣韻》。王肅甫亦反，幫昔開三入梗。

施生｜ 始豉反。

【疏】所在注文爲「乾道施生」。〔註 4646〕參看〈乾〉「德施」條。

見乃｜ 賢遍反。

【疏】所在經文爲「見乃謂之象」。〔註 4647〕參看〈乾〉「見龍」條。

是故易有大極｜ 大音泰，注同。大極，无也。馬云：北辰也。王肅云：此章首獨言是故者，揔眾章之意。〔註 4648〕

【疏】大音泰，大爲太之古字也。「大極，无也」者，韓康伯注云：「太極者，无稱之稱，不可得而名，取有之所極，況之太極者也。」〔註 4649〕馬云「北辰也」者，北辰者，北極也。《正義》於「大衍之數五十，其用四十有九」

〔註 4644〕〔魏〕王弼、韓康伯注，〔唐〕孔穎達等正義：《周易正義》，北京：中華書局景印阮刻本，1980 年版，第 70 頁。

〔註 4645〕〔魏〕王弼、韓康伯注，〔唐〕孔穎達等正義：《周易正義》，北京：中華書局景印阮刻本，1980 年版，第 70 頁。

〔註 4646〕〔魏〕王弼、韓康伯注，〔唐〕孔穎達等正義：《周易正義》，北京：中華書局景印阮刻本，1980 年版，第 70 頁。

〔註 4647〕〔魏〕王弼、韓康伯注，〔唐〕孔穎達等正義：《周易正義》，北京：中華書局景印阮刻本，1980 年版，第 70 頁。

〔註 4648〕《經典釋文彙校》：「惠云：北辰即太一。」見黃焯撰：《經典釋文彙校》，北京：中華書局，1980 年版，第 21 頁。

〔註 4649〕〔魏〕王弼、韓康伯注，〔唐〕孔穎達等正義：《周易正義》，北京：中華書局景印阮刻本，1980 年版，第 70 頁。

下疏曰：「馬季長云：易有太極，謂北辰也。太極生兩儀，兩儀生日月，日月生四時，四時生五行，五行生十二月，十二月生二十四氣。北辰居位不動，其餘四十九轉運而用也。」後人多以北極不得生天地駁之。如《漢上易傳·叢說》駁曰：「季長之論，不若京房，蓋兩儀乃天地之象，而北辰不能生天地也。故邵雍曰：萬物皆有太極、兩儀、四象之象。」〔註 4650〕又《易小帖·卷三》亦曰：「其稱太極爲北辰，本漢儒《易緯》習說。然而北辰生天地可乎？北辰樞機，轉旋天地，謂之運猶可，謂之生則豈其然？」〔註 4651〕《經典釋文彙校》引惠云「北辰即太一」者，《史記·封禪書》：「天神貴者太一。」司馬貞《索隱》引宋均云：「天一、太一，北極神之別名。」〔註 4652〕此處太一爲北辰之神名。按太一又訓爲天地未分前混沌之氣者，則與馬融義別矣。

无稱之稱|　並尺證反。

【疏】所在注文爲「无稱之稱」。〔註 4653〕參看〈師〉「之稱」條。

縣象|　音玄。

【疏】所在經文爲「縣象著明莫大乎日月」。〔註 4654〕縣、懸，古今字也。

探|　吐南反。

【疏】所在經文爲「探賾索隱」。〔註 4655〕探《廣韻》他含切，透覃開一平咸。《釋文》音同。

賾|　九家作「冊」。

【疏】九家作「冊」者，冊、賾古音同在錫部。此蓋假冊爲賾也。

〔註 4650〕〔宋〕朱震撰：《漢上易傳》，揚州：江蘇廣陵古籍刻印社，景印通志堂經解本第一冊，1996 年版，第 290 頁。

〔註 4651〕〔清〕毛奇齡撰：《易小帖》，臺灣：商務印書館，景印文淵閣四庫全書本第 41 冊，1983 年版，第 580 頁。

〔註 4652〕〔漢〕司馬遷撰：《史記》(四部備要本)，上海：中華書局，據武英殿本校刊，1936 年版，第 475 頁。

〔註 4653〕〔魏〕王弼、韓康伯注，〔唐〕孔穎達等正義：《周易正義》，北京：中華書局景印阮刻本，1980 年版，第 70 頁。

〔註 4654〕〔魏〕王弼、韓康伯注，〔唐〕孔穎達等正義：《周易正義》，北京：中華書局景印阮刻本，1980 年版，第 70 頁。

〔註 4655〕〔魏〕王弼、韓康伯注，〔唐〕孔穎達等正義：《周易正義》，北京：中華書局景印阮刻本，1980 年版，第 70 頁。

索隱｜ 色白反。

【疏】索《廣韻》三讀，繩索蘇各切，心鐸開一入宕。求索山戟切，生陌開二入梗，或山責切，生麥開二入梗。《釋文》音同《廣韻》山戟切。

亹亹｜ 亡偉反。

【疏】所在經文為「成天下之亹亹者」。〔註 4656〕亹《廣韻》二讀，訓為浩亹者，音莫奔切，明魂合一平臻。訓為美、勉者，音無匪切，微尾合三上止。《釋文》音同《廣韻》上聲。

莫善乎蓍龜｜ 本亦作「莫大」

【疏】所在經文世傳本多為：「莫大乎蓍龜」。

見吉｜ 賢遍反。

【疏】所在經文為「天垂象，見吉凶」。〔註 4657〕參看〈乾〉「見龍」條。

河出｜ 如字。又尺遂反。下同。〔註 4658〕

【疏】所在經文為「河出圖」。〔註 4659〕出《廣韻》二讀，赤律切，昌術合三入臻。尺類切，昌至合三去止。《釋文》如字者，蓋讀如《廣韻》赤律切。又尺遂反音同《廣韻》尺類切。

洛出｜ 王肅作「雒」，漢家以火德王，故從各、隹。

【疏】所在經文為「洛出書」。〔註 4660〕王肅作「雒」者，《漢書・地理志》「雒陽」顏師古注曰：「魚豢云：漢火德忌水，故去洛水而加隹。如魚氏說，則光武以後改為雒字也。」〔註 4661〕

〔註 4656〕〔魏〕王弼、韓康伯注，〔唐〕孔穎達等正義：《周易正義》，北京：中華書局景印阮刻本，1980 年版，第 70 頁。

〔註 4657〕〔魏〕王弼、韓康伯注，〔唐〕孔穎達等正義：《周易正義》，北京：中華書局景印阮刻本，1980 年版，第 70 頁。

〔註 4658〕《經典釋文彙校》：「寫本『又』字作『一音』。」見黃焯撰：《經典釋文彙校》，北京：中華書局，1980 年版，第 21 頁。

〔註 4659〕〔魏〕王弼、韓康伯注，〔唐〕孔穎達等正義：《周易正義》，北京：中華書局景印阮刻本，1980 年版，第 70 頁。

〔註 4660〕〔魏〕王弼、韓康伯注，〔唐〕孔穎達等正義：《周易正義》，北京：中華書局景印阮刻本，1980 年版，第 70 頁。

〔註 4661〕〔漢〕班固撰：《前漢書》（四部備要本），上海：中華書局，據武英殿本校

又以尚賢也｜鄭本作「有以」。

【疏】所在經文爲「履信思乎順，又以尚賢也。」〔註 4662〕鄭本作「有以」者，集解本引虞翻同。按又、有古通。

子曰：書不盡｜如字。又津忍反。下同。

【疏】所在經文爲「書不盡言」。〔註 4663〕參看〈乾〉「故盡」條。

之縕｜紆粉反。徐於憤反。王肅又於問反。

【疏】所在經文爲「乾坤其易之縕邪」。〔註 4664〕縕《廣韻》三讀，訓爲亂麻，於云切，影文合三平臻。縕韍之縕，烏渾切，影魂合一平臻。訓爲枲麻，於粉切，影吻合三上臻。《釋文》首音因同《廣韻》於粉切。徐於憤反，與《釋文》首音同，但切語用字異耳。王肅又於問反，影問合三去臻，《集韻》增有紆問切，音同王肅。

之奥｜烏報反。〔註 4665〕

【疏】所在注文爲「縕淵奥也。」〔註 4666〕奥《廣韻》烏到切，影號開一去效。《釋文》音同。

而上｜時掌反。

【疏】所在經文爲「是故形而上者謂之道」。〔註 4667〕參看〈乾〉「上下」條。

刊，1936 年版，第 534 頁。

〔註 4662〕〔魏〕王弼、韓康伯注，〔唐〕孔穎達等正義：《周易正義》，北京：中華書局景印阮刻本，1980 年版，第 70 頁。

〔註 4663〕〔魏〕王弼、韓康伯注，〔唐〕孔穎達等正義：《周易正義》，北京：中華書局景印阮刻本，1980 年版，第 70 頁。

〔註 4664〕〔魏〕王弼、韓康伯注，〔唐〕孔穎達等正義：《周易正義》，北京：中華書局景印阮刻本，1980 年版，第 70 頁。

〔註 4665〕《經典釋文彙校》：「宋本同，盧本『之』改『淵』。《考證》云，舊本作『之』，疑避唐諱因至譌，今依毛本正。」見黃焯撰：《經典釋文彙校》，北京：中華書局，1980 年版，第 21 頁。

〔註 4666〕〔魏〕王弼、韓康伯注，〔唐〕孔穎達等正義：《周易正義》，北京：中華書局景印阮刻本，1980 年版，第 70 頁。

〔註 4667〕〔魏〕王弼、韓康伯注，〔唐〕孔穎達等正義：《周易正義》，北京：中華書局景印阮刻本，1980 年版，第 71 頁。

而錯｜ 七故反。注同。本又作「措」。

【疏】所在經文爲「舉而錯之天下之民」。〔註 4668〕參看〈復〉「錯之」條。本亦作「措」者，錯置之本字也。《說文・手部》：「措，置也。」〔註 4669〕

之賾｜ 本亦作「之至賾」。

【疏】所在注文爲「聖人有以見天下之賾」。〔註 4670〕

而裁｜ 音才。本又作「財」。

【疏】所在經文爲「化而裁之存乎變」。〔註 4671〕參看〈泰〉「財成」條。

默而成｜ 本或作「默而成之」。

【疏】所在經文爲「默而成之，不言而信，存乎德行。」〔註 4672〕《集解》引《九家易》曰：「默而成謂陰陽相處也。」〔註 4673〕故《九家易》無「之」字，與《釋文》同。

德行｜ 下孟反。

【疏】行名詞音去聲，參看〈乾〉「庸行」條。

周易繫辭下第八

而重｜ 直龍反。注同。

【疏】所在經文爲「因而重之」。〔註 4674〕重複之重《廣韻》直容切，澄

〔註 4668〕〔魏〕王弼、韓康伯注，〔唐〕孔穎達等正義：《周易正義》，北京：中華書局景印阮刻本，1980 年版，第 71 頁。

〔註 4669〕〔漢〕許愼撰：《說文解字》，北京：中華書局，景印同治十二年陳昌治刻本，1963 年版，第 252 頁。

〔註 4670〕〔魏〕王弼、韓康伯注，〔唐〕孔穎達等正義：《周易正義》，北京：中華書局景印阮刻本，1980 年版，第 71 頁。

〔註 4671〕〔魏〕王弼、韓康伯注，〔唐〕孔穎達等正義：《周易正義》，北京：中華書局景印阮刻本，1980 年版，第 71 頁。

〔註 4672〕〔魏〕王弼、韓康伯注，〔唐〕孔穎達等正義：《周易正義》，北京：中華書局景印阮刻本，1980 年版，第 71 頁。

〔註 4673〕〔唐〕李鼎祚撰：《周易集解》，北京：中國書店，景印嘉慶三年姑蘇喜墨齋張遇堯局鐫本，1987 年版，卷十四，第 10 頁。

〔註 4674〕〔魏〕王弼、韓康伯注，〔唐〕孔穎達等正義：《周易正義》，北京：中華書

鍾合三平通。《釋文》音同。

明治| 直吏反。

【疏】所在注文為「擬諸形容以明治亂之宜」。〔註 4675〕參看〈乾〉「上治」條。

繫辭| 音係。卷內皆同。

【疏】所在經文為「繫辭焉而命之」。〔註 4676〕參看〈大有〉「繫辭」條。

而命| 孟作「明」。

【疏】孟作「明」者，《易・賁卦》「君子以明庶政」《釋文》云：「蜀才本作命」。〔註 4677〕命、明音近相通也。

或否| 備鄙反。

【疏】所在注文為「或否或泰」。〔註 4678〕參看〈屯〉「則否」條。

而斷| 丁亂反。

【疏】所在注文為「繫辭焉而斷其吉凶」。〔註 4679〕參看〈蒙〉「能斷」條。

則見| 賢遍反。下及注皆同。

【疏】所在注文為「立卦之義，則見于〈彖〉、〈象〉」。〔註 4680〕參看〈乾〉「見龍」條。

局景印阮刻本，1980 年版，第 73 頁。

〔註 4675〕〔魏〕王弼、韓康伯注，〔唐〕孔穎達等正義：《周易正義》，北京：中華書局景印阮刻本，1980 年版，第 73 頁。

〔註 4676〕〔魏〕王弼、韓康伯注，〔唐〕孔穎達等正義：《周易正義》，北京：中華書局景印阮刻本，1980 年版，第 73 頁。

〔註 4677〕〔唐〕陸德明撰：《經典釋文》，北京：中華書局，景印徐乾學通志堂刻本，1983 年版，第 23 頁。

〔註 4678〕〔魏〕王弼、韓康伯注，〔唐〕孔穎達等正義：《周易正義》，北京：中華書局景印阮刻本，1980 年版，第 73 頁。

〔註 4679〕〔魏〕王弼、韓康伯注，〔唐〕孔穎達等正義：《周易正義》，北京：中華書局景印阮刻本，1980 年版，第 73 頁。

〔註 4680〕〔魏〕王弼、韓康伯注，〔唐〕孔穎達等正義：《周易正義》，北京：中華書局景印阮刻本，1980 年版，第 73 頁。

趣時｜ 七樹反。

【疏】所在經文爲「變通者，趣時者也。」〔註 4681〕趣《廣韻》二讀：趣馬倉苟切，清厚開一上流。趣向七句切，清遇合三去遇。《釋文》音同《廣韻》七句切，訓爲趣向。

貞勝｜ 姚本作「貞稱」。

【疏】所在經文爲「吉凶者，貞勝者也。」〔註 4682〕姚本作「貞稱」者，惠棟《周易述・卷十六》彼注云：「貞，正也。勝讀爲稱，稱，好也。陽吉陰凶爲禍福正，故吉凶者，貞稱者也。」彼疏云：「勝讀爲稱，姚信義也。古勝與稱通，〈攷工記〉曰：『角不勝幹，幹不勝筋，謂之不參』注云：『故書勝或作稱』，〈晉語〉曰：『中不勝貌』韋昭云：『勝當爲稱』，是古文通也。」〔註 4683〕

乎累｜ 劣僞反。〔註 4684〕

【疏】所在注文爲「夫有動則未免乎累」。〔註 4685〕參看〈乾〉「之累」條。

殉吉｜ 辭俊反。後同。

【疏】所在注文爲「殉吉則未離乎凶」。〔註 4686〕殉《廣韻》辭閏切，邪稕合三去稕。《釋文》音同。

未離｜ 力智反。

【疏】參看〈乾〉「離隱」條。

〔註 4681〕〔魏〕王弼、韓康伯注，〔唐〕孔穎達等正義：《周易正義》，北京：中華書局景印阮刻本，1980 年版，第 73 頁。

〔註 4682〕〔魏〕王弼、韓康伯注，〔唐〕孔穎達等正義：《周易正義》，北京：中華書局景印阮刻本，1980 年版，第 74 頁。

〔註 4683〕〔清〕惠棟撰：《周易述》（四部備要本），上海：中華書局，據學海堂經解本校刊，1936 年版，第 103 頁。

〔註 4684〕《經典釋文彙校》：「寫本『劣僞反』下有『下同』二字。」見黃焯撰：《經典釋文彙校》，北京：中華書局，1980 年版，第 21 頁。

〔註 4685〕〔魏〕王弼、韓康伯注，〔唐〕孔穎達等正義：《周易正義》，北京：中華書局景印阮刻本，1980 年版，第 74 頁。

〔註 4686〕〔魏〕王弼、韓康伯注，〔唐〕孔穎達等正義：《周易正義》，北京：中華書局景印阮刻本，1980 年版，第 74 頁。

盡會｜ **津忍反。下同。**

【疏】所在注文爲「盡會通之變」。〔註 4687〕參看〈乾〉「故盡」條。

貞觀｜ **官換反。又音官。**〔註 4688〕

【疏】所在經文爲「天地之道，貞觀者也。」〔註 4689〕觀之音義參看〈觀〉「觀」條。觀之平聲義爲以我視物，觀之去聲義爲爲物所觀。此處讀爲去聲，義爲爲物所觀。《正義》曰：「故其功可爲物之所觀也。」〔註 4690〕又音官者，明有異讀，非爲此處之注音也。

貞夫｜ **音符。**

【疏】所在經文爲「天下之動，貞夫一者也」。〔註 4691〕參看〈乾〉「夫位」條。

確然｜ **苦角反。馬、韓云：剛貌。《說文》云：高至。**〔註 4692〕

【疏】所在經文爲「夫乾，確然示人易矣。」〔註 4693〕苦角反，溪覺開二入江。參看〈乾〉「確乎」條。

人易｜ **以豉反。下注同。**

【疏】參看〈屯〉「以易」條。

隤然｜ **大回反。馬、韓云：柔貌也。孟作「退」。陸、董、姚作「妥」。**

〔註 4687〕〔魏〕王弼、韓康伯注，〔唐〕孔穎達等正義：《周易正義》，北京：中華書局景印阮刻本，1980 年版，第 74 頁。

〔註 4688〕《經典釋文彙校》：「盧本『換』改『喚』。宋本作『焕』。」見黃焯撰：《經典釋文彙校》，北京：中華書局，1980 年版，第 21 頁。

〔註 4689〕〔魏〕王弼、韓康伯注，〔唐〕孔穎達等正義：《周易正義》，北京：中華書局景印阮刻本，1980 年版，第 74 頁。

〔註 4690〕〔魏〕王弼、韓康伯注，〔唐〕孔穎達等正義：《周易正義》，北京：中華書局景印阮刻本，1980 年版，第 74 頁。

〔註 4691〕〔魏〕王弼、韓康伯注，〔唐〕孔穎達等正義：《周易正義》，北京：中華書局景印阮刻本，1980 年版，第 74 頁。

〔註 4692〕《經典釋文彙校》：「段校於《說文》下增『作隺』二字。寫本『高至』下有『也』字。」見黃焯撰：《經典釋文彙校》，北京：中華書局，1980 年版，第 21 頁。

〔註 4693〕〔魏〕王弼、韓康伯注，〔唐〕孔穎達等正義：《周易正義》，北京：中華書局景印阮刻本，1980 年版，第 74 頁。

【疏】所在經文爲「夫坤，隤然示人簡矣。」〔註4694〕隤《廣韻》杜回切，定灰合一平蟹。《釋文》音同。馬韓云「柔貌也」者，韓注云：「隤，柔貌也。」〔註4695〕按，隤訓爲柔順，《禮記・曲禮上》「凡遺人弓者」鄭玄注「皆欲令其下曲隤然順也」《釋文》：「隤，順貌。」〔註4696〕《後漢書・黃憲傳》「以爲憲隤然其處順」李賢注：「隤，柔順貌。」〔註4697〕孟作「退」者，惠棟《周易述》同，彼注云：「陰動而退故曰退。」又云：「退，馬氏作『隤』，陸董姚作『妥』，音相近故有異同。」〔註4698〕陸、董、姚作「妥」者，音近而異也。

像此｜音象。

【疏】所在經文爲「象也者，像此者也。」〔註4699〕像《廣韻》徐兩切，邪養開三上宕。《釋文》音同。

施生｜始豉反。

【疏】所在注文爲「施生而不爲」。〔註4700〕參看〈乾〉「德施」條。

大寶｜孟作「保」。

【疏】所在經文爲「聖人之大寶曰位」。〔註4701〕孟作「保」者，寶、保古通。《廣雅・釋詁四》「宲，藏也」王念孫《疏證》：「宲、保、寶並通。」〔註4702〕

〔註4694〕〔魏〕王弼、韓康伯注，〔唐〕孔穎達等正義：《周易正義》，北京：中華書局景印阮刻本，1980年版，第74頁。

〔註4695〕〔魏〕王弼、韓康伯注，〔唐〕孔穎達等正義：《周易正義》，北京：中華書局景印阮刻本，1980年版，第74頁。

〔註4696〕〔唐〕陸德明撰：《經典釋文》，北京：中華書局，景印徐乾學通志堂刻本，1983年版，第164頁。

〔註4697〕〔南朝宋〕范曄撰：《後漢書》（四部備要本），上海：中華書局，據武英殿本校刊，1936年版，第720頁。

〔註4698〕〔清〕惠棟撰：《周易述》（四部備要本），上海：中華書局，據學海堂經解本校刊，1936年版，第103～104頁。

〔註4699〕〔魏〕王弼、韓康伯注，〔唐〕孔穎達等正義：《周易正義》，北京：中華書局景印阮刻本，1980年版，第74頁。

〔註4700〕〔魏〕王弼、韓康伯注，〔唐〕孔穎達等正義：《周易正義》，北京：中華書局景印阮刻本，1980年版，第74頁。

〔註4701〕〔魏〕王弼、韓康伯注，〔唐〕孔穎達等正義：《周易正義》，北京：中華書局景印阮刻本，1980年版，第74頁。

〔註4702〕〔清〕王念孫撰：《廣雅疏證》，北京：中華書局，景印嘉慶年間王氏家刻本，

曰人| 王肅、卜伯玉、桓玄明、僧紹作「仁」。〔註4703〕

【疏】所在經文為「何以守位？曰仁。何以聚人？曰財。」〔註4704〕《周易章句證異・卷八》云：「晁說之本作『人』。呂祖謙曰：『人』，今本作『仁』，當從《釋文》。朱子作『人』，云：呂氏從古，蓋所謂非眾罔與守邦。吳澄作『人』。俞琰曰：上下文義詳之，當依作『人』。董楷、徐在漢、查慎行作『人』。靈格曰：『仁』不必改『人』。」又云：「吳草廬以王、卞、桓明諸本作『仁』誤。孔穎達、李鼎祚諸儒作『仁』。廉按：鄭玄注《禮》『禁民』，《漢書・食貨志》《晉書・刑法志》引作『人』。運引作『仁』。《周書・蘇綽傳》引《易》作『仁』。梁劉昭注《後漢書・梁統傳》引《易》作『仁』。蔡邕亦云：以仁守位。知當時本作『仁』。李心傳曰：蔡邕所云，則漢前已用『仁』字，非始于王肅。毛奇齡曰：《釋文》作『人』，宋作僞，古本從之，致本義以後多改『人』字，誤甚。李賢注〈梁統傳〉引作『人』。」〔註4705〕按人、仁古通。此處作人、仁，義皆通。

禁民| 音金。又金鴆反。

【疏】所在經文為「理財正辭，禁民為非曰義。」〔註4706〕禁《廣韻》二讀，居吟切，見侵開重紐三平深。居蔭切，見沁開重紐三去深。《羣經音辨・卷六》：「禁，制也，居吟切。制謂之禁，居蔭切。」由此，則平聲之禁為動詞，去聲之禁為名詞。《釋文》音金同《廣韻》平聲。《釋文》又金鴆反者，音同《廣韻》去聲，明禁有異讀，非注「禁民」音也。

包| 本又作「庖」。白交反。鄭云：取也。孟、京作「伏」。

【疏】所在經文為「古者包犧氏之王天下也」。〔註4707〕「包」本又作「庖」

1983年版，第114～115頁。

〔註4703〕《經典釋文彙校》：「寫本、宋本『卜』作『卞』。」見黃焯撰：《經典釋文彙校》，北京：中華書局，1980年版，第21頁。

〔註4704〕〔魏〕王弼、韓康伯注，〔唐〕孔穎達等正義：《周易正義》，北京：中華書局景印阮刻本，1980年版，第74頁。

〔註4705〕〔清〕翟均廉撰：《周易章句證異》，臺灣：商務印書館，景印文淵閣四庫全書本第53冊，1983年版，第791頁。

〔註4706〕〔魏〕王弼、韓康伯注，〔唐〕孔穎達等正義：《周易正義》，北京：中華書局景印阮刻本，1980年版，第74頁。

〔註4707〕〔魏〕王弼、韓康伯注，〔唐〕孔穎達等正義：《周易正義》，北京：中華書局景印阮刻本，1980年版，第74頁。

者，集解本同。按包、庖音近，故通。庖《廣韻》薄交切，並肴開二平效。《釋文》音同。鄭云「取也」者，《太玄・中》「水包貞」范望注：「包，取也。」〔註4708〕《漢書・賈誼傳》「淮陽包陳以南，揵之江」顏師古注引晉灼曰：「包，取也。」〔註4709〕又《漢書・敘傳下》「包漢舉信」顏師古注引劉德曰：「包，取也。」〔註4710〕按，包訓取，蓋裹義之引申也。包《說文・包部》：「包，象人褱妊。」〔註4711〕引申而有裹義，又《漢書・匈奴傳上》「善爲誘兵以包敵」顏師古注云：「包，裹取之。」〔註4712〕是以取乃裹義之引申也。孟、京作「伏」者，包（幫紐幽部）、庖（並紐幽部）、伏（並紐職部），古音相近。李富孫《異文釋》云：「〈律厤上〉作『伏戲』，《風俗通義》、《白虎通》作『伏羲』，〈書僞孔序〉作『伏犧』。」〔註4713〕

犧｜許宜反。字又作「羲」。鄭云：鳥獸全具曰犧。孟、京作「戲」，云：伏，服也；戲，化也。〔註4714〕

【疏】犧《廣韻》許羈切，曉支開重紐三平止。《釋文》音同。字又作「羲」者，「伏羲」典籍中寫法不一，皆音近而形異也，《易經異文釋・卷六》：「古者包犧氏之王天下也。《說文・大部》引作『虙羲』。〈漢百官公卿表〉作『宓羲』，《風俗通義》、《白虎通義》作『伏羲』。」〔註4715〕又《別雅・卷一》云：「虙戲、伏戲、宓戲、宓羲、庖犧、包犧、炮羲，伏羲也。」〔註4716〕鄭

〔註4708〕〔漢〕楊雄撰，〔晉〕范望注：《太玄經》（四部叢刊本），上海：商務印書館，景印上海涵芬樓景印明萬玉堂翻宋本，1922年版，卷一，第6頁。

〔註4709〕〔漢〕班固撰：《前漢書》（四部備要本），上海：中華書局，據武英殿本校刊，1936年版，第751頁。

〔註4710〕〔漢〕班固撰：《前漢書》（四部備要本），上海：中華書局，據武英殿本校刊，1936年版，第1392頁。

〔註4711〕〔漢〕許愼撰：《說文解字》，北京：中華書局，景印同治十二年陳昌治刻本，1963年版，第188頁。

〔註4712〕〔漢〕班固撰：《前漢書》（四部備要本），上海：中華書局，據武英殿本校刊，1936年版，第1233～1234頁。

〔註4713〕〔清〕李富孫撰：《易經異文釋》（續四庫經部易類第27冊），上海：上海古籍出版社，景印南菁書院續經解本，2002年版，第704頁。

〔註4714〕《經典釋文彙校》：「惠云：戲讀爲麾，麾與撝同，撝從爲，與化同。」見黃焯撰：《經典釋文彙校》，北京：中華書局，1980年版，第21頁。

〔註4715〕〔清〕李富孫撰：《易經異文釋》（續四庫經部易類第27冊），上海：上海古籍出版社，景印南菁書院續經解本，2002年版，第704頁。

〔註4716〕〔清〕吳玉搢撰：《別雅》，光緒丁亥年蕺林山房刻益雅堂叢書本，卷一，第14頁。

云「鳥獸全具曰犧」者，犧《周禮・地官・牧人》「凡祭祀共其犧牲」鄭玄注：「犧牲，毛羽完具也。」〔註 4717〕《漢書・禮樂志》「河龍供鯉醇犧牲」顏師古注：「犧牲，牛羊全體者也。」〔註 4718〕孟、京作「戲」者，亦一聲之轉也。云「伏，服也；戲，化也」者，伏、服古通。《廣雅・釋鳥》「伏翼，蝙蝠也。」王念孫《疏證》云：「伏，與服同。」〔註 4719〕《文選・陸機〈吳王郎中時從梁陳作〉》「誰謂伏事淺」李善注：「服，與伏同。」〔註 4720〕又《資治通鑒・晉紀三》「故且僞降以緩我，非眞伏也」胡三省注引或曰：「伏，當作服。」〔註 4721〕此皆伏、服古通之證也。「戲，化也」者，舊訓無徵。蓋音近相通也。戲、化古音同在曉紐歌部。惠棟《周易述・卷十六》依孟、京之讀，彼疏云：「『庖犧』孟、京作『伏戲』，許愼以《易》孟氏爲古文，故知古文作『伏戲』。伏讀爲服，戲讀爲化。古訓音與義並舉。故云伏，服也；戲，化也。」〔註 4722〕

氏| 包犧氏，大皞。三皇之最先。

【疏】太皞者，即伏羲氏。《荀子・正論》：「自太皞、燧人莫不有也。」楊倞注：「太皞，伏羲也。燧人，太皞前帝王。」〔註 4723〕唐司馬貞補《史記・三皇本紀》：「太皞庖犧氏，風姓，代燧人氏繼天而王。」〔註 4724〕「三皇之最先」者，言伏羲氏爲「三皇」之首。按「三皇」乃傳說中上古三帝王。所指說法不一。漢時所定之「三皇」，要而言之，有如下數說：一、伏羲、燧人、

〔註 4717〕〔漢〕鄭玄注，〔唐〕賈公彥疏：《周禮注疏》，北京：中華書局景印阮刻本，1980 年版，第 85 頁。

〔註 4718〕〔漢〕班固撰：《前漢書》（四部備要本），上海：中華書局，據武英殿本校刊，1936 年版，第 378 頁。

〔註 4719〕〔清〕王念孫撰：《廣雅疏證》，北京：中華書局，景印嘉慶年間王氏家刻本，1983 年版，第 380 頁。

〔註 4720〕〔梁〕蕭統編，〔唐〕李善注：《文選》（四部精要本第十六冊），上海：上海古籍出版社，景印嘉慶十四年胡克家仿宋淳熙刊本，1992 年版，第 598 頁。

〔註 4721〕〔宋〕司馬光編著，〔元〕胡三省音注：《資治通鑒》，北京：中華書局排印，1956 年版，第 2564 頁。

〔註 4722〕〔清〕惠棟撰：《周易述》（四部備要本），上海：中華書局，據學海堂經解本校刊，1936 年版，第 104 頁。

〔註 4723〕〔唐〕楊倞注，〔清〕王先謙集解：《荀子集解》，上海：上海書店，景印諸子集成本，1986 年版，第 225 頁。

〔註 4724〕〔漢〕司馬遷撰：《史記》（四部備要本），上海：中華書局，據武英殿本校刊，1936 年版，第 1192 頁。

神農，見《禮・含文嘉》、〈春秋命歷序〉、《尚書大傳》。二、伏羲、女媧、神農，見《春秋運斗樞》、《呂氏春秋》高誘注。三、伏羲、祝融、神農，見《禮・號謚記》。四、伏羲、神農、共工，見《白虎通》。五、伏羲、神農、黃帝，見《禮・稽命徵》、《帝王世紀》、僞〈尚書序〉、《周禮》孔穎達疏、《莊子》成玄英疏。六、天皇、地皇、人皇，見〈春秋命歷序〉、《始學篇》。另，道教經典之「三皇」又分初、中、後三組。〔註 4725〕

之王丨 于況反。

【疏】參看〈師〉「以王」條。

不究丨 九又反。

【疏】所在注文爲「无微不究」。〔註 4726〕究《廣韻》居祐切，見宥開三去流。《釋文》音同。

為罟丨 音古。馬、姚云：猶网也。黃本作「為网罟」，云：取獸曰网，取魚曰罟。〔註 4727〕

【疏】所在經文爲「作結繩而爲罔罟」。〔註 4728〕罟《廣韻》公戶切，見姥合一上遇。《釋文》音同。馬、姚云「猶网也」者，《說文・网部》：「罟，网也。」〔註 4729〕黃本作「爲网罟」者，與世傳本同。云「取獸曰网，取魚曰罟」者，《說文・网部》：「网，庖犧所結繩以漁。」〔註 4730〕引申之則不限於漁也。故《玉篇・网部》云：「网，羅罟總名。」〔註 4731〕網罟義同。黃氏獸

〔註 4725〕參看顧頡剛、楊向奎撰：〈三皇考〉（《古史辨》第 7 冊中篇），上海：上海古籍出版社，1982 年版，第 20～282 頁。

〔註 4726〕〔魏〕王弼、韓康伯注，〔唐〕孔穎達等正義：《周易正義》，北京：中華書局景印阮刻本，1980 年版，第 74 頁。

〔註 4727〕《經典釋文彙校》：「『馬、姚云』，宋本『云』譌作『氏』，闕『猶』字。段云：『猶』當衍。焯案寫本與此本同。」見黃焯撰：《經典釋文彙校》，北京：中華書局，1980 年版，第 21 頁。

〔註 4728〕〔魏〕王弼、韓康伯注，〔唐〕孔穎達等正義：《周易正義》，北京：中華書局景印阮刻本，1980 年版，第 74 頁。

〔註 4729〕〔漢〕許慎撰：《說文解字》，北京：中華書局，景印同治十二年陳昌治刻本，1963 年版，第 157 頁。

〔註 4730〕〔漢〕許慎撰：《說文解字》，北京：中華書局，景印同治十二年陳昌治刻本，1963 年版，第 157 頁。

〔註 4731〕〔梁〕顧野王撰：《宋本玉篇》，北京：中國書店，景印張氏澤存堂本，1983

网魚罟者，蓋因下文「以佃以漁」而強生分別，實不必也。

以佃｜音田。本亦作「田」。

【疏】所在經文爲「以佃以漁」。〔註 4732〕音田者，假借爲畋獵之畋也。本亦作「田」者，亦假爲畋獵字。

以漁｜音魚。本亦作「魚」。又言庶反。馬云：取獸曰佃，取魚曰魚。

【疏】漁《廣韻》語居切，疑魚合三平遇。《釋文》音同。本亦作「魚」者，假魚爲漁也。《左傳・隱公五年》「公將如棠觀魚者」陸德明《釋文》：「本亦作『漁者』。」〔註 4733〕又言庶反者，《集韻》有牛據切，疑御合三去遇，《釋文》音同。訓亦同，捕魚也。馬云「取獸曰佃，取魚曰魚」者，此處佃假借作畋，《文選》「畋獵」題注李善引《禮記・王制》馬融曰：「取獸曰畋。」〔註 4734〕魚假借作漁，《說文・𩺰部》：「瀔，捕魚也。从𩺰从水。篆文瀔从魚。」〔註 4735〕

斲木｜陟角反。

【疏】所在經文爲「斲木爲耜」。〔註 4736〕斲《廣韻》竹角切，知覺開二入江。《釋文》音同。

為耜｜音似。京云：耒下耓也。陸云：廣五寸。耓，音勑丁反。

【疏】耜《廣韻》詳里切，邪止開三上止。《釋文》音同。京云「耒下耓也」者，《集韻・青韻》：「耓，耒下木也。」〔註 4737〕《莊子・天下》「禹親自

年版，第 298 頁。

〔註 4732〕〔魏〕王弼、韓康伯注，〔唐〕孔穎達等正義：《周易正義》，北京：中華書局景印阮刻本，1980 年版，第 74 頁。

〔註 4733〕〔唐〕陸德明撰：《經典釋文》，北京：中華書局，景印徐乾學通志堂刻本，1983 年版，第 223 頁。

〔註 4734〕〔梁〕蕭統編，〔唐〕李善、呂延濟、劉良、張銑、呂向、李周翰注：《六臣注文選》，北京：中華書局，景印涵芬樓藏宋刊本，1987 年版，第 151 頁。

〔註 4735〕〔漢〕許慎撰：《說文解字》，北京：中華書局，景印同治十二年陳昌治刻本，1963 年版，第 245 頁。

〔註 4736〕〔魏〕王弼、韓康伯注，〔唐〕孔穎達等正義：《周易正義》，北京：中華書局景印阮刻本，1980 年版，第 74 頁。

〔註 4737〕〔宋〕丁度撰：《集韻》，北京：中華書局，景印北京圖書館藏宋刻本，1988 年版，第 71 頁。

操稾耜」陸德明《釋文》引《三蒼》云：「耜，耒頭鐵也。」〔註 4738〕由此觀之，耜爲耒下鏟土部件，蓋初以木製，而後易之以金屬。陸云「廣五寸」者，《周禮・考工記・匠人》：「匠人爲溝洫，耜廣五寸，二耜爲耦。」〔註 4739〕耓《集韻》湯丁切，端青開四平梗。《釋文》敕丁反，徹紐青韻。

為耒｜力對反。京云：「耜上句木也。」《說文》云：「耜，曲木，垂所作。」《字林》同。力佳反。徐力猥反，垂造作也。本或「揉木為之耒耨」，非。〔註 4740〕

【疏】所在經文爲「揉木爲耒」。〔註 4741〕耒《廣韻》二讀，訓爲耒耜，盧對切，來隊合一去蟹。訓爲田器，力軌切，來旨合三上止。《釋文》音同《廣韻》去聲。京云「耜上句木也」者，句音古侯切，訓爲曲也。《禮記・月令》「天子親載耒耜」鄭玄注：「耒，耜之上曲也。」〔註 4742〕《說文》云者，與今本《說文》異。《說文・耒部》：「耒，手耕曲木也。从木推丯。古者垂作耒相以振民也。」〔註 4743〕「力佳反」者，「力隹反」之譌也。耒《集韻》有倫追切一音，來脂合三平止，與《釋文》力隹反音同，訓爲田器。徐力猥反，來賄合一上蟹。《集韻》有魯猥切，音同徐氏，亦訓爲田器。本或「揉木爲之耒耨」者，蓋因下文而增衍。阮元《校勘記》於「揉木爲耒」下云：「石經、岳本、閩監、毛本同。」〔註 4744〕是眾本多作「爲耒」也。

〔註 4738〕〔唐〕陸德明撰：《經典釋文》，北京：中華書局，景印徐乾學通志堂刻本，1983 年版，第 403 頁。

〔註 4739〕〔漢〕鄭玄注，〔唐〕賈公彥疏：《周禮注疏》，北京：中華書局景印阮刻本，1980 年版，第 293 頁。

〔註 4740〕《經典釋文彙校》：「寫本正文『爲耒』上出『揉木』二字，注云：『如九反。京、姚作柔，《說文》作煣，云：屈申木也。』案宋本已無此十八字。『耜，曲木』，盧本依《說文》增改爲『耒，手耕曲木。』寫本作『耕曲木』，宋本與此本同。『佳』字誤，寫本宋本作『隹』。『本或』下盧增『作』字，寫本、宋本皆無『作』字。」見黃焯撰：《經典釋文彙校》，北京：中華書局，1980 年版，第 21 頁。

〔註 4741〕〔魏〕王弼、韓康伯注，〔唐〕孔穎達等正義：《周易正義》，北京：中華書局景印阮刻本，1980 年版，第 74 頁。

〔註 4742〕〔漢〕鄭玄注，〔唐〕孔穎達等正義：《禮記正義》，北京：中華書局景印阮刻本，1980 年版，第 128 頁。

〔註 4743〕〔漢〕許慎撰：《說文解字》，北京：中華書局，景印同治十二年陳昌治刻本，1963 年版，第 93 頁。

〔註 4744〕〔魏〕王弼、韓康伯注，〔唐〕孔穎達等正義：《周易正義》，北京：中華書局景印阮刻本，1980 年版，第 79 頁。

耒耨之利｜ 奴豆反。馬云：鉏也。孟云：耘除草。

【疏】耨《廣韻》奴豆切，泥候開一去流。《釋文》音同。馬云「鉏也」者，《禮記・禮運》「講學以耨之」陸德明《釋文》：「耨，鉏也。」〔註 4745〕《莊子・胠篋》「耨耒之所刺」陸德明《釋文》引李云：「耨，鋤也。」〔註 4746〕《說文・金部》：「鉏，立薅所用也。」〔註 4747〕段玉裁注：「薅者，披去田艸也。云立薅者，古薅艸坐爲之，其器曰槈，其柄短。若立爲之，則其器曰鉏。」〔註 4748〕孟云「耘除草」者，《史記・龜策列傳》「鉏之耨之」裴駰《集解》引徐廣曰：「耨，除草也。」〔註 4749〕《漢書・食貨志上》「耒耨之利以教天下而食足」顏師古注：「耨，耘田也。」〔註 4750〕《呂氏春秋・任地》「其耨六寸」高誘注：「耨，所以耘苗也。」〔註 4751〕

為市｜ 《世本》云：祝融為市。宋衷云：顓頊臣也。《說文》云：市，時止反。

【疏】所在經文爲「日中爲市」。〔註 4752〕《世本》云「祝融爲市」者，《呂氏春秋・勿躬》：「祝融作市。」〔註 4753〕《事物紀原・卷八》：「《易》曰：包犧氏沒，神農氏作，日中爲市，致天下之民，聚天下之貨，交易而退，各得其所，蓋取諸噬嗑。《古史考》曰：神農作市。《世本》則曰：祝融作市。譙周云：高陽氏市官不修，祝融修之也。《風俗通》曰：言市井者，按二十家爲

〔註 4745〕〔唐〕陸德明撰：《經典釋文》，北京：中華書局，景印徐乾學通志堂刻本，1983 年版，第 183 頁。

〔註 4746〕〔唐〕陸德明撰：《經典釋文》，北京：中華書局，景印徐乾學通志堂刻本，1983 年版，第 375 頁。

〔註 4747〕〔漢〕許愼撰：《説文解字》，北京：中華書局，景印同治十二年陳昌治刻本，1963 年版，第 296 頁。

〔註 4748〕〔清〕段玉裁撰：《說文解字注》，上海：上海古籍出版社，景印嘉慶二十年經韻樓本，1988 年版，第 706～707 頁。

〔註 4749〕〔漢〕司馬遷撰：《史記》（四部備要本），上海：中華書局，據武英殿本校刊，1936 年版，第 1158 頁。

〔註 4750〕〔漢〕班固撰：《前漢書》（四部備要本），上海：中華書局，據武英殿本校刊，1936 年版，第 393 頁。

〔註 4751〕〔漢〕高誘注：《呂氏春秋》，上海：上海書店，景印諸子集成本，1986 年版，第 334 頁。

〔註 4752〕〔魏〕王弼、韓康伯注，〔唐〕孔穎達等正義：《周易正義》，北京：中華書局景印阮刻本，1980 年版，第 74 頁。

〔註 4753〕〔漢〕高誘注：《呂氏春秋》，上海：上海書店，景印諸子集成本，1986 年版，第 206 頁。

井，今因井爲市，故云然也。」〔註 4754〕由此，作市者有神農、祝融二說。故宋李心傳疑之，其《丙子學易編》云：「《世本》云：祝融爲市。祝融，顓頊臣，在黃帝後，恐誤。或者神農剏之，祝融益修其政邪？蓋懋遷有无，蓋亦舉似之耳。」〔註 4755〕宋衷云「顓頊臣也」者，《左傳・昭公二十九年》：「顓頊氏有子曰犂，爲祝融。」〔註 4756〕《史記・楚世家》：「重黎爲帝嚳高辛居火正，甚有功，能光融天下，帝嚳命曰祝融。」〔註 4757〕又《史記・五帝本紀》：「帝顓頊生子曰窮蟬。顓頊崩，而玄囂之孫高辛立，是爲帝嚳。」〔註 4758〕故祝融爲顓頊之子臣，事蹟在顓頊帝嚳之時。《說文》云「市時止反」者，未見今本《說文》。今本《說文》音切爲南宋徐鉉依孫愐《唐韻》增入。故疑陸氏之時，已有爲《說文》注音者。按市《廣韻》時止切，禪止開三上止。《釋文》所引音切同。

噬｜ 市制反。〔註 4759〕

【疏】所在經文爲「蓋取諸噬嗑」。〔註 4760〕噬《廣韻》時制切，禪祭開三去蟹。《釋文》音同。

嗑｜ 胡臘反。

【疏】噬嗑之嗑《廣韻》胡臘切，匣盍開一入咸。《釋文》音同。

不解｜ 佳賣反。

〔註 4754〕〔宋〕高承撰，〔明〕李果訂：《事物紀原》（叢書集成初編語文學類第 1209～1212 冊），上海：商務印書館，據惜陰軒叢書本排印，1937 年版，第 1211 冊，第 316 頁。

〔註 4755〕〔宋〕李心傳撰：《丙子學易編》，揚州：江蘇廣陵古籍刻印社，景印通志堂經解本第二冊，1996 年版，第 202 頁。

〔註 4756〕〔晉〕杜預注，〔唐〕孔穎達等正義：《春秋左傳正義》，北京：中華書局景印阮刻本，1980 年版，第 422 頁。

〔註 4757〕〔漢〕司馬遷撰：《史記》（四部備要本），上海：中華書局，據武英殿本校刊，1936 年版，第 581 頁。

〔註 4758〕〔漢〕司馬遷撰：《史記》（四部備要本），上海：中華書局，據武英殿本校刊，1936 年版，第 26 頁。

〔註 4759〕《經典釋文彙校》：「寫本、宋本同。盧所見神廟諸本『制』作『利』。」見黃焯撰：《經典釋文彙校》，北京：中華書局，1980 年版，第 21 頁。

〔註 4760〕〔魏〕王弼、韓康伯注，〔唐〕孔穎達等正義：《周易正義》，北京：中華書局景印阮刻本，1980 年版，第 74 頁。

【疏】所在注文爲「不解倦也」。〔註4761〕參看〈乾〉「解怠」條。

易窮則變，變則通，通則久｜一本作「易窮則變，通則久」。〔註4762〕

【疏】所在經文世傳本多作「易窮則變，變則通，通則久」。

祐之｜音又。本亦作「佑」。

【疏】所在經文爲「是以自天祐之，吉无不利。」〔註4763〕參看〈无妄〉「不佑」條。

下治｜直吏反。章末同。

【疏】所在經文爲「黃帝、堯、舜垂衣裳而天下治」。〔註4764〕參看〈乾〉「上治」條。

以別｜彼列反。一本作「辯」。

【疏】所在注文爲「垂衣裳以辨貴賤」。〔註4765〕《釋文》出別，「別」之音義，參看〈節〉「男女別」條。一本作「辯」者，辯、辨、別，音近義通。

挎｜本又作「刳」。口孤反。徐又口溝反。〔註4766〕

【疏】所在經文爲「刳木爲舟」。〔註4767〕《釋文》經文出「挎」。挎、刳通。挎《廣韻》苦胡切，溪模合一平遇。《釋文》口孤反音同。徐又口溝反，溪侯開一平流，《集韻》增有墟侯切，音同徐音，視爲「摳」之異體字。

〔註4761〕〔魏〕王弼、韓康伯注，〔唐〕孔穎達等正義：《周易正義》，北京：中華書局景印阮刻本，1980年版，第74頁。

〔註4762〕《經典釋文彙校》：「一本作『易窮則變，通則久』。惠云：干本如是。」見黃焯撰：《經典釋文彙校》，北京：中華書局，1980年版，第21頁。

〔註4763〕〔魏〕王弼、韓康伯注，〔唐〕孔穎達等正義：《周易正義》，北京：中華書局景印阮刻本，1980年版，第74頁。

〔註4764〕〔魏〕王弼、韓康伯注，〔唐〕孔穎達等正義：《周易正義》，北京：中華書局景印阮刻本，1980年版，第75頁。

〔註4765〕〔魏〕王弼、韓康伯注，〔唐〕孔穎達等正義：《周易正義》，北京：中華書局景印阮刻本，1980年版，第75頁。

〔註4766〕《經典釋文彙校》：「『徐又口溝反』，寫本同。宋本又作音。」見黃焯撰：《經典釋文彙校》，北京：中華書局，1980年版，第21頁。

〔註4767〕〔魏〕王弼、韓康伯注，〔唐〕孔穎達等正義：《周易正義》，北京：中華書局景印阮刻本，1980年版，第75頁。

掞| 以冉反。本亦作「剡」。

【疏】所在經文為「剡木為楫」。〔註4768〕《釋文》經文出「掞」。於削義上，掞、剡通。《集韻・琰韻》：「剡，《說文》：『銳利也。』或从手。」〔註4769〕《文選・馬融〈長笛賦〉》：「撟揉斤械，剸掞度擬。」李善注：《字林》曰：「剡，銳也。」其下按云：「掞，與剡音義同。」〔註4770〕掞《廣韻》、《集韻》可見三讀，與「剡」相通時，《集韻》以冉切，以琰開三上咸。《釋文》音同。

楫| 本又作「檝」，將輒反。下同。徐音集，又子入反。《方言》云：楫，謂之橈，或謂之櫂。《說文》云：楫，舟櫂也。

【疏】本又作「檝」者，檝、楫同。《集韻・葉部》：「檝、楫，檝或省。」〔註4771〕楫《廣韻》即葉切，精葉開三入咸。《釋文》將輒反音同。徐音集，從緝開三入深，《集韻》增籍入切，音同徐氏。又子入反，精緝開三入深，《集韻》增即入切，音同。《方言》云者，見《方言・卷九》。《說文》云者，見《說文・木部》。

致遠以利天下| 一本無此句。

【疏】世傳本多有此句，朱熹《周易本義》云：「『致遠以利天下』，疑衍。」〔註4772〕

諸渙| 音喚。

【疏】所在經文為「蓋取諸渙」。〔註4773〕渙散之渙《廣韻》火貫切，曉換合一去山。《釋文》音同。

〔註4768〕〔魏〕王弼、韓康伯注，〔唐〕孔穎達等正義：《周易正義》，北京：中華書局景印阮刻本，1980年版，第75頁。

〔註4769〕〔宋〕丁度撰：《集韻》，北京：中華書局，景印北京圖書館藏宋刻本，1988年版，第129頁。

〔註4770〕〔梁〕蕭統編，〔唐〕李善注：《文選》（四部精要本第十六冊），上海：上海古籍出版社，景印嘉慶十四年胡克家仿宋淳熙刊本，1992年版，第543頁。

〔註4771〕〔宋〕丁度撰：《集韻》，北京：中華書局，景印北京圖書館藏宋刻本，1988年版，第220頁。

〔註4772〕〔宋〕朱熹撰：《周易本義》（四書五經本），北京：中國書店，據世界書局本景印，1985年版，第65頁。

〔註4773〕〔魏〕王弼、韓康伯注，〔唐〕孔穎達等正義：《周易正義》，北京：中華書局景印阮刻本，1980年版，第75頁。

以利天下，蓋取諸隨| 一本無「以利天下」一句。

【疏】世傳本多有「以利天下」句。

重門| 直龍反。

【疏】所在經文爲「重門擊柝」。〔註 4774〕重門擊柝者，取豫備之義。重者，重複也。重複之重《廣韻》直容切，澄鍾合三平通。《釋文》音同。

柝| 他洛反。馬云：兩木相擊以行夜。《說文》作「欜」。《字林》他各反，同。〔註 4775〕

【疏】柝《廣韻》他各切，透鐸開一入宕。《釋文》音同。馬云「兩木相擊以行夜」者，《左傳・哀公七年》「魯擊柝聞于邾」陸德明《釋文》：「柝，以兩木相擊以行夜也。」〔註 4776〕《說文》作「欜」者，《說文・木部》：「欜，夜行所擊者。从木㯻聲。《易》曰：『重門擊欜。』」〔註 4777〕欜、柝同。徐鍇《繫傳》云：「今《周易》作『柝』，唯《周禮》作此『欜』字。」《字林》他各反者，音同《釋文》首音，但切語用字異耳。

暴客| 白報反。鄭作「虣」。

【疏】所在經文爲「以待暴客」。〔註 4778〕暴《廣韻》二讀，其中殘暴薄報切，並號開一去效。《釋文》音同。鄭作「虣」者，《書・仲虺之誥》「覆昏暴」陸德明《釋文》：「或作『虣』。」〔註 4779〕《爾雅・釋言》「強，暴也」陸德明《釋文》：「字又作『虣』。」〔註 4780〕虣與暴同。《廣韻・号韻》：「虣，

〔註 4774〕〔魏〕王弼、韓康伯注，〔唐〕孔穎達等正義：《周易正義》，北京：中華書局景印阮刻本，1980 年版，第 75 頁。

〔註 4775〕《經典釋文彙校》：「寫本、葉鈔皆無『同』字，宋本有。」見黃焯撰：《經典釋文彙校》，北京：中華書局，1980 年版，第 21 頁。

〔註 4776〕〔唐〕陸德明撰：《經典釋文》，北京：中華書局，景印徐乾學通志堂刻本，1983 年版，第 299 頁。

〔註 4777〕〔漢〕許慎撰：《說文解字》，北京：中華書局，景印同治十二年陳昌治刻本，1963 年版，第 121 頁。

〔註 4778〕〔魏〕王弼、韓康伯注，〔唐〕孔穎達等正義：《周易正義》，北京：中華書局景印阮刻本，1980 年版，第 75 頁。

〔註 4779〕〔唐〕陸德明撰：《經典釋文》，北京：中華書局，景印徐乾學通志堂刻本，1983 年版，第 42 頁。

〔註 4780〕〔唐〕陸德明撰：《經典釋文》，北京：中華書局，景印徐乾學通志堂刻本，1983 年版，第 411 頁。

同暴。」

斷木｜ 丁緩反。又徒緩反。斷，斷絕。

【疏】所在經文爲「斷木爲杵」。〔註 4781〕斷《廣韻》三讀，一爲都管切，端緩合一上山，《釋文》首音同。一爲徒管切，定緩合一上山，《釋文》又音同。一爲丁貫切，端換合一去山。音異而義同，皆斷絕之義也。

為杵｜ 昌呂反。

【疏】杵《廣韻》昌與切，昌語合三上遇。《釋文》音同。

掘地｜ 其月反。又其勿反。

【疏】所在經文爲「掘地爲臼」。〔註 4782〕掘《廣韻》二讀，訓爲掘地，衢物切，羣物合三入臻，《釋文》又音同。訓爲穿其月切，羣月合三入山，《釋文》首音同。按穿、掘義同。

為臼｜ 求酉反。

【疏】臼《廣韻》其九切，羣有開三上流。《釋文》音同。

為弧｜ 音胡。《說文》云：木弓。

【疏】所在經文爲「弦木爲弧」。〔註 4783〕弧《廣韻》戶吳切，匣模合一平遇。《釋文》音同。《說文》云者，《說文・弓部》：「弧，木弓也。」〔註 4784〕

剡木｜ 以冉反。《字林》云：銳也，因冉反。〔註 4785〕

〔註 4781〕〔魏〕王弼、韓康伯注，〔唐〕孔穎達等正義：《周易正義》，北京：中華書局景印阮刻本，1980 年版，第 75 頁。
〔註 4782〕〔魏〕王弼、韓康伯注，〔唐〕孔穎達等正義：《周易正義》，北京：中華書局景印阮刻本，1980 年版，第 75 頁。
〔註 4783〕〔魏〕王弼、韓康伯注，〔唐〕孔穎達等正義：《周易正義》，北京：中華書局景印阮刻本，1980 年版，第 75 頁。
〔註 4784〕〔漢〕許愼撰：《說文解字》，北京：中華書局，景印同治十二年陳昌治刻本，1963 年版，第 269 頁。
〔註 4785〕《經典釋文彙校》：「宋本同。吳曰：《禮記・玉藻》《釋文》引《字林》『因冉反』，《儀禮・聘禮》《釋文》引《字林》作『才冉反，銳也。』《類篇》、《集韻》『剡』字並有『才冉』一切。黃云：『才冉』是。『因冉』蓋當作『囚冉』，从炎聲者，有齒音，如『燮』字是。焯案寫本正作『囚冉』。又《周禮・春官・典瑞》注『射剡，以冉反，或囚冉反』，與此條可互證。見黃焯撰：《經

【疏】所在經文爲「剡木爲矢」。〔註 4786〕剡《廣韻》二讀，訓爲削，音以冉切，以琰開三上咸。《釋文》音同。《字林》云者，《說文・刀部》：「剡，銳利也。」〔註 4787〕《字林》「因冉反」者，當依《彙校》更易爲「囚冉反」，剡《集韻》有習琰切，邪琰開三上咸，《字林》囚冉反音同。

諸睽｜苦圭反。又音圭。

【疏】所在經文爲「蓋取諸睽」。〔註 4788〕參看〈睽〉「睽」條。

則爭｜爭鬭之爭。下同。

【疏】所在注文爲「物乖則爭興」。〔註 4789〕「爭鬭之爭」者，注音兼釋義也。

厚衣｜於既反。

【疏】所在經文爲「古之葬者，厚衣之以薪」。〔註 4790〕衣《廣韻》二讀，衣裳於希切，影微開三平止。衣著於既切，影未開三去止。衣作名詞音平聲，動詞音去聲。《釋文》音同《廣韻》去聲。

喪期｜並如字。

【疏】所在經文爲「喪期无數」。〔註 4791〕並如字者，喪讀如《廣韻》息郎切，期讀如《廣韻》渠之切。

无數｜色具反。

【疏】數《廣韻》三讀，訓作算數時音色句切，生遇合三去遇。訓作計

典釋文彙校》，北京：中華書局，1980 年版，第 21 頁。

〔註 4786〕〔魏〕王弼、韓康伯注，〔唐〕孔穎達等正義：《周易正義》，北京：中華書局景印阮刻本，1980 年版，第 75 頁。

〔註 4787〕〔漢〕許慎撰：《說文解字》，北京：中華書局，景印同治十二年陳昌治刻本，1963 年版，第 91 頁。

〔註 4788〕〔魏〕王弼、韓康伯注，〔唐〕孔穎達等正義：《周易正義》，北京：中華書局景印阮刻本，1980 年版，第 75 頁。

〔註 4789〕〔魏〕王弼、韓康伯注，〔唐〕孔穎達等正義：《周易正義》，北京：中華書局景印阮刻本，1980 年版，第 75 頁。

〔註 4790〕〔魏〕王弼、韓康伯注，〔唐〕孔穎達等正義：《周易正義》，北京：中華書局景印阮刻本，1980 年版，第 75 頁。

〔註 4791〕〔魏〕王弼、韓康伯注，〔唐〕孔穎達等正義：《周易正義》，北京：中華書局景印阮刻本，1980 年版，第 75 頁。

時所矩切，生虞合三上遇。訓作頻數時所角切，生覺開二入江。《釋文》音同《廣韻》去聲。

棺椁| 上音官。下音郭。〔註 4792〕

【疏】所在經文為「後世聖人易之以棺槨」。〔註 4793〕棺《廣韻》二讀，訓為名詞，古丸切，見桓合一平山。訓為動詞，則破讀為去聲古玩切，見換合一去山。《釋文》音同《廣韻》平聲。槨《廣韻》古博切，見鐸合一入宕。《釋文》音同。

而治| 直吏反。下同。

【疏】所在經文為「上古結繩而治」。〔註 4794〕參看〈乾〉「上治」條。

書契| 苦計反。

【疏】所在經文為「後世聖人易之以書契」。〔註 4795〕書契之契《廣韻》苦計切，溪霽開四去蟹。《釋文》音同。

決斷| 都亂反。

【疏】所在注文為「書契所以決斷萬事也」。〔註 4796〕斷《廣韻》三讀，都管切，端緩合一上山。徒管切，定緩合一上山。丁貫切，端換合一去山。音異義同，斷絕也。《釋文》音同《廣韻》丁貫切。

象也者，像也。| 眾本並云：像，擬也。孟、京、虞、董、姚還作「象」。

【疏】所在經文為「象也者，像也。」〔註 4797〕眾本並云「像，擬也」者，

〔註 4792〕《經典釋文彙校》:「嚴云：監本、毛本『椁』作『槨』，不體。《說文》作『𣞟』，漢碑借『郭』字為之，後人合篆隸造為『槨』字。」見黃焯撰：《經典釋文彙校》，北京：中華書局，1980 年版，第 21 頁。

〔註 4793〕〔魏〕王弼、韓康伯注，〔唐〕孔穎達等正義：《周易正義》，北京：中華書局景印阮刻本，1980 年版，第 75 頁。

〔註 4794〕〔魏〕王弼、韓康伯注，〔唐〕孔穎達等正義：《周易正義》，北京：中華書局景印阮刻本，1980 年版，第 75 頁。

〔註 4795〕〔魏〕王弼、韓康伯注，〔唐〕孔穎達等正義：《周易正義》，北京：中華書局景印阮刻本，1980 年版，第 75 頁。

〔註 4796〕〔魏〕王弼、韓康伯注，〔唐〕孔穎達等正義：《周易正義》，北京：中華書局景印阮刻本，1980 年版，第 75 頁。

〔註 4797〕〔魏〕王弼、韓康伯注，〔唐〕孔穎達等正義：《周易正義》，北京：中華書

擬者，效法也。《楚辭・九章・懷沙》「願志之有像」王逸注云：「像，法也。」〔註 4798〕孟、京等作「象」者，李鼎祚《集解》本同。

卦奇｜紀宜反。注同。

【疏】所在經文爲「陽卦奇，陰卦耦。」〔註 4799〕奇耦之奇《廣韻》居宜切，見支開重紐三平止。《釋文》音同。

德行｜下孟反。下同。

【疏】所在經文爲「其德行何也」。〔註 4800〕參看〈乾〉「庸行」條。

畫奇｜音獲。下同。

【疏】所在注文爲「故陽爻畫奇」。〔註 4801〕畫《廣韻》二讀，胡卦切，匣卦合二去蟹。胡麥切，匣麥合二入梗。《釋文》音同《廣韻》入聲。訓爲卦畫。

憧憧｜本又作「憅」。昌容反。

【疏】所在經文爲「憧憧往來」。〔註 4802〕參看〈咸〉「憧憧」條。

以貫｜古亂反。

【疏】所在注文爲「一以貫之」。〔註 4803〕貫《廣韻》二讀，訓作事、穿音古玩切，見換合一去山。訓作穿音古丸切，見桓合一平山。訓爲穿二讀皆可。《釋文》音同《廣韻》去聲。

局景印阮刻本，1980 年版，第 75 頁。

〔註 4798〕〔漢〕王逸撰：《楚辭章句》（叢書集成初編文學類第 1810～1811 冊），上海：商務印書館，據湖北叢書本排印，1939 年版，第 67 頁。

〔註 4799〕〔魏〕王弼、韓康伯注，〔唐〕孔穎達等正義：《周易正義》，北京：中華書局景印阮刻本，1980 年版，第 75 頁。

〔註 4800〕〔魏〕王弼、韓康伯注，〔唐〕孔穎達等正義：《周易正義》，北京：中華書局景印阮刻本，1980 年版，第 75 頁。

〔註 4801〕〔魏〕王弼、韓康伯注，〔唐〕孔穎達等正義：《周易正義》，北京：中華書局景印阮刻本，1980 年版，第 75 頁。

〔註 4802〕〔魏〕王弼、韓康伯注，〔唐〕孔穎達等正義：《周易正義》，北京：中華書局景印阮刻本，1980 年版，第 75 頁。

〔註 4803〕〔魏〕王弼、韓康伯注，〔唐〕孔穎達等正義：《周易正義》，北京：中華書局景印阮刻本，1980 年版，第 75 頁。

屈也｜ 丘勿反。下同。

【疏】所在經文為「往者屈也」。〔註 4804〕屈《廣韻》二讀，屈伸之屈，區勿切，溪物合三入臻。《釋文》音同。

信也｜ 本又作「伸」，同音申。下同。韋昭《漢書音義》云：古「伸」字。

【疏】所在經文為「來者信也」。〔註 4805〕本又作「伸」者，信、伸，古今字也。信讀為屈伸字，《集韻》升人切，書真開三平臻。《釋文》音申同。「韋昭《漢書音義》云：古『伸』字」者，《詩・邶風・擊鼓》「不我信兮」陸德明《釋文》：「信即古伸字也。」〔註 4806〕

尺蠖｜ 紆縛反，蟲名也。徐又烏郭反。

【疏】所在經文為「尺蠖之屈」。蠖《廣韻》烏郭切，影鐸合一入宕。《釋文》引徐氏音同。《集韻》增有王縛切，云藥合三入宕，《釋文》首音紆縛反，影紐藥韻，與之音近。「蟲名也」者，《爾雅・釋蟲》：「蠖，蚇蠖。」《說文・虫部》：「蠖，尺蠖，屈申蟲。」〔註 4807〕宋羅願《爾雅翼・釋蟲一》云：「尺蠖，屈申蟲也。狀如蠶而絕小，行則促其腰，使首尾相就，乃能進步，屈中有伸，故曰屈申。鄭康成謂之屈蟲，郭景純謂之步屈，皆此義。又如人以手度物移後指就前指之狀，古所謂布指知尺者，故謂之尺蠖。」〔註 4808〕

龍虵｜ 本文作「蛇」。同。〔註 4809〕

【疏】所在經文為「龍蛇之蟄」。〔註 4810〕《釋文》經文出虵，虵、蛇，

〔註 4804〕〔魏〕王弼、韓康伯注，〔唐〕孔穎達等正義：《周易正義》，北京：中華書局景印阮刻本，1980 年版，第 75 頁。

〔註 4805〕〔魏〕王弼、韓康伯注，〔唐〕孔穎達等正義：《周易正義》，北京：中華書局景印阮刻本，1980 年版，第 75 頁。

〔註 4806〕〔唐〕陸德明撰：《經典釋文》，北京：中華書局，景印徐乾學通志堂刻本，1983 年版，第 58 頁。

〔註 4807〕〔漢〕許慎撰：《說文解字》，北京：中華書局，景印同治十二年陳昌治刻本，1963 年版，第 279 頁。

〔註 4808〕〔宋〕羅願撰，〔元〕洪焱祖釋：《爾雅翼》（叢書集成初編語文學類第 1145～1148 冊），上海：商務印書館，據學津討原本排印，1939 年版，第 267 頁。

〔註 4809〕《經典釋文彙校》：「寫本同。宋本『虵』、『蛇』二字互易。」見黃焯撰：《經典釋文彙校》，北京：中華書局，1980 年版，第 21 頁。

〔註 4810〕〔魏〕王弼、韓康伯注，〔唐〕孔穎達等正義：《周易正義》，北京：中華書

異體字。

之蟄| **直立反。**

【疏】蟄《廣韻》直立切，澄緝開三入深。《釋文》音同。

全身| **本亦作「存身」。**

【疏】所在經文為「以存身也」。〔註 4811〕《釋文》經文出「全身」，義同。

思慮| **息吏反。**

【疏】所在注文為「若役其思慮」。〔註 4812〕思名詞音去聲。參看〈臨〉「教思」條。

而累| **劣偽反。**

【疏】所在注文為「名彌美而累愈彰矣」。〔註 4813〕參看〈乾〉「之累」條。

蒺| **音疾。**

【疏】所在經文為「據于蒺蔾」。〔註 4814〕參看〈困〉「蒺」條。

蔾| **音梨。**〔註 4815〕

【疏】參看〈困〉「蔾」條。

死其| **「其」亦作「期」。**

【疏】所在經文注疏本為：「死期將至」。〔註 4816〕《周易章句證異・卷

局景印阮刻本，1980 年版，第 75 頁。

〔註 4811〕〔魏〕王弼、韓康伯注，〔唐〕孔穎達等正義：《周易正義》，北京：中華書局景印阮刻本，1980 年版，第 75 頁。

〔註 4812〕〔魏〕王弼、韓康伯注，〔唐〕孔穎達等正義：《周易正義》，北京：中華書局景印阮刻本，1980 年版，第 75 頁。

〔註 4813〕〔魏〕王弼、韓康伯注，〔唐〕孔穎達等正義：《周易正義》，北京：中華書局景印阮刻本，1980 年版，第 75 頁。

〔註 4814〕〔魏〕王弼、韓康伯注，〔唐〕孔穎達等正義：《周易正義》，北京：中華書局景印阮刻本，1980 年版，第 76 頁。

〔註 4815〕《經典釋文彙校》：「宋本作『蔾』。」見黃焯撰：《經典釋文彙校》，北京：中華書局，1980 年版，第 21 頁。

〔註 4816〕〔魏〕王弼、韓康伯注，〔唐〕孔穎達等正義：《周易正義》，北京：中華書局景印阮刻本，1980 年版，第 76 頁。

八》:「『期』李心傳、吳澄、董楷作『其』，呂祖謙作『其』，云：今本作『期』。」〔註4817〕

射｜食亦反。下注同。

【疏】所在經文爲「公用射隼于高墉之上」。〔註4818〕參看〈比〉「則射」條。

隼｜恤允反。

【疏】恤允反，心準合三上臻。參看〈解〉「隼」條。

高墉｜音容。

【疏】參看〈同人〉「其墉」條。

不括｜古活反。結也。

【疏】所在經文爲「動而不括」。〔註4819〕參看〈坤〉「括」條。

結閡｜五代反。

【疏】所在注文爲「則无結閡之患也」。〔註4820〕參看〈蒙〉「閡山」條。

不懲｜直升反。

【疏】所在經文爲「不威不懲」。〔註4821〕參看〈損〉「徵」條。

屨｜俱遇反。

【疏】所在經文爲「履校滅趾」。〔註4822〕屨《廣韻》九遇切，見遇合三

〔註4817〕〔清〕翟均廉撰：《周易章句證異》，臺灣：商務印書館，景印文淵閣四庫全書本第53冊，1983年版，第794頁。
〔註4818〕〔魏〕王弼、韓康伯注，〔唐〕孔穎達等正義：《周易正義》，北京：中華書局景印阮刻本，1980年版，第76頁。
〔註4819〕〔魏〕王弼、韓康伯注，〔唐〕孔穎達等正義：《周易正義》，北京：中華書局景印阮刻本，1980年版，第76頁。
〔註4820〕〔魏〕王弼、韓康伯注，〔唐〕孔穎達等正義：《周易正義》，北京：中華書局景印阮刻本，1980年版，第76頁。
〔註4821〕〔魏〕王弼、韓康伯注，〔唐〕孔穎達等正義：《周易正義》，北京：中華書局景印阮刻本，1980年版，第76頁。
〔註4822〕〔魏〕王弼、韓康伯注，〔唐〕孔穎達等正義：《周易正義》，北京：中華書局景印阮刻本，1980年版，第76頁。

去遇。《釋文》音同。

校|　胡孝反。下同。

【疏】胡孝反，匣效開二去效。參看〈噬嗑〉「校」條。

滅止|　本亦作「趾」。〔註 4823〕

【疏】所在經文注疏本爲：「屨校滅趾」。〔註 4824〕參看〈噬嗑〉「滅止」條。

弗去|　羌呂反。

【疏】所在經文爲「以小惡爲无傷，而弗去也」。〔註 4825〕參看〈蒙〉「擊去」條。

何校|　河可反。又音河。

【疏】所在經文爲「何校滅耳」。〔註 4826〕參看〈噬嗑〉「何校」條。

其治|　直吏反。下同。

【疏】所在經文爲「亂者，有其治者也」。〔註 4827〕參看〈乾〉「上治」條。

知小|　音智。

【疏】所在經文爲「知小而謀大」。〔註 4828〕知、智，古今字。

〔註 4823〕《經典釋文彙校》：「宋本同。葉鈔『止』、『趾』二字互易，十行本、閩監本同。」見黃焯撰：《經典釋文彙校》，北京：中華書局，1980 年版，第 21～22 頁。

〔註 4824〕〔魏〕王弼、韓康伯注，〔唐〕孔穎達等正義：《周易正義》，北京：中華書局景印阮刻本，1980 年版，第 76 頁。

〔註 4825〕〔魏〕王弼、韓康伯注，〔唐〕孔穎達等正義：《周易正義》，北京：中華書局景印阮刻本，1980 年版，第 76 頁。

〔註 4826〕〔魏〕王弼、韓康伯注，〔唐〕孔穎達等正義：《周易正義》，北京：中華書局景印阮刻本，1980 年版，第 76 頁。

〔註 4827〕〔魏〕王弼、韓康伯注，〔唐〕孔穎達等正義：《周易正義》，北京：中華書局景印阮刻本，1980 年版，第 76 頁。

〔註 4828〕〔魏〕王弼、韓康伯注，〔唐〕孔穎達等正義：《周易正義》，北京：中華書局景印阮刻本，1980 年版，第 76 頁。

尟不|　本亦作「鮮」。仙善反。少也。

【疏】所在經文注疏本爲：「鮮不及矣」。〔註 4829〕參看〈乾〉「尟克」條。

折足|　之設反。

【疏】所在經文爲「鼎折足」。〔註 4830〕折《廣韻》三讀，折斷之折旨熱切，章薛開三入山。《釋文》音同。

覆公|　芳六反。

【疏】所在經文爲「覆公餗」。〔註 4831〕覆《廣韻》四讀，訓爲反覆、敗、倒、審，音芳福切，敷屋合三入通。訓爲伏兵，音扶富切，奉宥開三去流。訓爲蓋，音敷救切，敷宥開三去流。訓爲反，音匹北切，滂德開一入曾。《釋文》音同《廣韻》芳福切，訓爲傾覆。

餗|　音速。馬作「粥」。

【疏】餗《廣韻》桑谷切，心屋合一入通。《釋文》音同。馬作「粥」者，音近義通。參看〈鼎〉「餗」條。

形渥|　於角反。

【疏】所在經文爲「其形渥」。〔註 4832〕參看〈鼎〉「形渥」條。

不勝|　音升。

【疏】所在經文爲「言不勝其任也」。〔註 4833〕參看〈離〉「不勝」條。

而上|　時掌反。

〔註 4829〕〔魏〕王弼、韓康伯注，〔唐〕孔穎達等正義：《周易正義》，北京：中華書局景印阮刻本，1980 年版，第 76 頁。

〔註 4830〕〔魏〕王弼、韓康伯注，〔唐〕孔穎達等正義：《周易正義》，北京：中華書局景印阮刻本，1980 年版，第 76 頁。

〔註 4831〕〔魏〕王弼、韓康伯注，〔唐〕孔穎達等正義：《周易正義》，北京：中華書局景印阮刻本，1980 年版，第 76 頁。

〔註 4832〕〔魏〕王弼、韓康伯注，〔唐〕孔穎達等正義：《周易正義》，北京：中華書局景印阮刻本，1980 年版，第 76 頁。

〔註 4833〕〔魏〕王弼、韓康伯注，〔唐〕孔穎達等正義：《周易正義》，北京：中華書局景印阮刻本，1980 年版，第 76 頁。

【疏】所在注文爲「形而上者況之道」。〔註 4834〕參看〈乾〉「上下」條。

未離｜力智反。

【疏】所在注文爲「未離乎諂也」。〔註 4835〕參看〈乾〉「離隱」條。

先見｜賢遍反。

【疏】所在經文爲「吉之先見者也」。〔註 4836〕參看〈乾〉「見龍」條。

介于｜徐音戒。衆家作「介」。徐云：王廣古黠反。〔註 4837〕

【疏】所在經文爲「介于石」。〔註 4838〕介《廣韻》古拜切，見怪開二去蟹。《釋文》徐音戒音同。按衆家作「介」當依寫本改作「砎」。徐云「王廣古黠反」者，砎《廣韻》三讀，訓作硬者音古拜切，見怪開二去蟹。訓作礣砎、小石者音古黠切，見黠開二入山。訓作礣砎、硬者音胡瞎切，匣鎋開二入山。王音與古黠切同。參看〈豫〉「介于」條。

斷可｜丁亂反。注同。〔註 4839〕

【疏】所在經文爲「斷可識矣」。〔註 4840〕參看〈蒙〉「能斷」條。

復行｜扶又反。注「復行」同。

〔註 4834〕〔魏〕王弼、韓康伯注，〔唐〕孔穎達等正義：《周易正義》，北京：中華書局景印阮刻本，1980 年版，第 76 頁。

〔註 4835〕〔魏〕王弼、韓康伯注，〔唐〕孔穎達等正義：《周易正義》，北京：中華書局景印阮刻本，1980 年版，第 76 頁。

〔註 4836〕〔魏〕王弼、韓康伯注，〔唐〕孔穎達等正義：《周易正義》，北京：中華書局景印阮刻本，1980 年版，第 76 頁。

〔註 4837〕《經典釋文彙校》：「『衆家作介』，宋本同。寫本注文『介』作『砎』。葉鈔、雅雨本同。」見黃焯撰：《經典釋文彙校》，北京：中華書局，1980 年版，第 22 頁。

〔註 4838〕〔魏〕王弼、韓康伯注，〔唐〕孔穎達等正義：《周易正義》，北京：中華書局景印阮刻本，1980 年版，第 76 頁。

〔註 4839〕《經典釋文彙校》：「盧云：注不見有『斷』字。官本遂刪去『注同』二字。竊疑注中『定之於始』，陸所見必是『斷之於始』，故云『注同』，未便遽刪。焯案寫本無『注同』二字，惟寫本刪節者多，未可據以爲斷也。」見黃焯撰：《經典釋文彙校》，北京：中華書局，1980 年版，第 22 頁。

〔註 4840〕〔魏〕王弼、韓康伯注，〔唐〕孔穎達等正義：《周易正義》，北京：中華書局景印阮刻本，1980 年版，第 76 頁。

【疏】所在經文爲「知之未嘗復行也」。〔註4841〕參看〈蒙〉「則復」條。

造形｜ 七報反。

【疏】所在經文爲「不遠復」。〔註4842〕七報反，清號開一去效。參看〈乾〉「大人造」條。

之分｜ 符問反。

【疏】所在注文爲「顏子之分也」。〔註4843〕分作分際、限度解時《廣韻》扶問切，奉問合三去臻。《釋文》音同。

无祇｜ 韓音祁支反。注同。王廙、輔嗣音支。

【疏】所在經文爲「无祇悔」。〔註4844〕參看〈復〉「无祇」條。

舍凶｜ 音捨。

【疏】所在注文爲「舍凶之吉」。〔註4845〕舍、捨，古今字。參看〈屯〉「如舍」條。

絪｜ 本又作「氤」。同音因。

【疏】所在經文爲「天地絪緼」。〔註4846〕本又作「氤」者，《白虎通・嫁娶》引《易》:「天地氤氳，萬物化淳。」〔註4847〕按，氤氳、絪緼，音義同。絪、氤《廣韻》於眞切，影眞開重紐四平臻。《釋文》音同。

〔註4841〕〔魏〕王弼、韓康伯注，〔唐〕孔穎達等正義:《周易正義》，北京:中華書局景印阮刻本，1980年版，第76頁。

〔註4842〕〔魏〕王弼、韓康伯注，〔唐〕孔穎達等正義:《周易正義》，北京:中華書局景印阮刻本，1980年版，第76頁。

〔註4843〕〔魏〕王弼、韓康伯注，〔唐〕孔穎達等正義:《周易正義》，北京:中華書局景印阮刻本，1980年版，第76頁。

〔註4844〕〔魏〕王弼、韓康伯注，〔唐〕孔穎達等正義:《周易正義》，北京:中華書局景印阮刻本，1980年版，第76頁。

〔註4845〕〔魏〕王弼、韓康伯注，〔唐〕孔穎達等正義:《周易正義》，北京:中華書局景印阮刻本，1980年版，第76頁。

〔註4846〕〔魏〕王弼、韓康伯注，〔唐〕孔穎達等正義:《周易正義》，北京:中華書局景印阮刻本，1980年版，第76頁。

〔註4847〕〔漢〕班固撰，〔清〕陳立疏證:《白虎通疏證》(續四庫子部雜家類第1124冊)，上海:上海古籍出版社，景印光緒元年春淮南書局刊本，2002年版，第339頁。

緼｜本又作「氳」。紆云反。

【疏】絪緼之緼通氳，氳《廣韻》於云切，影文合三平臻。《釋文》音同。

化醇｜音淳。〔註 4848〕

【疏】所在經文爲「萬物化醇」。〔註 4849〕醇《廣韻》常倫切，禪諄合三平臻。《釋文》音同。

易其｜以豉反。

【疏】所在經文爲「易其心而後語」。〔註 4850〕參看〈屯〉「以易」條。

不迕｜五路反。字亦作「忤」。

【疏】所在注文爲「則眾之所不迕也」。〔註 4851〕迕《廣韻》五故切，疑暮合一去遇。《釋文》音同。字亦作「忤」者，迕之異體字也。皆訓爲忤逆。《玄應音義・卷四》「邪忤」注云：「忤，古文啎、遻、迕三形，今作忤同。」〔註 4852〕

其易之門邪｜本又作「門戶邪」。

【疏】所在經文爲「乾坤，其易之門邪？」〔註 4853〕《周易章句證異・卷八》：「顏之推《家訓》引作『門戶』。」〔註 4854〕

〔註 4848〕《經典釋文彙校》：「寫本同。宋本『淳』誤『享』。盧本作『湻』。」見黃焯撰：《經典釋文彙校》，北京：中華書局，1980 年版，第 22 頁。又案：毛居正《六經正誤》云：「『淳』作『亨』誤。《毛詩》『行葦』注：『有醇，音淳』是。」〔宋〕毛居正撰：《六經正誤》，揚州：江蘇廣陵古籍刻印社，景印通志堂經解本第十六冊，1996 年版，第 571 頁。

〔註 4849〕〔魏〕王弼、韓康伯注，〔唐〕孔穎達等正義：《周易正義》，北京：中華書局景印阮刻本，1980 年版，第 76 頁。

〔註 4850〕〔魏〕王弼、韓康伯注，〔唐〕孔穎達等正義：《周易正義》，北京：中華書局景印阮刻本，1980 年版，第 76 頁。

〔註 4851〕〔魏〕王弼、韓康伯注，〔唐〕孔穎達等正義：《周易正義》，北京：中華書局景印阮刻本，1980 年版，第 77 頁。

〔註 4852〕〔唐〕釋玄應撰：《一切經音義》（續四庫經部小學類第 198 冊），上海：上海古籍出版社，景印道光乙巳鐫海山仙館叢書本，2002 年版，第 47 頁。

〔註 4853〕〔魏〕王弼、韓康伯注，〔唐〕孔穎達等正義：《周易正義》，北京：中華書局景印阮刻本，1980 年版，第 77 頁。

〔註 4854〕〔清〕翟均廉撰：《周易章句證異》，臺灣：商務印書館，景印文淵閣四庫全

之撰｜ 仕勉反。下章同。數也。《廣雅》云：定也。王肅士眷反。

【疏】所在經文爲「以體天地之撰」。〔註 4855〕撰《廣韻》二讀，雛鯇切，崇潸合二上山。士免切，崇獮合三上山。《釋文》首音同《廣韻》士免切。「數也」者，韓康伯注云：「撰，數也。」〔註 4856〕又《周易略例・明象》「故雜物撰德」邢璹注云：「撰，數也。」〔註 4857〕《廣雅》云「定也」者，見《廣雅・釋詁四》。訓爲定者，如《楚辭・九歌・東君》「撰余轡兮高駝翔」洪興祖《補注》云：「撰，定也。」〔註 4858〕王肅士眷反，崇線合三去山。《集韻》有雛戀切，音同王肅。

數也｜ 色柱反。〔註 4859〕

【疏】所在注文爲「撰，數也。」〔註 4860〕數《廣韻》三讀，訓作算數時音色句切，生遇合三去遇。訓作計時所矩切，生麌合三上遇。訓作頻數時所角切，生覺開二入江。《釋文》音同《廣韻》上聲，則陸氏讀數爲動詞也。按，依文義，當讀去聲爲是。

爻繇｜ 直救反。下同。服虔云：抽也，抽出吉凶也。韋昭云：由也，吉凶所由而出也。〔註 4861〕

【疏】所在注文爲「況爻繇之辭也」。〔註 4862〕繇《廣韻》三讀，訓爲於、

書本第 53 冊，1983 年版，第 797 頁。

〔註 4855〕〔魏〕王弼、韓康伯注，〔唐〕孔穎達等正義：《周易正義》，北京：中華書局景印阮刻本，1980 年版，第 77 頁。

〔註 4856〕〔魏〕王弼、韓康伯注，〔唐〕孔穎達等正義：《周易正義》，北京：中華書局景印阮刻本，1980 年版，第 77 頁。

〔註 4857〕〔晉〕王弼著，〔唐〕邢璹註，〔明〕范欽訂：《周易略例》，嘉靖四年范氏天一閣刊本，卷一，第 3 頁。

〔註 4858〕〔宋〕洪興祖撰：《楚辭補注》（叢書集成初編文學類第 1812～1816 冊），上海：商務印書館，據惜陰軒叢書本排印，1939 年版，第 59 頁。

〔註 4859〕《經典釋文彙校》：「宋本同。寫本『柱』作『主』。」見黃焯撰：《經典釋文彙校》，北京：中華書局，1980 年版，第 22 頁。

〔註 4860〕〔魏〕王弼、韓康伯注，〔唐〕孔穎達等正義：《周易正義》，北京：中華書局景印阮刻本，1980 年版，第 77 頁。

〔註 4861〕《經典釋文彙校》：「盧云：『繇』神廟本作『繇』，譌，字書無此字。焯案宋本从『系』之字往往作『糸』。」見黃焯撰：《經典釋文彙校》，北京：中華書局，1980 年版，第 21 頁。

〔註 4862〕〔魏〕王弼、韓康伯注，〔唐〕孔穎達等正義：《周易正義》，北京：中華書局景印阮刻本，1980 年版，第 77 頁。

由、喜，餘昭切，以宵開三平效。訓爲猶，以周切，以尤開三平流。訓爲卦兆辭，直祐切，澄宥開三去流。《釋文》音同《廣韻》去聲。服虔、韋昭云者，音訓也。《史記・孝文本紀》「大橫庚庚」司馬貞《索隱》引荀悅云：「繇，抽也，所以抽出吉凶之情也。」〔註4863〕其義與服虔同。《爾雅・釋水》「繇膝以下爲揭」陸德明《釋文》：「繇，古由字。」〔註4864〕古繇、由相通，故韋昭以由訓之。

於稽｜古兮反，考也。

【疏】所在經文爲「於稽其類」。〔註4865〕稽考之稽《廣韻》古奚切，見齊開四平蟹。《釋文》音同。「考也」者，《廣雅・釋言》：「稽，考也。」〔註4866〕韓注同。

闡幽｜昌善反，明也。

【疏】所在經文爲「而微顯闡幽」。〔註4867〕闡《廣韻》昌善切，昌獮開三上山。《釋文》音同。「明也」者，《玉篇・門部》：「闡，明也。」〔註4868〕韓注同。

辯物｜如字。徐扶勉反，別也。

【疏】所在經文爲「辨物正言」。〔註4869〕參看〈乾〉「以辯」條。

斷辭｜丁亂反。注同。

〔註4863〕〔漢〕司馬遷撰：《史記》（四部備要本），上海：中華書局，據武英殿本校刊，1936年版，第163頁。

〔註4864〕〔唐〕陸德明撰：《經典釋文》，北京：中華書局，景印徐乾學通志堂刻本，1983年版，第423頁。

〔註4865〕〔魏〕王弼、韓康伯注，〔唐〕孔穎達等正義：《周易正義》，北京：中華書局景印阮刻本，1980年版，第77頁。

〔註4866〕〔清〕王念孫撰：《廣雅疏證》，北京：中華書局，景印嘉慶年間王氏家刻本，1983年版，第142頁。

〔註4867〕〔魏〕王弼、韓康伯注，〔唐〕孔穎達等正義：《周易正義》，北京：中華書局景印阮刻本，1980年版，第77頁。

〔註4868〕〔梁〕顧野王撰：《宋本玉篇》，北京：中國書店，景印張氏澤存堂本，1983年版，第213～214頁。

〔註4869〕〔魏〕王弼、韓康伯注，〔唐〕孔穎達等正義：《周易正義》，北京：中華書局景印阮刻本，1980年版，第77頁。

【疏】所在經文爲「斷辭則備矣」。〔註 4870〕參看〈蒙〉「能斷」條。

辭文｜如字。一音問。

【疏】所在經文爲「其旨遠，其辭文」。〔註 4871〕如字者，讀如《廣韻》無分切，微文合三平臻。一音問者，音同文運切，微問合三去臻。訓爲文飾，義亦通。

而中｜丁仲反。注同。〔註 4872〕

【疏】所在經文爲「其言曲而中」。〔註 4873〕中《廣韻》二讀，訓爲適，陟仲切，知送合三去通。《釋文》端紐。與《廣韻》類隔，於古則皆舌頭音也。

因貳｜音二。鄭云：當為弍。

【疏】所在經文爲「因貳以濟民行」。〔註 4874〕貳《廣韻》而至切，日至開三去止。《釋文》音同。「鄭云：當爲弍」者，「弍」爲「二」之古文。《說文・貝部》：「貳，副、益也。从貝弍聲。弍，古文二。」〔註 4875〕鄭玄云「當爲弍」者，蓋言「貳」本作「弍」，「貳」爲「弍」之增益也。又《集解》引虞本作「二」。〔註 4876〕

民行｜下孟反。注同。

【疏】所在注文爲「因失得以通濟民行」。〔註 4877〕參看〈乾〉「庸行」條。

〔註 4870〕〔魏〕王弼、韓康伯注，〔唐〕孔穎達等正義：《周易正義》，北京：中華書局景印阮刻本，1980 年版，第 77 頁。

〔註 4871〕〔魏〕王弼、韓康伯注，〔唐〕孔穎達等正義：《周易正義》，北京：中華書局景印阮刻本，1980 年版，第 77 頁。

〔註 4872〕《經典釋文彙校》：「寫本、宋本同。盧云：錢本、神廟本作『之仲反』。」見黃焯撰：《經典釋文彙校》，北京：中華書局，1980 年版，第 22 頁。

〔註 4873〕〔魏〕王弼、韓康伯注，〔唐〕孔穎達等正義：《周易正義》，北京：中華書局景印阮刻本，1980 年版，第 77 頁。

〔註 4874〕〔魏〕王弼、韓康伯注，〔唐〕孔穎達等正義：《周易正義》，北京：中華書局景印阮刻本，1980 年版，第 77 頁。

〔註 4875〕〔漢〕許慎撰：《說文解字》，北京：中華書局，景印同治十二年陳昌治刻本，1963 年版，第 130 頁。

〔註 4876〕〔唐〕李鼎祚撰：《周易集解》，北京：中國書店，景印嘉慶三年姑蘇喜墨齋張遇堯局鐫本，1987 年版，卷十六，第 2 頁。

〔註 4877〕〔魏〕王弼、韓康伯注，〔唐〕孔穎達等正義：《周易正義》，北京：中華書局景印阮刻本，1980 年版，第 77 頁。

所蹈｜ 徒報反。

【疏】所在注文爲「基，所蹈也。」〔註 4878〕蹈《廣韻》徒到切，定號開一去效。《釋文》音同。

之柄｜ 兵病反。

【疏】所在經文爲「謙，德之柄也。」〔註 4879〕柄《廣韻》陂病切，幫映開三去梗。《釋文》音同。

之脩｜ 如字。鄭云：治也。馬作「循」。

【疏】所在經文爲「損，德之脩也。」〔註 4880〕「如字」者，辨字形也。鄭云「治也」者，《易・井・象傳》「修井也」李鼎祚《集解》引虞翻曰：「修，治也。」〔註 4881〕馬作「循」者，形近之譌也。

之辯｜ 如字。王肅卜免反。

【疏】所在經文爲「困，德之辨也。」〔註 4882〕《釋文》出辯，集解本同。如字者，明字形作「辯」也。辯《廣韻》符蹇切，並獮開重紐三上山，王肅音同。

不厭｜ 於豔反。注同。

【疏】所在經文爲「恒，雜而不厭。」〔註 4883〕參看〈大畜〉「厭而」條。

後易｜ 以豉反。注同。

【疏】所在經文爲「損，先難而後易。」〔註 4884〕參看〈屯〉「以易」條。

〔註 4878〕〔魏〕王弼、韓康伯注，〔唐〕孔穎達等正義：《周易正義》，北京：中華書局景印阮刻本，1980 年版，第 77 頁。

〔註 4879〕〔魏〕王弼、韓康伯注，〔唐〕孔穎達等正義：《周易正義》，北京：中華書局景印阮刻本，1980 年版，第 77 頁。

〔註 4880〕〔魏〕王弼、韓康伯注，〔唐〕孔穎達等正義：《周易正義》，北京：中華書局景印阮刻本，1980 年版，第 77 頁。

〔註 4881〕〔唐〕李鼎祚撰：《周易集解》，北京：中國書店，景印嘉慶三年姑蘇喜墨齋張遇堯局鐫本，1987 年版，卷十，第 3 頁。

〔註 4882〕〔魏〕王弼、韓康伯注，〔唐〕孔穎達等正義：《周易正義》，北京：中華書局景印阮刻本，1980 年版，第 77 頁。

〔註 4883〕〔魏〕王弼、韓康伯注，〔唐〕孔穎達等正義：《周易正義》，北京：中華書局景印阮刻本，1980 年版，第 77 頁。

〔註 4884〕〔魏〕王弼、韓康伯注，〔唐〕孔穎達等正義：《周易正義》，北京：中華書

長裕| 丁丈反。注同。

【疏】所在經文爲「益，長裕而不設。」〔註 4885〕參看〈師〉「長子」條。長，訓爲長養。

其施| 始豉反。下同。

【疏】所在注文爲「而能遷其施也」。〔註 4886〕參看〈乾〉「德施」條。

巽稱| 尺證反。又尺升反。

【疏】所在經文爲「巽，稱而隱。」〔註 4887〕稱《廣韻》二讀，一爲處陵切，昌蒸開三平曾。一爲昌孕切，昌證開三去曾。二讀音義之別，《羣經音辨・卷六》:「稱，舉也，尺烝切。舉事得宜曰稱，尺證切。」〔註 4888〕動詞平聲，名詞去聲。此處二讀皆可。韓康伯注云:「稱揚命令。」〔註 4889〕則讀稱爲平聲也。

和行| 下孟反。

【疏】所在經文爲「履以和行」。〔註 4890〕參看〈乾〉「庸行」條。

以遠| 于万反。注同。〔註 4891〕

【疏】所在經文爲「損以遠害」。〔註 4892〕參看〈乾〉「放遠」條。

局景印阮刻本，1980 年版，第 77 頁。

〔註 4885〕〔魏〕王弼、韓康伯注，〔唐〕孔穎達等正義:《周易正義》，北京：中華書局景印阮刻本，1980 年版，第 77 頁。

〔註 4886〕〔魏〕王弼、韓康伯注，〔唐〕孔穎達等正義:《周易正義》，北京：中華書局景印阮刻本，1980 年版，第 77 頁。

〔註 4887〕〔魏〕王弼、韓康伯注，〔唐〕孔穎達等正義:《周易正義》，北京：中華書局景印阮刻本，1980 年版，第 77 頁。

〔註 4888〕〔宋〕賈昌朝撰:《羣經音辨》(叢書集成初編語文學類第 1208 冊)，上海：商務印書館，景印畿輔叢書本，1939 年版，第 144 頁。

〔註 4889〕〔魏〕王弼、韓康伯注，〔唐〕孔穎達等正義:《周易正義》，北京：中華書局景印阮刻本，1980 年版，第 77 頁。

〔註 4890〕〔魏〕王弼、韓康伯注，〔唐〕孔穎達等正義:《周易正義》，北京：中華書局景印阮刻本，1980 年版，第 77 頁。

〔註 4891〕《經典釋文彙校》:「寫本『于』作『袁』。」見黃焯撰:《經典釋文彙校》，北京：中華書局，1980 年版，第 22 頁。

〔註 4892〕〔魏〕王弼、韓康伯注，〔唐〕孔穎達等正義:《周易正義》，北京：中華書局景印阮刻本，1980 年版，第 77 頁。

不濫｜力暫反。

【疏】所在注文爲「困而不濫」。〔註 4893〕汎濫《廣韻》盧瞰切，來闞開一去咸。《釋文》音同。

可遠｜馬、王肅、韓袁万反。注皆同。師讀如字。

【疏】所在經文爲「《易》之爲書也不可遠」。〔註 4894〕遠《廣韻》二讀：訓爲遙遠雲阮切，云阮合三上山；訓爲離于愿切，云願合三去山。馬、王、韓皆讀去聲，訓爲遠離。師讀「如字」者，九師讀爲上聲也，非。

上下｜時掌反。章末同。

【疏】所在經文爲「上下无常」。〔註 4895〕參看〈乾〉「上下」條。

趣舍｜音捨。

【疏】所在注文爲「趣舍存乎會也」。〔註 4896〕參看〈屯〉「如舍」條。

處昧｜音妹。

【疏】所在注文爲「明夷以處昧利貞」。〔註 4897〕昧《廣韻》莫佩切，明隊合一去蟹。《釋文》音同。

而揆｜葵癸反。度也。

【疏】所在經文爲「初率其辭，而揆其方」。〔註 4898〕參看〈屯〉「不揆」條。「度也」者，《爾雅・釋言》：「揆，度也。」〔註 4899〕

〔註 4893〕〔魏〕王弼、韓康伯注，〔唐〕孔穎達等正義：《周易正義》，北京：中華書局景印阮刻本，1980 年版，第 77 頁。

〔註 4894〕〔魏〕王弼、韓康伯注，〔唐〕孔穎達等正義：《周易正義》，北京：中華書局景印阮刻本，1980 年版，第 77 頁。

〔註 4895〕〔魏〕王弼、韓康伯注，〔唐〕孔穎達等正義：《周易正義》，北京：中華書局景印阮刻本，1980 年版，第 77 頁。

〔註 4896〕〔魏〕王弼、韓康伯注，〔唐〕孔穎達等正義：《周易正義》，北京：中華書局景印阮刻本，1980 年版，第 78 頁。

〔註 4897〕〔魏〕王弼、韓康伯注，〔唐〕孔穎達等正義：《周易正義》，北京：中華書局景印阮刻本，1980 年版，第 78 頁。

〔註 4898〕〔魏〕王弼、韓康伯注，〔唐〕孔穎達等正義：《周易正義》，北京：中華書局景印阮刻本，1980 年版，第 78 頁。

〔註 4899〕〔晉〕郭璞注，〔宋〕邢昺疏：《爾雅注疏》，北京：中華書局景印阮刻本，1980 年版，第 17 頁。

其方｜ 馬云：方，道。

【疏】馬云「方，道」者，《易・恒》「君子以立不易方」孔穎達疏云：「方，猶道也。」〔註 4900〕《易・繫辭上》「方以類聚」李鼎祚《集解》引《九家易》云：「方，道也。」〔註 4901〕

能循｜ 似倫反。

【疏】所在注文爲「能循其辭以度其義」。〔註 4902〕循《廣韻》詳遵切，邪諄合三平臻。《釋文》音同。

以度｜ 待洛反。

【疏】度《廣韻》二讀，揆度之度《廣韻》徒落切，定鐸開一入宕。《釋文》音同。

以要｜ 一遙反。下文「要終」同。〔註 4903〕

【疏】所在注文爲「原其初以要其終」。〔註 4904〕要《廣韻》二讀，要結之要於霄切，影宵開重紐四平效。《釋文》音同。

其要｜ 於妙反。

【疏】所在注文爲「存其要也」。〔註 4905〕要《廣韻》二讀，典要之要於笑切，影笑開重紐四去效。《釋文》音同。

易知｜ 以豉反。〔註 4906〕

〔註 4900〕〔魏〕王弼、韓康伯注，〔唐〕孔穎達等正義：《周易正義》，北京：中華書局景印阮刻本，1980 年版，第 35 頁。
〔註 4901〕〔唐〕李鼎祚撰：《周易集解》，北京：中國書店，景印嘉慶三年姑蘇喜墨齋張遇堯局鐫本，1987 年版，卷十三，第 1 頁。
〔註 4902〕〔魏〕王弼、韓康伯注，〔唐〕孔穎達等正義：《周易正義》，北京：中華書局景印阮刻本，1980 年版，第 78 頁。
〔註 4903〕《經典釋文彙校》：「盧本『終』誤『中』。」見黃焯撰：《經典釋文彙校》，北京：中華書局，1980 年版，第 22 頁。
〔註 4904〕〔魏〕王弼、韓康伯注，〔唐〕孔穎達等正義：《周易正義》，北京：中華書局景印阮刻本，1980 年版，第 78 頁。
〔註 4905〕〔魏〕王弼、韓康伯注，〔唐〕孔穎達等正義：《周易正義》，北京：中華書局景印阮刻本，1980 年版，第 78 頁。
〔註 4906〕《經典釋文彙校》：「寫本『以豉反』下有『注同』二字，宜據增。」見黃焯撰：《經典釋文彙校》，北京：中華書局，1980 年版，第 22 頁。

【疏】所在經文為「其上易知」。〔註 4907〕參看〈屯〉「以易」條。

撰德｜ 鄭作「算」，云：數也。

【疏】所在經文為「若夫雜物撰德」。〔註 4908〕鄭作「算」者，撰、算音近相通也。《周禮・夏官・大司馬》「羣吏撰車徒」鄭玄注：「撰，讀曰算。算車徒，謂數擇之也。」〔註 4909〕按「撰」又作「篹」，從算得聲，故二字古通。

噫｜ 於其反。王肅於力反。辭也。馬同。

【疏】所在經文為「噫亦要存亡吉凶」。〔註 4910〕噫《廣韻》二讀，訓為恨聲於其切，影之開三平止。噫氣烏界切，影怪開二去蟹。《釋文》首音音同《廣韻》平聲。《集解》引崔憬曰：「噫，歎聲也。」〔註 4911〕王肅於力反，音同《集韵》乙力切，影職開三入曾，則王肅讀噫為抑，王引之《經傳釋詞・卷三》云：「『噫亦』即『抑亦』也。」〔註 4912〕噫為語辭，表轉折。

亦要｜ 一妙反，絕句。又一遙反，則句至「吉凶」。

【疏】所在經文為「噫亦要存亡吉凶」。〔註 4913〕「一妙反，絕句」者，蓋讀要為典要也。「又一遙反，則句至『吉凶』」者，訓要為要結也。眾家多至「吉凶」絕句。

則居｜ 馬如字，處也。師音同。鄭、王肅音基，辭。〔註 4914〕

〔註 4907〕〔魏〕王弼、韓康伯注，〔唐〕孔穎達等正義：《周易正義》，北京：中華書局景印阮刻本，1980 年版，第 78 頁。

〔註 4908〕〔魏〕王弼、韓康伯注，〔唐〕孔穎達等正義：《周易正義》，北京：中華書局景印阮刻本，1980 年版，第 78 頁。

〔註 4909〕〔漢〕鄭玄注，〔唐〕賈公彥疏：《周禮注疏》，北京：中華書局景印阮刻本，1980 年版，第 198 頁。

〔註 4910〕〔魏〕王弼、韓康伯注，〔唐〕孔穎達等正義：《周易正義》，北京：中華書局景印阮刻本，1980 年版，第 78 頁。

〔註 4911〕〔唐〕李鼎祚撰：《周易集解》，北京：中國書店，景印嘉慶三年姑蘇喜墨齋張遇堯局鐫本，1987 年版，卷十六，第 6 頁。

〔註 4912〕〔清〕王引之撰：《經傳釋詞》（續四庫經部小學類第 195 冊），上海：上海古籍出版社，景印嘉慶二十四年刻本，2002 年版，第 561 頁。

〔註 4913〕〔魏〕王弼、韓康伯注，〔唐〕孔穎達等正義：《周易正義》，北京：中華書局景印阮刻本，1980 年版，第 78 頁。

〔註 4914〕《經典釋文彙校》：「宋本、閩監本、雅雨本同。寫本『辭』上有『云』字。

【疏】所在經文為「則居可知矣」。〔註 4915〕居《廣韻》二讀，居處九魚切，見魚合三平遇。居諸居之切，見之開三平止。馬「如字」者，讀如《廣韻》九魚切，訓為處。《玉篇・尸部》：「居，處也。」〔註 4916〕鄭、王肅音基者，與《廣韻》居之切同，訓為語辭，猶其也。《詩・小雅・菀柳》「居以凶矜」陳奐《傳疏》：「居，猶其也，語詞。」〔註 4917〕《詩・小雅・巧言》「爾居徒幾何」陳奐《傳疏》：「居，讀為其，語助詞。」〔註 4918〕

知者｜音智。

【疏】所在經文為「知者觀其彖辭」。〔註 4919〕知、智，古今字。

彖辭｜吐貫反。馬云：彖辭，卦辭也。鄭云：爻辭也。周同。王肅云：彖，舉象之要也。師說：通謂爻卦之辭也。一云即夫子彖辭。〔註 4920〕

【疏】彖《廣韻》通貫切，透換合一去山。《釋文》音同。馬云「彖辭，卦辭也」者，孔穎達疏云：「彖辭，謂文王卦下之辭。」〔註 4921〕又《左傳・昭公二年》「見《易・象》與《魯春秋》」孔穎達疏云：「故先代大儒鄭眾、賈逵等或以為卦下之彖辭，文王所作。」〔註 4922〕《易・繫辭下》「爻彖以情言」李鼎祚《集解》引崔憬曰：「彖謂卦下辭。」〔註 4923〕此皆以卦辭為彖辭者也。

王肅蓋讀『居』為《檀弓》『曰何居』之『居』，而以為助辭也。盧氏不解所謂，遽刪『辭』字，謬甚。」見黃焯撰：《經典釋文彙校》，北京：中華書局，1980 年版，第 22 頁。

〔註 4915〕〔魏〕王弼、韓康伯注，〔唐〕孔穎達等正義：《周易正義》，北京：中華書局景印阮刻本，1980 年版，第 78 頁。

〔註 4916〕〔梁〕顧野王撰：《宋本玉篇》，北京：中國書店，景印張氏澤存堂本，1983 年版，第 214 頁。

〔註 4917〕〔清〕陳奐撰：《詩毛氏傳疏》（續四庫經部詩類第 70 冊），上海：上海古籍出版社，景印道光二十七年陳氏掃葉山莊刻本，第 298 頁。

〔註 4918〕〔清〕陳奐撰：《詩毛氏傳疏》（續四庫經部詩類第 70 冊），上海：上海古籍出版社，景印道光二十七年陳氏掃葉山莊刻本，第 257 頁。

〔註 4919〕〔魏〕王弼、韓康伯注，〔唐〕孔穎達等正義：《周易正義》，北京：中華書局景印阮刻本，1980 年版，第 78 頁。

〔註 4920〕《經典釋文彙校》：「『一云即夫子彖辭』，段依葉鈔校，云作『本』，恐誤。」見黃焯撰：《經典釋文彙校》，北京：中華書局，1980 年版，第 22 頁。

〔註 4921〕〔魏〕王弼、韓康伯注，〔唐〕孔穎達等正義：《周易正義》，北京：中華書局景印阮刻本，1980 年版，第 78 頁。

〔註 4922〕〔晉〕杜預注，〔唐〕孔穎達等正義：《春秋左傳正義》，北京：中華書局景印阮刻本，1980 年版，第 327 頁。

〔註 4923〕〔唐〕李鼎祚撰：《周易集解》，北京：中國書店，景印嘉慶三年姑蘇喜墨齋

鄭云「爻辭也」者，爻辭世傳亦為文王所作，或云周公所作。「周同」者，周宏正同於鄭玄也。王肅云「彖，舉象之要也」者，《易・繫辭上》：「彖者，言乎象者也。」〔註 4924〕故云舉象之要。師說「通謂爻卦之辭也」者，總言彖辭為卦爻辭。一云「即夫子彖辭」者，以彖辭為彖傳。《左傳・昭公二年》「吾乃今知周公之德」杜預注「易象、春秋文王周公之制」孔穎達疏：「孔子述卦下揔辭謂之為彖。」〔註 4925〕是以夫子彖傳為彖辭也。按，《易・乾・彖傳》「彖曰：大哉乾元」孔穎達疏引褚氏、莊氏云：「彖，斷也，斷定一卦之義，所以名為彖也。」〔註 4926〕卦辭、爻辭、乃至夫子彖傳，皆斷定易義之作也，故諸家「彖辭」名義各異，無足怪者。

則思｜息吏反。

【疏】所在經文為「則思過半矣」。〔註 4927〕參看〈臨〉「教思」條。

貫之｜古亂反。

【疏】所在注文為「而一以貫之」。〔註 4928〕參看〈剝〉「貫魚」條。

轉近｜附近之近。下章「以近」同。

【疏】所在注文為「則轉近乎道」。〔註 4929〕參看〈乾〉「近乎」條。

而上｜時掌反。

【疏】所在注文為「形而上者」。〔註 4930〕參看〈乾〉「上下」條。

張遇堯局鐫本，1987 年版，卷十六，第 8 頁。

〔註 4924〕〔魏〕王弼、韓康伯注，〔唐〕孔穎達等正義：《周易正義》，北京：中華書局景印阮刻本，1980 年版，第 65 頁。

〔註 4925〕〔晉〕杜預注，〔唐〕孔穎達等正義：《春秋左傳正義》，北京：中華書局景印阮刻本，1980 年版，第 327 頁。

〔註 4926〕〔魏〕王弼、韓康伯注，〔唐〕孔穎達等正義：《周易正義》，北京：中華書局景印阮刻本，1980 年版，第 2 頁。

〔註 4927〕〔魏〕王弼、韓康伯注，〔唐〕孔穎達等正義：《周易正義》，北京：中華書局景印阮刻本，1980 年版，第 78 頁。

〔註 4928〕〔魏〕王弼、韓康伯注，〔唐〕孔穎達等正義：《周易正義》，北京：中華書局景印阮刻本，1980 年版，第 78 頁。

〔註 4929〕〔魏〕王弼、韓康伯注，〔唐〕孔穎達等正義：《周易正義》，北京：中華書局景印阮刻本，1980 年版，第 78 頁。

〔註 4930〕〔魏〕王弼、韓康伯注，〔唐〕孔穎達等正義：《周易正義》，北京：中華書局景印阮刻本，1980 年版，第 78 頁。

須援｜ 于眷反。

【疏】所在注文為「須援而濟」。〔註4931〕參看〈屯〉「應援」條。

剛勝｜ 升證反。一音升。

【疏】所在經文為「其剛勝邪？」〔註4932〕參看〈離〉「不勝」條。

勝其｜ 音升。

【疏】所在注文為「勝其任也」。〔註4933〕參看〈離〉「不勝」條。

閑邪｜ 似嗟反。

【疏】所在注文為「閑邪存誠」。〔註4934〕參看〈乾〉「邪」條。

其當｜ 如字。下「當文王」同。

【疏】所在經文為「其當殷之末世、周之盛德邪」。〔註4935〕當，值也。參看〈乾〉「而當」條。

紂｜ 直又反。

【疏】所在經文為「當文王與紂之事邪」。〔註4936〕紂《廣韻》除柳切，澄有開三上流。《釋文》澄宥開三去流。

蒙難｜ 乃旦反。

【疏】所在注文為「文王以盛德蒙難而能亨其道」。〔註4937〕參看〈乾〉

〔註4931〕〔魏〕王弼、韓康伯注，〔唐〕孔穎達等正義：《周易正義》，北京：中華書局景印阮刻本，1980年版，第78頁。

〔註4932〕〔魏〕王弼、韓康伯注，〔唐〕孔穎達等正義：《周易正義》，北京：中華書局景印阮刻本，1980年版，第78頁。

〔註4933〕〔魏〕王弼、韓康伯注，〔唐〕孔穎達等正義：《周易正義》，北京：中華書局景印阮刻本，1980年版，第78頁。

〔註4934〕〔魏〕王弼、韓康伯注，〔唐〕孔穎達等正義：《周易正義》，北京：中華書局景印阮刻本，1980年版，第78頁。

〔註4935〕〔魏〕王弼、韓康伯注，〔唐〕孔穎達等正義：《周易正義》，北京：中華書局景印阮刻本，1980年版，第78頁。

〔註4936〕〔魏〕王弼、韓康伯注，〔唐〕孔穎達等正義：《周易正義》，北京：中華書局景印阮刻本，1980年版，第78頁。

〔註4937〕〔魏〕王弼、韓康伯注，〔唐〕孔穎達等正義：《周易正義》，北京：中華書局景印阮刻本，1980年版，第78頁。

「而難」條。

能亨｜許庚反。

【疏】參看〈乾〉「元亨」條。參看〈大有〉「用亨」條。

易者｜以豉反。注同。

【疏】所在經文爲「易者使傾」。〔註 4938〕參看〈屯〉「以易」條。

其治｜直吏反。

【疏】所在注文爲「有其治者亂」。〔註 4939〕參看〈乾〉「上治」條。

德行｜下孟反。下「德行」同。

【疏】所在經文爲「德行恒易以知險」。〔註 4940〕參看〈乾〉「庸行」條。

易以｜以豉反。下注「險易」同。

【疏】參看〈屯〉「以易」條。

知阻｜莊呂反。

【疏】所在經文爲「德行恒簡以知阻」。〔註 4941〕阻隔之阻《廣韻》側呂切，莊語合三上遇。《釋文》音同。

能說｜音悅。注同。

【疏】所在注文爲「能說萬物之心」。〔註 4942〕說、悅，古今字。

亹亹｜亡偉反。鄭云：汲汲也。王肅云：勉也。〔註 4943〕

〔註 4938〕〔魏〕王弼、韓康伯注，〔唐〕孔穎達等正義：《周易正義》，北京：中華書局景印阮刻本，1980 年版，第 78 頁。
〔註 4939〕〔魏〕王弼、韓康伯注，〔唐〕孔穎達等正義：《周易正義》，北京：中華書局景印阮刻本，1980 年版，第 78 頁。
〔註 4940〕〔魏〕王弼、韓康伯注，〔唐〕孔穎達等正義：《周易正義》，北京：中華書局景印阮刻本，1980 年版，第 78 頁。
〔註 4941〕〔魏〕王弼、韓康伯注，〔唐〕孔穎達等正義：《周易正義》，北京：中華書局景印阮刻本，1980 年版，第 79 頁。
〔註 4942〕〔魏〕王弼、韓康伯注，〔唐〕孔穎達等正義：《周易正義》，北京：中華書局景印阮刻本，1980 年版，第 79 頁。
〔註 4943〕《經典釋文彙校》：「宋本、葉鈔、朱鈔『汲汲』作『沒沒』，十行本、閩監

【疏】所在經文爲「成天下之亹亹者」。〔註 4944〕亹《廣韻》二讀，訓爲浩亹者，音莫奔切，明魂合一平臻。訓爲美、勉者，音無匪切，微尾合三上止。《釋文》音同《廣韻》上聲。鄭云「汲汲也」者，「汲汲」爲「沒沒」之譌。亹亹、沒沒一聲之轉，黽勉之謂也。《詩・大雅・文王》「亹亹文王」馬瑞辰《傳箋通釋》:「亹亹、娓娓、勉勉、明明、沒沒、勿勿、穆穆、忞忞，皆以聲近互轉，當以忞忞爲正。」〔註 4945〕按《說文・心部》:「忞，彊也。从心文聲。《周書》曰:『在受德忞。』讀若旻。」〔註 4946〕馬氏以「忞忞」爲本字，可從。王肅云「勉也」者，《爾雅・釋詁上》:「亹亹，勉也。」〔註 4947〕

役思| 息吏反。

【疏】所在注文爲「不役思慮」。〔註 4948〕參看〈臨〉「教思」條。

探| 吐南反。

【疏】所在注文爲「不勞探討」。〔註 4949〕探《廣韻》他含切，透覃開一平咸。《釋文》音同。

射| 食亦反。

【疏】此條疑衍。

不厭| 於豔反。

【疏】所在注文爲「樂推而不厭也」。〔註 4950〕參看〈大畜〉「厭而」條。

木同。阮云:作『沒沒』是也。」見黃焯撰:《經典釋文彙校》，北京:中華書局，1980 年版，第 22 頁。

〔註 4944〕〔魏〕王弼、韓康伯注，〔唐〕孔穎達等正義:《周易正義》，北京:中華書局景印阮刻本，1980 年版，第 79 頁。

〔註 4945〕〔清〕馬瑞辰撰:《毛詩傳箋通釋》(四部備要本)，上海:中華書局，據南菁書院續經解本校刊，1936 年版，第 261 頁。

〔註 4946〕〔漢〕許慎撰:《說文解字》，北京:中華書局，景印同治十二年陳昌治刻本，1963 年版，第 219 頁。

〔註 4947〕〔晉〕郭璞注，〔宋〕邢昺疏:《爾雅注疏》，北京:中華書局景印阮刻本，1980 年版，第 4 頁。

〔註 4948〕〔魏〕王弼、韓康伯注，〔唐〕孔穎達等正義:《周易正義》，北京:中華書局景印阮刻本，1980 年版，第 79 頁。

〔註 4949〕〔魏〕王弼、韓康伯注，〔唐〕孔穎達等正義:《周易正義》，北京:中華書局景印阮刻本，1980 年版，第 79 頁。

〔註 4950〕〔魏〕王弼、韓康伯注，〔唐〕孔穎達等正義:《周易正義》，北京:中華書

以盡｜津忍反。下同。

【疏】所在注文爲「以盡利也」。〔註 4951〕參看〈乾〉「故盡」條。

愛惡｜烏路反。注同。鄭烏洛反。

【疏】所在經文爲「是故愛惡相攻而吉凶生」。〔註 4952〕參看〈蒙〉「所惡」條。當讀如《釋文》首音，鄭音蓋誤。

泯然｜亡忍反。

【疏】所在注文爲「泯然同順」。〔註 4953〕泯《廣韻》二讀，武盡切，明軫開重紐四上臻。彌鄰切，明眞開重紐四平臻。於滅沒之義，二讀皆可。《釋文》亡忍反，微軫開重紐四上臻。古同《廣韻》武盡切。

比爻｜毗志反。

【疏】所在注文爲「近，況比爻也。」〔註 4954〕參看〈比〉「比」條。

辭枝｜音支。

【疏】所在經文爲「中心疑者其辭枝」。〔註 4955〕枝《廣韻》章移切，章支開三平止。《釋文》音同。

誣善｜音無。

【疏】所在經文爲「誣善之人其辭游」。〔註 4956〕誣《廣韻》武夫切，微虞合三平遇。《釋文》音同。

局景印阮刻本，1980 年版，第 79 頁。

〔註 4951〕〔魏〕王弼、韓康伯注，〔唐〕孔穎達等正義：《周易正義》，北京：中華書局景印阮刻本，1980 年版，第 79 頁。

〔註 4952〕〔魏〕王弼、韓康伯注，〔唐〕孔穎達等正義：《周易正義》，北京：中華書局景印阮刻本，1980 年版，第 79 頁。

〔註 4953〕〔魏〕王弼、韓康伯注，〔唐〕孔穎達等正義：《周易正義》，北京：中華書局景印阮刻本，1980 年版，第 79 頁。

〔註 4954〕〔魏〕王弼、韓康伯注，〔唐〕孔穎達等正義：《周易正義》，北京：中華書局景印阮刻本，1980 年版，第 79 頁。

〔註 4955〕〔魏〕王弼、韓康伯注，〔唐〕孔穎達等正義：《周易正義》，北京：中華書局景印阮刻本，1980 年版，第 79 頁。

〔註 4956〕〔魏〕王弼、韓康伯注，〔唐〕孔穎達等正義：《周易正義》，北京：中華書局景印阮刻本，1980 年版，第 79 頁。

周易說卦第九

幽贊｜ 本或作「讚」，子旦反。幽，深也。贊，明也。

【疏】所在經文爲「幽贊于神明而生著」。〔註 4957〕本或作「讚」者，《方言・卷十三》「讚，解也」錢繹《箋疏》：「〈說卦傳〉：『幽贊於神明而生蓍』。《孔龢碑》『贊』作『讚』。」〔註 4958〕又《文選・史岑〈出師頌〉》「人神攸贊」舊校云：「五臣本『贊』作『讚』。」〔註 4959〕此皆贊、讚異文之證也。贊《廣韻》則旰切，精翰開一去山，《釋文》音同。「幽，深也」者，《爾雅・釋言》：「幽，深也。」〔註 4960〕「贊，明也」者，《書・臯陶謨》「贊贊襄哉」孔穎達疏引鄭玄云：「贊，明也。」〔註 4961〕又《小爾雅・廣詁》：「讚，明也。」〔註 4962〕是以贊、讚義通。

著｜ 音尸。《說文》云：蒿屬。生千歲，三百莖，《易》以為數。天子九尺，諸侯七尺，大夫五尺，士三尺。《毛詩草木疏》云：「似藾蕭，青色，科生。《鴻範五行傳》云：蓍百年，一本生百莖。《論衡》云：七十歲生一莖，七百歲生十莖，神靈之物，故生遲也。《史記》云：生滿百莖者，其下必有神龜守之，其上常有雲氣覆之。《淮南子》云：上有叢蓍，下有伏龜。〔註 4963〕

【疏】《說文》云者，與今本畧異。大徐本《說文・艸部》：「蓍，蒿屬。

〔註 4957〕〔魏〕王弼、韓康伯注，〔唐〕孔穎達等正義：《周易正義》，北京：中華書局景印阮刻本，1980 年版，第 81 頁。

〔註 4958〕〔晉〕郭璞注，〔清〕錢繹箋疏：《方言箋疏》（漢小學四種本），成都：巴蜀書社，景印光緒庚寅年紅蝠山房校刻本，2001 年版，第 1417 頁。

〔註 4959〕〔梁〕蕭統編，〔唐〕李善、呂延濟、劉良、張銑、呂向、李周翰注：《六臣注文選》，北京：中華書局，景印涵芬樓藏宋刊本，1987 年版，第 886 頁。

〔註 4960〕〔晉〕郭璞注，〔宋〕邢昺疏：《爾雅注疏》，北京：中華書局景印阮刻本，1980 年版，第 18 頁。

〔註 4961〕〔漢〕孔安國傳，〔唐〕孔穎達等正義：《尚書正義》，北京：中華書局景印阮刻本，1980 年版，第 27 頁。

〔註 4962〕〔清〕宋翔鳳撰：《小爾雅訓纂》（續四庫經部小學類第 189 冊），上海：上海古籍出版社，景印嘉慶年間浮溪精舍叢書本，2002 年版，第 484 頁。

〔註 4963〕《經典釋文彙校》：「『著百年一本生百莖』、『論衡云』、『七百歲生十莖』，寫本『百年』下添注『生一莖』三字，宜據增。『十莖』『莖』字宋本、葉鈔、朱鈔皆缺。」見黃焯撰：《經典釋文彙校》，北京：中華書局，1980 年版，第 22 頁。

生十歲，百莖。《易》以爲數。天子蓍九尺，諸侯七尺，大夫五尺，士三尺。」〔註 4964〕大徐作「生十歲百莖」而《釋文》引作「生千歲三百莖。」《說文解字詁林・艸部》與《釋文》引同，彼注云：「《五音韻譜》、《繫傳》及《玉篇》、《廣韻》、《集韻》、《類篇》、《會易》、〈說卦釋文〉引竝同。宋本作『生十歲百莖』，非。」〔註 4965〕故大徐本當依《釋文》改之。《毛詩草木疏》云者，未見今本《毛詩草木鳥獸蟲魚疏》。《鴻範五行傳》云者，《藝文類聚・卷八十二》引《洪範五行志》曰：「蓍之言爲耆也，百年，一本生百莖，此草木之壽，亦知吉凶者，聖人以問鬼神。」〔註 4966〕又《文選・張衡〈思玄賦〉》「文君爲我端蓍」舊注引劉向曰：「蓍百年，而一本生百莖。」義與《洪範五行志》同，《經典釋文彙校》云「百年」下宜據寫本增「生一莖」者，蓋非。《論衡》云者，與今本微異，《論衡・狀留篇》：「蓍生七十歲生一莖，七百歲生十莖，神靈之物也，故生遲。」〔註 4967〕《史記》云者，《史記・龜策列傳》褚少孫補云：「聞蓍生滿百莖者，其下必有神龜守之，其上常有青雲覆之。」〔註 4968〕《淮南子》云者，見《淮南子・說山訓》。

如嚮｜ 香兩反。本又作「響」。

【疏】所在注文爲「蓍受命如嚮」。〔註 4969〕阮元《校勘記》：「閩監、毛本同、岳本、宋本、古本、足利本『嚮』作『響』，《釋文》『嚮』本又作『響』。」〔註 4970〕參看〈繫辭上〉「如嚮」條。

參｜ 七南反。又如字，音三。

〔註 4964〕〔漢〕許慎撰：《說文解字》，北京：中華書局，景印同治十二年陳昌治刻本，1963 年版，第 20 頁。

〔註 4965〕丁福保編：《說文解字詁林》，北京：中華書局景印，1988 年版，第 1655 頁。

〔註 4966〕〔唐〕歐陽詢撰：《藝文類聚》，上海：上海古籍出版社，1982 年版，第 1410 頁。

〔註 4967〕〔漢〕王充撰：《論衡》，上海：上海書店，景印諸子集成本，1986 年版，第 138 頁。

〔註 4968〕〔漢〕司馬遷撰：《史記》（四部備要本），上海：中華書局，據武英殿本校刊，1936 年版，第 1156 頁。

〔註 4969〕〔魏〕王弼、韓康伯注，〔唐〕孔穎達等正義：《周易正義》，北京：中華書局景印阮刻本，1980 年版，第 81 頁。

〔註 4970〕〔魏〕王弼、韓康伯注，〔唐〕孔穎達等正義：《周易正義》，北京：中華書局景印阮刻本，1980 年版，第 84 頁。

【疏】所在經文爲「參天兩地而倚數」。〔註 4971〕參《廣韻》四讀，參星，所今切，生侵開三平深。參承，倉含切，清覃開一平咸。同三，蘇甘切，心談開一平咸。參鼓，七紺切，清勘開一去咸。《釋文》音同《廣韻》倉含切，訓爲三數之也。「又如字，音三」者，讀如《廣韻》蘇甘切，與三同。

天| 或作「夫」者，非。〔註 4972〕

【疏】宋本「夫」作「大」者，亦非。

而倚| 於綺反。馬云：依也。王肅其綺反，云：立也。虞同。蜀才作「奇」，通。

【疏】倚《廣韻》二讀，訓爲依倚，於綺切，影紙開重紐三上止。訓爲侍、因、加，於義切，影寘開重紐三去止。《釋文》首音音同《廣韻》上聲。馬云「依也」者，《說文・人部》：「倚，依也。」〔註 4973〕王肅其綺反，羣紙開重紐三上止，《集韻》據增巨綺切。云「立也」者，《廣雅・釋詁四》：「倚，立也。」〔註 4974〕虞同者，《集解》引虞翻同。孔穎達《正義》訓亦同。由此觀之，於綺、其綺二音別義。《羣經音辨・卷三》云：「倚，依也，於綺切。倚，立也，其綺切，《易》『參天兩地而倚數』。」〔註 4975〕此蓋因《釋文》而採錄也。「蜀才作『奇』，通」者，蜀才本「倚」作「奇」，奇與倚通。《易經異文釋・卷六》云：「『參天兩地而倚數』，《周禮・媒氏》注引作『奇數』。」〔註 4976〕又云：「《漢書・外戚傳》：『欲倚兩女』。《史記》作『奇』。」〔註 4977〕按，蜀才假奇爲倚也。

〔註 4971〕〔魏〕王弼、韓康伯注，〔唐〕孔穎達等正義：《周易正義》，北京：中華書局景印阮刻本，1980 年版，第 81 頁。

〔註 4972〕《經典釋文彙校》：「宋本『夫』作『大』。」見黃焯撰：《經典釋文彙校》，北京：中華書局，1980 年版，第 22 頁。

〔註 4973〕〔漢〕許愼撰：《說文解字》，北京：中華書局，景印同治十二年陳昌治刻本，1963 年版，第 164 頁。

〔註 4974〕〔清〕王念孫撰：《廣雅疏證》，北京：中華書局，景印嘉慶年間王氏家刻本，1983 年版，第 120 頁。

〔註 4975〕〔宋〕賈昌朝撰：《羣經音辨》（叢書集成初編語文學類第 1208 冊），上海：商務印書館，景印畿輔叢書本，1939 年版，第 71 頁。

〔註 4976〕〔清〕李富孫撰：《易經異文釋》（續四庫經部易類第 27 冊），上海：上海古籍出版社，景印南菁書院續經解本，2002 年版，第 709 頁。

〔註 4977〕〔清〕李富孫撰：《易經異文釋》（續四庫經部易類第 27 冊），上海：上海古籍出版社，景印南菁書院續經解本，2002 年版，第 709 頁。

數| 色具反。

【疏】數《廣韻》三讀，訓作算數時音色句切，生遇合三去遇。訓作計時所矩切，生麌合三上遇。訓作頻數時所角切，生覺開二入江。《釋文》音同《廣韻》去聲。

參奇| 紀宜反。

【疏】所在注文爲「參，奇也。兩，耦也。」〔註 4978〕奇耦之奇《廣韻》居宜切，見支重紐三平止。《釋文》音同。

觀變| 一本作「觀變化」。

【疏】所在經文爲「觀變於陰陽而立卦」。〔註 4979〕一本作「觀變化」者，義亦通。

發揮| 音輝。鄭云：揚也。王廙、韓云：散也。

【疏】所在經文爲「發揮於剛柔而生爻」。〔註 4980〕揮《廣韻》許歸切，曉微合三平止。《釋文》音同。鄭云「揚也」者，《說文・手部》:「揮，奮也。」〔註 4981〕《廣韻・問韻》:「奮，揚也。」王廙、韓云「散也」者，《易・乾・文言》「六爻發揮」《釋文》引王肅云：「揮，散也。」〔註 4982〕韓康伯注云：「剛柔發散。」〔註 4983〕亦訓揮爲散也。

盡性| 津忍反。

【疏】所在經文爲「窮理盡性」。〔註 4984〕參看〈乾〉「故盡」條。

〔註 4978〕〔魏〕王弼、韓康伯注，〔唐〕孔穎達等正義：《周易正義》，北京：中華書局景印阮刻本，1980 年版，第 81 頁。

〔註 4979〕〔魏〕王弼、韓康伯注，〔唐〕孔穎達等正義：《周易正義》，北京：中華書局景印阮刻本，1980 年版，第 81 頁。

〔註 4980〕〔魏〕王弼、韓康伯注，〔唐〕孔穎達等正義：《周易正義》，北京：中華書局景印阮刻本，1980 年版，第 81 頁。

〔註 4981〕〔漢〕許慎撰：《說文解字》，北京：中華書局，景印同治十二年陳昌治刻本，1963 年版，第 255 頁。

〔註 4982〕〔唐〕陸德明撰：《經典釋文》，北京：中華書局，景印徐乾學通志堂刻本，1983 年版，第 19 頁。

〔註 4983〕〔魏〕王弼、韓康伯注，〔唐〕孔穎達等正義：《周易正義》，北京：中華書局景印阮刻本，1980 年版，第 81 頁。

〔註 4984〕〔魏〕王弼、韓康伯注，〔唐〕孔穎達等正義：《周易正義》，北京：中華書

要其｜ 一遙反。

【疏】所在注文爲「要其終也」。〔註 4985〕參看〈繫辭〉「以要」條。

迭用｜ 田節反。

【疏】所在經文爲「迭用柔剛」。〔註 4986〕迭《廣韻》徒結切，定屑開四入山。《釋文》音同。

六位而成章｜ 本又作「六畫」。

【疏】所在經文爲「故易六位而成章」。〔註 4987〕

相薄｜ 旁各反。陸云：相附薄也。馬、鄭、顧云：薄，入也。

【疏】所在經文爲「雷風相薄」。〔註 4988〕薄《廣韻》傍各切，並鐸開一入宕。《釋文》音同。陸云「相附薄也」者，《文選・謝靈運〈過始寧墅〉》「拙疾相倚薄」李善注引韓康伯《周易注》云：「薄，謂相附也。」〔註 4989〕按，李善注引韓注未見今本《周易正義》，疑爲「雷風相薄」下之挩文。其義與陸氏同。馬、鄭、顧云「薄，入也」者，《易・說卦》「言陰陽相薄也」李鼎祚《集解》引虞翻曰：「薄，入也。」〔註 4990〕

相射｜ 食亦反。虞、陸、董、姚、王肅音亦，云：厭也。

【疏】所在經文爲「水火不相射」。〔註 4991〕射《廣韻》四讀，作僕射讀

局景印阮刻本，1980 年版，第 81 頁。

〔註 4985〕〔魏〕王弼、韓康伯注，〔唐〕孔穎達等正義：《周易正義》，北京：中華書局景印阮刻本，1980 年版，第 81 頁。

〔註 4986〕〔魏〕王弼、韓康伯注，〔唐〕孔穎達等正義：《周易正義》，北京：中華書局景印阮刻本，1980 年版，第 82 頁。

〔註 4987〕〔魏〕王弼、韓康伯注，〔唐〕孔穎達等正義：《周易正義》，北京：中華書局景印阮刻本，1980 年版，第 82 頁。

〔註 4988〕〔魏〕王弼、韓康伯注，〔唐〕孔穎達等正義：《周易正義》，北京：中華書局景印阮刻本，1980 年版，第 82 頁。

〔註 4989〕〔梁〕蕭統編，〔唐〕李善注：《文選》（四部精要本第十六冊），上海：上海古籍出版社，景印嘉慶十四年胡克家仿宋淳熙刊本，1992 年版，第 599 頁。

〔註 4990〕〔唐〕李鼎祚撰：《周易集解》，北京：中國書店，景印嘉慶三年姑蘇喜墨齋張遇堯局鐫本，1987 年版，卷十七，第 3 頁。

〔註 4991〕〔魏〕王弼、韓康伯注，〔唐〕孔穎達等正義：《周易正義》，北京：中華書局景印阮刻本，1980 年版，第 82 頁。

時音羊謝切，以禡開三去假；作無射讀時音羊益切，以昔開三入梗；作射弓讀時音神夜切，船禡開三去假；作逢蒙作射讀時音食亦切，船昔開三入梗。逢蒙，古之善射者也。《釋文》首音音同《廣韻》食亦切，《正義》曰：「水火不相入而相資。」〔註 4992〕此蓋訓射爲入也。虞、陸等音亦，音同《廣韻》羊益切。云「厭也」者，《爾雅・釋詁下》云：「射，厭也。」〔註 4993〕又《易・井》「井谷射鮒」《釋文》引鄭、王肅云：「射，厭也。」〔註 4994〕

數往| 色具反。又色主反。

【疏】所在經文爲「數往者順」。〔註 4995〕數《廣韻》三讀，訓作算數時音色句切，生遇合三去遇。訓作計時所矩切，生麌合三上遇。訓作頻數時所角切，生覺開二入江。《釋文》首音音同《廣韻》色句切。又色主反音同《廣韻》所矩切。數色句、所矩二切之別在於，前者爲名詞，後者爲動詞。此處二讀，可見「數往者順」之訓釋，各家有所不同。依韓注，此處讀爲上聲。

而數| 色主反。下文同。

【疏】所在注文爲「於來則逆而數之」。〔註 4996〕參看上條。

晅| 況晚反。京云：乾也。本又作「晫」，徐古鄧反。又一音香元反。〔註 4997〕

【疏】所在經文爲「日以烜之」。〔註 4998〕《釋文》出晅，與从火之烜，

〔註 4992〕〔魏〕王弼、韓康伯注，〔唐〕孔穎達等正義：《周易正義》，北京：中華書局景印阮刻本，1980 年版，第 82 頁。

〔註 4993〕〔晉〕郭璞注，〔宋〕邢昺疏：《爾雅注疏》，北京：中華書局景印阮刻本，1980 年版，第 9 頁。

〔註 4994〕〔唐〕陸德明撰：《經典釋文》，北京：中華書局，景印徐乾學通志堂刻本，1983 年版，第 28 頁。

〔註 4995〕〔魏〕王弼、韓康伯注，〔唐〕孔穎達等正義：《周易正義》，北京：中華書局景印阮刻本，1980 年版，第 82 頁。

〔註 4996〕〔魏〕王弼、韓康伯注，〔唐〕孔穎達等正義：《周易正義》，北京：中華書局景印阮刻本，1980 年版，第 82 頁。

〔註 4997〕《經典釋文彙校》：「寫本『晅』作『烜』，監本、雅雨本同。嚴云：石經、元本『烜』作『晅』，《說文》又『烜』無『晅』。『晫』盧本改作『暅』，是也。」見黃焯撰：《經典釋文彙校》，北京：中華書局，1980 年版，第 22 頁。

〔註 4998〕〔魏〕王弼、韓康伯注，〔唐〕孔穎達等正義：《周易正義》，北京：中華書局景印阮刻本，1980 年版，第 82 頁。

當是異體字。烜《廣韻》二讀，訓爲光明，況晚切，曉阮合三上山。訓爲燬，許委切，曉紙合重紐三上止。《釋文》首音音同《廣韻》況晚切。京云「乾也」者，孔疏云：「烜，乾也。」〔註 4999〕又《書・洪範》「曰雨、曰暘」孔穎達疏：「烜，乾也。」〔註 5000〕本又作「晅」者，晅《集韻》有居鄧切，見嶝開一去曾，《釋文》引徐音同。吳檢齋《經籍舊音辨證》按云：「《說文》字作『煖』，《樂記》『煖之以日月』《釋文》云：『徐許袁反，沈況遠反。』音與此同。徐音『古鄧反』者，據又一本字，從亙聲。」〔註 5001〕《廣雅・釋詁二》：「晅，曝也。」〔註 5002〕《玉篇・日部》：「晅，乾燥也。」〔註 5003〕晅訓同烜。又一音香元反，曉元合三平山，晅《集韻》有許元切，音同，訓爲日氣，此處蓋引申爲曝曬也。

以說｜音悅。後皆同。

【疏】所在經文爲「兌以說之」。〔註 5004〕說、悅，古今字。

嚮明｜許亮反。

【疏】所在經文爲「嚮明而治」。〔註 5005〕嚮《廣韻》二讀，與向同時，音許亮切，曉漾開三去宕。而兩階之間謂之嚮，音許兩切，曉養開三上宕。《釋文》音同《廣韻》去聲。

而治｜直吏反。

【疏】參看〈乾〉「上治」條。

〔註 4999〕〔魏〕王弼、韓康伯注，〔唐〕孔穎達等正義：《周易正義》，北京：中華書局景印阮刻本，1980 年版，第 82 頁。

〔註 5000〕〔魏〕王弼、韓康伯注，〔唐〕孔穎達等正義：《周易正義》，北京：中華書局景印阮刻本，1980 年版，第 82 頁。

〔註 5001〕吳承仕撰：《經籍舊音序錄、經籍舊音辨證》，北京：中華書局，1986 年版，第 83 頁。

〔註 5002〕〔清〕王念孫撰：《廣雅疏證》，北京：中華書局，景印嘉慶年間王氏家刻本，1983 年版，第 47 頁。

〔註 5003〕〔梁〕顧野王撰：《宋本玉篇》，北京：中國書店，景印張氏澤存堂本，1983 年版，第 374 頁。

〔註 5004〕〔魏〕王弼、韓康伯注，〔唐〕孔穎達等正義：《周易正義》，北京：中華書局景印阮刻本，1980 年版，第 82 頁。

〔註 5005〕〔魏〕王弼、韓康伯注，〔唐〕孔穎達等正義：《周易正義》，北京：中華書局景印阮刻本，1980 年版，第 82 頁。

妙萬物｜如字。王肅作「眇」，音妙。董云：眇，成也。〔註 5006〕

【疏】所在經文爲「神也者，妙萬物而爲言者也。」〔註 5007〕「如字」者，辨字形作「妙」也。王肅作「眇」者，《古易音訓》引晁說之曰：「眇，古文妙字。」〔註 5008〕《札樸・覽古》：「古妙字皆作眇。」〔註 5009〕又《周易述・易微言》：「《淮南・覽冥》曰：夫物類之相感玄妙深微。案：妙，古文眇。」〔註 5010〕音妙者，讀眇爲妙也。董云「眇，成也」者，《集韻・笑韻》云：「眇，成也。」〔註 5011〕

橈｜徐乃飽反。王肅乃教反。又呼勞反。

【疏】所在經文爲「橈萬物者」。〔註 5012〕橈《廣韻》二讀，訓作舟楫，音如招切，日宵開三平效。訓作木曲，音奴教切，泥效開二去效。《釋文》引徐音乃飽反，泥巧開二上效，《集韻》增女巧切，娘紐，泥娘古音同。王肅乃教反，音同《廣韻》奴教切。又呼勞反者，蓋因撓之音而誤作橈之音也，撓《廣韻》有呼毛切，曉豪開一平效，正與《釋文》呼勞反音同。

熯｜王肅云：呼但反，火氣也。徐本作「暵」，音漢，云：熱暵也。《說文》同。〔註 5013〕

〔註 5006〕《經典釋文彙校》：「嚴云：『妙』，《楚辭》、《漢書》通作『眇』，毛本《周易》誤作『玅』。《說文・弦部》玅，急戾也，誼別。黃云：妙散之義由眇小引申，或『妙』爲『媌』之別字。」見黃焯撰：《經典釋文彙校》，北京：中華書局，1980 年版，第 22 頁。

〔註 5007〕〔魏〕王弼、韓康伯注，〔唐〕孔穎達等正義：《周易正義》，北京：中華書局景印阮刻本，1980 年版，第 82 頁。

〔註 5008〕〔宋〕呂祖謙撰，〔清〕宋咸熙輯：《古易音訓》（續四庫經部易類第 2 冊），上海：上海古籍出版社，景印清嘉慶七年刻本，2002 年版，第 49 頁。

〔註 5009〕〔清〕桂馥撰：《札樸》（續四庫子部雜家類第 1156 冊），上海：上海古籍出版社，景印清嘉慶十八年李宏小李山房刻本，2002 年版，第 88 頁。

〔註 5010〕〔清〕惠棟撰：《周易述》（四部備要本），上海：中華書局，據學海堂經解本校刊，1936 年版，第 156 頁。

〔註 5011〕〔宋〕丁度撰：《集韻》，北京：中華書局，景印北京圖書館藏宋刻本，1988 年版，第 166 頁。

〔註 5012〕〔魏〕王弼、韓康伯注，〔唐〕孔穎達等正義：《周易正義》，北京：中華書局景印阮刻本，1980 年版，第 82 頁。

〔註 5013〕《經典釋文彙校》：「寫本、宋本同。盧云：錢本、神廟本、雅雨本作『呼旦反』，案下云徐『音漢』，則王必非呼旦反，此呼但反自音罕。」見黃焯撰：《經典釋文彙校》，北京：中華書局，1980 年版，第 22 頁。

【疏】所在經文爲「莫熯乎火」。〔註 5014〕熯《廣韻》三讀，訓爲火乾，呼旰切，曉翰開一去山。或呼旱切，曉旱開一上山。訓爲乾皃人善切，日獮開三上山。王肅音同《廣韻》呼旱切。「火氣也」者，《玉篇・火部》：「熯，火盛乾。」〔註 5015〕徐本作「暵」者，《說文・日部》「暵」字下引《易》曰：「燥萬物者莫暵于離。」〔註 5016〕熯、暵《說文》皆訓爲乾也，故段玉裁於《說文・火部》「熯」下注云：「熯，與日部暵同音同義。」〔註 5017〕暵《廣韻》呼旰切、呼旱切二切，徐音同呼旰切。云「熱暵也」者，亦火氣盛燥之義也。

莫盛｜ 是政反。鄭音成，云：裹也。

【疏】所在經文爲「終萬物始萬物者，莫盛乎艮。」〔註 5018〕盛《廣韻》二讀，訓爲多，承正切，禪勁開三去梗。訓爲盛受，是征切，禪清開三平梗。《釋文》首音音同《廣韻》去聲，訓爲美盛也。鄭音成，音同《廣韻》平聲。云「裹也」者，盛受義之引申也。艮，止也。裹者，受而止之也。

水火不相逮｜ 音代。一音大計反。鄭、宋、陸、王肅、王廙無「不」字。

【疏】所在經文爲「故水火相逮」。〔註 5019〕《釋文》水火下出不字。《周易章句證異・卷十》：「鄭玄、宋衷、陸績、王廙、李鼎祚諸儒皆无『不』字。董楷有『不』字。吳澄云：无『不』字者非。毛奇齡云：有『不』字者誤。」〔註 5020〕逮《廣韻》二讀，徒耐切，定代開一去蟹。特計切，定霽開四去蟹。音異義同，皆訓爲及也。《釋文》首音音同《廣韻》徒耐切，一音大計反音同

〔註 5014〕〔魏〕王弼、韓康伯注，〔唐〕孔穎達等正義：《周易正義》，北京：中華書局景印阮刻本，1980 年版，第 82 頁。

〔註 5015〕〔梁〕顧野王撰：《宋本玉篇》，北京：中國書店，景印張氏澤存堂本，1983 年版，第 389 頁。

〔註 5016〕〔漢〕許愼撰：《說文解字》，北京：中華書局，景印同治十二年陳昌治刻本，1963 年版，第 139 頁。

〔註 5017〕〔清〕段玉裁撰：《說文解字注》，上海：上海古籍出版社，景印嘉慶二十年經韻樓本，1988 年版，第 481 頁。

〔註 5018〕〔魏〕王弼、韓康伯注，〔唐〕孔穎達等正義：《周易正義》，北京：中華書局景印阮刻本，1980 年版，第 82 頁。

〔註 5019〕〔魏〕王弼、韓康伯注，〔唐〕孔穎達等正義：《周易正義》，北京：中華書局景印阮刻本，1980 年版，第 82 頁。

〔註 5020〕〔清〕翟均廉撰：《周易章句證異》，臺灣：商務印書館，景印文淵閣四庫全書本第 53 冊，1983 年版，第 810 頁。

《廣韻》特計切。鄭、宋等無「不」字，與世傳本同。按，無「不」字者，孔穎達《正義》曰：「上章言『水火不相入』，此言『水火相逮』者，既不相入，又不相及，則无成物之功，明性雖不相入而氣相逮及也。」〔註 5021〕而有「不」字者，吳澄《易纂言》云：「水火相及則相滅熄矣，坎位正北，離位正南，兩不相及，各得其用，故坎水能潤物於冬藏之時，離火能燥物於夏長之時也。」〔註 5022〕

悖｜ 必內反。逆也。

【疏】所在經文爲「雷風不相悖」〔註 5023〕。參看〈頤〉「悖也」條。

為豕｜ 京作「彘」。

【疏】所在經文爲「坎爲豕」。〔註 5024〕京作「彘」者，《說文·豕部》：「豕，彘也。」〔註 5025〕義同而成異文也。

為狗｜ 音苟。

【疏】所在經文爲「艮爲狗」。〔註 5026〕狗《廣韻》古厚切，見厚開一上流。《釋文》音同。

一索｜ 色白反。下同。馬云：數也。王肅云：求也。

【疏】所在經文爲「震一索而得男」。〔註 5027〕索《廣韻》三讀，繩索蘇各切，心鐸開一入宕。求索山戟切，生陌開二入梗，或山責切，生麥開二入梗。《釋文》音同《廣韻》山戟切。馬云「數也」者，《太玄·玄攡》「陰陽分

〔註 5021〕〔魏〕王弼、韓康伯注，〔唐〕孔穎達等正義：《周易正義》，北京：中華書局景印阮刻本，1980 年版，第 82 頁。

〔註 5022〕〔元〕吳澄撰：《易纂言》，揚州：江蘇廣陵古籍刻印社，景印通志堂經解本第四冊，1996 年版，第 111 頁。

〔註 5023〕〔魏〕王弼、韓康伯注，〔唐〕孔穎達等正義：《周易正義》，北京：中華書局景印阮刻本，1980 年版，第 82 頁。

〔註 5024〕〔魏〕王弼、韓康伯注，〔唐〕孔穎達等正義：《周易正義》，北京：中華書局景印阮刻本，1980 年版，第 82 頁。

〔註 5025〕〔漢〕許慎撰：《說文解字》，北京：中華書局，景印同治十二年陳昌治刻本，1963 年版，第 196 頁。

〔註 5026〕〔魏〕王弼、韓康伯注，〔唐〕孔穎達等正義：《周易正義》，北京：中華書局景印阮刻本，1980 年版，第 82 頁。

〔註 5027〕〔魏〕王弼、韓康伯注，〔唐〕孔穎達等正義：《周易正義》，北京：中華書局景印阮刻本，1980 年版，第 82 頁。

索」、《太玄・玄挩》「上索下索」范望皆注曰：「索，數也。」〔註 5028〕又王肅云「求也」者，孔安國〈尚書序〉「八卦之說，謂之八索」陸德明《釋文》云：「索，求也。」〔註 5029〕

長男| 丁丈反。下「長女」、「長子」皆同。

【疏】所在經文爲「故謂之長男」。〔註 5030〕參看〈師〉「長子」條。

中男| 丁仲反。下同。〔註 5031〕

【疏】所在經文爲「故謂之中男」。〔註 5032〕中爲仲之古字，此處依仲讀之。仲《廣韻》直眾切，澄送合三去通。《釋文》丁仲反，端紐。與《廣韻》音類隔。

少男| 詩照反。下少女。皆同。

【疏】所在經文爲「故謂之少男」。〔註 5033〕少《廣韻》二讀，多少音書沼切，書小開三上效。幼少失照切，書笑開三去效。《釋文》音同《廣韻》去聲。

為圜| 音圓。

【疏】圜《廣韻》二讀，訓爲天體，王權切，云仙合三平山。訓爲圜圍，戶關切，匣刪合二平山。《釋文》音同《廣韻》王權切。

瘠| 在亦反。下同。王廙云：健之甚者為多骨也。京、荀作「柴」，云：多筋幹。

〔註 5028〕〔漢〕楊雄撰，〔晉〕范望注：《太玄經》（四部叢刊本），上海：商務印書館，景印上海涵芬樓景印明萬玉堂翻宋本，1922 年版，卷七第 6 頁、卷九第 11 頁。

〔註 5029〕〔唐〕陸德明撰：《經典釋文》，北京：中華書局，景印徐乾學通志堂刻本，1983 年版，第 36 頁。

〔註 5030〕〔魏〕王弼、韓康伯注，〔唐〕孔穎達等正義：《周易正義》，北京：中華書局景印阮刻本，1980 年版，第 82 頁。

〔註 5031〕《經典釋文彙校》：「盧云：神廟本作『之仲反』。」見黃焯撰：《經典釋文彙校》，北京：中華書局，1980 年版，第 22 頁。

〔註 5032〕〔魏〕王弼、韓康伯注，〔唐〕孔穎達等正義：《周易正義》，北京：中華書局景印阮刻本，1980 年版，第 82 頁。

〔註 5033〕〔魏〕王弼、韓康伯注，〔唐〕孔穎達等正義：《周易正義》，北京：中華書局景印阮刻本，1980 年版，第 82 頁。

【疏】所在經文為「為瘠馬」。〔註 5034〕瘠《廣韻》秦昔切，從昔開三入梗。《釋文》音同。王廙云者，孔穎達《正義》曰：「為瘠馬，取其行健之甚。瘠馬，骨多也。」京、荀作「柴」者，《爾雅・釋言》「臞，瘠也」郝懿行《義疏》：「瘠，又通作柴。」〔註 5035〕云「多筋幹」者，義與王廙同。

駁| 邦角反。〔註 5036〕

【疏】所在經文為「為駁馬」。〔註 5037〕駁《廣韻》北角切，幫覺開二入江。《釋文》音同。

為釜| 房甫反。〔註 5038〕

【疏】釜《廣韻》扶雨切，奉麌合三上遇。《釋文》音同。

為吝| 京作「遴」。

【疏】所在經文為「為吝嗇」。〔註 5039〕京作「遴」者，吝、遴音近相通也。《易・蒙》「以往吝」〔註 5040〕《說文・辵部》「吝」引作「遴」。〔註 5041〕《慧琳音義・卷二十四》「慳吝」下注云：「吝，亦作遴也。」〔註 5042〕

〔註 5034〕〔魏〕王弼、韓康伯注，〔唐〕孔穎達等正義：《周易正義》，北京：中華書局景印阮刻本，1980 年版，第 83 頁。

〔註 5035〕〔清〕郝懿行撰：《爾雅義疏》（漢小學四種本），成都：巴蜀書社，景印同治四年郝氏家刻本，2001 年版，第 983 頁。

〔註 5036〕《經典釋文彙校》：「宋本同。寫本作『駮』。按『駁』、『駮』誼別。《說文》駮，獸如馬，倨牙，食虎豹。駁，馬色不純。孔疏言此馬有牙如倨，能食虎豹，是其所據本作『駮』。集解本作『駁』，宋衷曰：天有五行之色，故為駁馬也。今謂作『駁』是。惠氏《釋文》校語改『駁』為『駮』，似未合。」見黃焯撰：《經典釋文彙校》，北京：中華書局，1980 年版，第 22 頁。

〔註 5037〕〔魏〕王弼、韓康伯注，〔唐〕孔穎達等正義：《周易正義》，北京：中華書局景印阮刻本，1980 年版，第 83 頁。

〔註 5038〕《經典釋文彙校》：「監本作『扶古反』。阮以作『扶』為是。案寫本、宋本皆作『房甫反』。」見黃焯撰：《經典釋文彙校》，北京：中華書局，1980 年版，第 22 頁。

〔註 5039〕〔魏〕王弼、韓康伯注，〔唐〕孔穎達等正義：《周易正義》，北京：中華書局景印阮刻本，1980 年版，第 83 頁。

〔註 5040〕〔魏〕王弼、韓康伯注，〔唐〕孔穎達等正義：《周易正義》，北京：中華書局景印阮刻本，1980 年版，第 8 頁。

〔註 5041〕〔漢〕許慎撰：《說文解字》，北京：中華書局，景印同治十二年陳昌治刻本，1963 年版，第 41 頁。

〔註 5042〕〔唐〕釋慧琳撰：《一切經音義》（續四庫經部小學類第 196～197 冊），上海：

嗇| 音色。

【疏】嗇《廣韻》所力切，生職開三入曾。《釋文》音同。

為柄| 彼病反。

【疏】柄《廣韻》陂病切，幫映開三去梗。《釋文》音同。

為龍| 如字。虞、干作「駹」。虞云：倉色。干云：雜色。

【疏】如字者，字依「龍」讀之，不作通假也。虞、干作「駹」者，集解本同。李鼎祚注云：「駹，蒼色。震，東方。故『爲駹』。舊讀作龍。上巳爲龍，非也。」〔註 5043〕李氏以「駹」爲正。按，龍、駹古通。《周禮・考工記・玉人》：「天子用全，上公用龍。」鄭玄注引鄭司農曰：「全，純色也。龍，當爲尨，尨謂雜色。」〔註 5044〕駹、尨音同，皆有雜色義。虞云「倉色」者，倉，蒼也。《漢書・匈奴傳上》「東方盡駹」顏師古注：「駹，青馬也。」〔註 5045〕干云「雜色」者，《周禮・秋官・犬人》「用駹可也」賈公彥疏：「駹，謂雜色牲。」〔註 5046〕

為旉| 王肅音孚。干云：花之通名，鋪為花貌，謂之藪。本又作「專」，如字，虞同。姚云：專一也。鄭市戀反。

【疏】旉《廣韻》芳無切，敷虞合三平遇。王肅音同。干云者，《正義》曰：「爲旉，取其春時氣至，草木皆吐，旉布而生也。」〔註 5047〕按，「旉」爲「敷」之古字。《漢書・禮樂志》「朱明盛長，旉與萬物」顏師古注：「旉，古敷字也。」〔註 5048〕本又作「專」者，旉、專形近相淆也。「如字」者，依專

上海古籍出版社，景印日本元文三年至延亨三年榑桑雒東獅谷白蓮社刻本，2002 年版，第 196 冊，第 547 頁。

〔註 5043〕〔唐〕李鼎祚撰：《周易集解》，北京：中國書店，景印嘉慶三年姑蘇喜墨齋張遇堯局鐫本，1987 年版，卷十七，第 6 頁。

〔註 5044〕〔漢〕鄭玄注，〔唐〕賈公彥疏：《周禮注疏》，北京：中華書局景印阮刻本，1980 年版，第 284 頁。

〔註 5045〕〔漢〕班固撰：《前漢書》（四部備要本），上海：中華書局，據武英殿本校刊，1936 年版，第 1234 頁。

〔註 5046〕〔漢〕鄭玄注，〔唐〕賈公彥疏：《周禮注疏》，北京：中華書局景印阮刻本，1980 年版，第 244 頁。

〔註 5047〕〔魏〕王弼、韓康伯注，〔唐〕孔穎達等正義：《周易正義》，北京：中華書局景印阮刻本，1980 年版，第 83 頁。

〔註 5048〕〔漢〕班固撰：《前漢書》（四部備要本），上海：中華書局，據武英殿本校

字讀之。虞同者，集解本亦作「專」，李鼎祚《集解》云：「陽在初，隱靜，未出觸坤，故『專』。則乾，靜也。專，延。叔堅說以『專』爲『旉』，大布。非也。此上虞義也。」〔註 5049〕姚信云「專一」者，其本亦作「專」字。鄭市戀反者，蓋讀專爲擅也。擅《廣韻》時戰切，禪線開三去山。鄭玄音同。《廣雅・釋言》：「專，擅也。」〔註 5050〕

蒼筤| 音郎。或作「琅」，通。

【疏】所在經文爲「爲蒼筤竹」。〔註 5051〕筤《廣韻》魯當切，來唐開一平宕。《釋文》音同。蒼筤者，疊韻連緜詞，狀竹之青色也。李鼎祚《集解》引《九家易》曰：「蒼筤，青也。」〔註 5052〕孔穎達《正義》曰：「竹初生之時色蒼筤，取其春生之美也。」〔註 5053〕或作「琅」者，與筤通，但記音耳。

萑| 音丸。《廣雅》云：薍也。薍，音狄。〔註 5054〕

【疏】所在經文爲「爲萑葦」。〔註 5055〕萑《廣韻》二讀，訓爲木兔，胡官切，匣桓合一平山。訓爲茺蔚，職追切，章脂合三平止。《釋文》音同《廣韻》胡官切。《廣雅》云「薍也」者，《廣雅・釋草》：「薍，萑也」王念孫《疏證》：「薍，或作荻。」〔註 5056〕薍、荻，異體字也。薍《廣韻》徒歷切，定錫

刊，1936 年版，第 376 頁。

〔註 5049〕〔唐〕李鼎祚撰：《周易集解》，北京：中國書店，景印嘉慶三年姑蘇喜墨齋張遇堯局鐫本，1987 年版，卷十七，第 6 頁。

〔註 5050〕〔清〕王念孫撰：《廣雅疏證》，北京：中華書局，景印嘉慶年間王氏家刻本，1983 年版，第 148 頁。

〔註 5051〕〔魏〕王弼、韓康伯注，〔唐〕孔穎達等正義：《周易正義》，北京：中華書局景印阮刻本，1980 年版，第 83 頁。

〔註 5052〕〔唐〕李鼎祚撰：《周易集解》，北京：中國書店，景印嘉慶三年姑蘇喜墨齋張遇堯局鐫本，1987 年版，卷十七，第 7 頁。

〔註 5053〕〔魏〕王弼、韓康伯注，〔唐〕孔穎達等正義：《周易正義》，北京：中華書局景印阮刻本，1980 年版，第 83 頁。

〔註 5054〕《經典釋文彙校》：「寫本作『萑』，石經同。嚴云：『萑』當作『雈』。《說文》萑，小爵也。雈，鵻也，誼別。或借『萑』爲之，尚近。萑，艸多皃，各本作『萑』。」見黃焯撰：《經典釋文彙校》，北京：中華書局，1980 年版，第 22 頁。

〔註 5055〕〔魏〕王弼、韓康伯注，〔唐〕孔穎達等正義：《周易正義》，北京：中華書局景印阮刻本，1980 年版，第 83 頁。

〔註 5056〕〔清〕王念孫撰：《廣雅疏證》，北京：中華書局，景印嘉慶年間王氏家刻本，1983 年版，第 312 頁。

開四入梗。《釋文》音同。

葦| 韋鬼反。蘆。〔註 5057〕

【疏】葦《廣韻》于鬼切，云尾合三上止。《釋文》音同。「蘆」者，《詩·豳風·七月》：「七月流火，八月萑葦」孔穎達疏：「初生爲葭，長大爲蘆，成則名爲葦。」〔註 5058〕

專| 主樹反。京作「朱」，荀同，陽在下。〔註 5059〕

【疏】所在經文爲「爲專足」。〔註 5060〕專《廣韻》之戍切，章遇合三去遇。《釋文》音同。京作「朱」者，「朱」雅雨本作「末」，按專上古章紐屋部，朱章紐侯部，末明紐月部。專、朱雙聲，且韻母音近。疑當作「朱」爲是。「陽在下」者，惠棟因之疑「朱」爲「末」字之譌，亦可備一說。

的| 丁歷反。《說文》作「馰」。

【疏】所在經文爲「爲的顙」。〔註 5061〕的《廣韻》都歷切，端錫開四入梗。《釋文》音同。《說文》作「馰」者，《說文·馬部》：「馰，馬白頟也。从馬，的省聲。一曰駿也。《易》曰：『爲的顙。』」〔註 5062〕

顙| 桑黨反。的顙，白顛。

【疏】顙《廣韻》蘇朗切，心蕩開一上宕。《釋文》音同。孔穎達疏云：「白額爲的顙。」〔註 5063〕

〔註 5057〕《經典釋文彙校》：「宋本同。盧本『蘆』下增『也』字，與寫本合。」見黃焯撰：《經典釋文彙校》，北京：中華書局，1980 年版，第 22 頁。

〔註 5058〕〔漢〕毛公傳、鄭玄箋，〔唐〕孔穎達等正義：《毛詩正義》，北京：中華書局景印阮刻本，1980 年版，第 122 頁。

〔註 5059〕《經典釋文彙校》：「宋本同。雅雨本『朱』作『末』。惠云：項安世引作『末』。下云『陽在下』，疑『末』字是。影宋本仍作『朱』。」見黃焯撰：《經典釋文彙校》，北京：中華書局，1980 年版，第 22 頁。

〔註 5060〕〔魏〕王弼、韓康伯注，〔唐〕孔穎達等正義：《周易正義》，北京：中華書局景印阮刻本，1980 年版，第 83 頁。

〔註 5061〕〔魏〕王弼、韓康伯注，〔唐〕孔穎達等正義：《周易正義》，北京：中華書局景印阮刻本，1980 年版，第 83 頁。

〔註 5062〕〔漢〕許愼撰：《說文解字》，北京：中華書局，景印同治十二年陳昌治刻本，1963 年版，第 199 頁。

〔註 5063〕〔魏〕王弼、韓康伯注，〔唐〕孔穎達等正義：《周易正義》，北京：中華書局景印阮刻本，1980 年版，第 83 頁。

反生｜ 麻豆之屬，反生，戴莩甲而出也。虞作「阪」，云：陵坂也。陸云：阪當為反。

【疏】所在經文爲「其於稼也爲反生」。〔註 5064〕孔穎達疏云：「『其於稼也爲反生』，取其始生戴甲而出也。」〔註 5065〕其義與《釋文》同。虞作「阪」者，反、阪，古今字也。惠棟《九經古義・周易下》案云：「反，古阪字。《前漢・地理志》『蒲阪』字作『反』，《劉寬碑陰》同此。當仍經文作『反』，讀爲阪。」〔註 5066〕惠棟《周易述》於震取象爲阪者，依虞氏義也。陸云「阪當爲反」者，陸績如「反」讀之。

蕃｜ 音煩。

【疏】所在經文爲「爲蕃鮮」。〔註 5067〕蕃《廣韻》二讀，訓爲茂、息、滋，附袁切，奉元合三平山。訓爲蕃屏，甫煩切，非元合三平山。《釋文》音同《廣韻》附袁切。

鮮｜ 息連反。

【疏】鮮《廣韻》三讀，訓爲鮮明，相然切，心仙開三平山。《釋文》音同。

為臭｜ 昌又反，王肅作「為香臭」。

【疏】臭訓爲香臭之臭，《廣韻》尺救切，昌宥開三去流。訓爲氣味《集韻》許救切，曉宥開三去流。《釋文》音同《廣韻》尺救切。王肅「爲香臭」者，《正義》曰：「爲臭，王肅作『爲香臭』也。取其風所發也，又取下風之遠聞。」〔註 5068〕

〔註 5064〕〔魏〕王弼、韓康伯注，〔唐〕孔穎達等正義：《周易正義》，北京：中華書局景印阮刻本，1980 年版，第 83 頁。

〔註 5065〕〔魏〕王弼、韓康伯注，〔唐〕孔穎達等正義：《周易正義》，北京：中華書局景印阮刻本，1980 年版，第 83 頁。

〔註 5066〕〔清〕惠棟撰：《九經古義》（叢書集成初編總類第 254～255 冊），上海：商務印書館，據貸園叢書本排印，1937 年版，第 17 頁。

〔註 5067〕〔魏〕王弼、韓康伯注，〔唐〕孔穎達等正義：《周易正義》，北京：中華書局景印阮刻本，1980 年版，第 83 頁。

〔註 5068〕〔魏〕王弼、韓康伯注，〔唐〕孔穎達等正義：《周易正義》，北京：中華書局景印阮刻本，1980 年版，第 83 頁。

寡髮｜ 如字。本又作「宣」，黑白雜為宣髮。

【疏】所在經文爲「其於人也爲寡髮」。〔註 5069〕「如字」者，辨字形作「寡」也。《正義》曰：「寡，少也。風落樹之華葉，則在樹者稀踈，如人之少髮，亦類於此，故爲寡髮也。」〔註 5070〕本又作「宣」者，李富孫《異文釋》：「〈攷工記・車人〉注引作『宣髮』。」〔註 5071〕集解本作「宣」，又漢焦贛《易林・節之井》：「宣髮龍叔，爲王主國，安土成稷，天下蒙福」〔註 5072〕是《易林》亦作「宣髮」也。李鼎祚《集解》引虞翻曰：「爲白，故『宣髮』。馬君以宣爲寡髮，非也。」〔註 5073〕按，寡、宣，蓋字近相譌也，然義皆得通。《周禮・考工記・車人》「半矩謂之宣」鄭玄注：「頭髮皓落曰宣。」〔註 5074〕鄭注「皓落」似兼有黑白、疏寡二義。

為廣｜ 如字。鄭作「黄」。

【疏】所在經文爲「爲廣顙」。如字者，辨字形作「廣」也。《正義》曰：「額闊爲廣顙，發寡少之義，故爲廣顙也。」〔註 5075〕鄭作「黄」者，蓋假黄爲廣也。

為近｜ 附近之近。

【疏】所在經文爲「爲近利市三倍」。〔註 5076〕參看〈乾〉「近乎」條。

三倍｜ 步罪反。

〔註 5069〕〔魏〕王弼、韓康伯注，〔唐〕孔穎達等正義：《周易正義》，北京：中華書局景印阮刻木，1980 年版，第 83 頁。

〔註 5070〕〔魏〕王弼、韓康伯注，〔唐〕孔穎達等正義：《周易正義》，北京：中華書局景印阮刻本，1980 年版，第 83 頁。

〔註 5071〕〔清〕李富孫撰：《易經異文釋》（續四庫經部易類第 27 冊），上海：上海古籍出版社，景印南菁書院續經解本，2002 年版，第 711 頁。

〔註 5072〕尚秉和撰：《焦氏易林注》（張善文先生尚氏易學存稿校理本第二卷），北京：中國大百科全書出版社，2005 年版，第 1062 頁。

〔註 5073〕〔唐〕李鼎祚撰：《周易集解》，北京：中國書店，景印嘉慶三年姑蘇喜墨齋張遇堯局鐫本，1987 年版，卷十七，第 7 頁。

〔註 5074〕〔漢〕鄭玄注，〔唐〕賈公彥疏：《周禮注疏》，北京：中華書局景印阮刻本，1980 年版，第 295 頁。

〔註 5075〕〔魏〕王弼、韓康伯注，〔唐〕孔穎達等正義：《周易正義》，北京：中華書局景印阮刻本，1980 年版，第 83 頁。

〔註 5076〕〔魏〕王弼、韓康伯注，〔唐〕孔穎達等正義：《周易正義》，北京：中華書局景印阮刻本，1980 年版，第 83 頁。

【疏】倍《廣韻》薄亥切，並海開一上蟹。《釋文》步罪反，並賄開一上蟹。

其究｜ 九又反。

【疏】所在經文爲「其究爲躁卦」。〔註 5077〕究《廣韻》居祐切，見宥開三去流。《釋文》音同。

矯｜ 紀表反。一本作「撟」，同。

【疏】所在經文爲「爲矯輮」。〔註 5078〕矯《廣韻》居夭切，見小開重紐三上效。《釋文》音同。《正義》曰：「取其使曲者直爲矯。」〔註 5079〕一本作「撟」者，《書・呂刑》「姦宄奪攘矯」劉逢祿《今古文集解》：「矯，《周官・司刑》鄭注作『撟』。」〔註 5080〕《楚辭・九章・惜誦》「檮木蘭以矯蕙兮」舊校：「矯，一作撟。」〔註 5081〕是矯、撟古多通用也。按，《說文・矢部》：「矯，揉箭箝也。」〔註 5082〕《說文・手部》：「撟，舉手也。」〔註 5083〕矯本義爲揉箭之箝，引申之則有矯直之義，而一本作「撟」者，假借爲矯也。

輮｜ 如九反。王肅奴又反。又女九反。又如又反。馬、鄭、陸、王肅本作此。宋衷、王廙作「揉」。宋云：使曲者直，直者曲為揉。京作「柔」。荀作「橈」。〔註 5084〕

〔註 5077〕〔魏〕王弼、韓康伯注，〔唐〕孔穎達等正義：《周易正義》，北京：中華書局景印阮刻本，1980 年版，第 83 頁。

〔註 5078〕〔魏〕王弼、韓康伯注，〔唐〕孔穎達等正義：《周易正義》，北京：中華書局景印阮刻本，1980 年版，第 83 頁。

〔註 5079〕〔魏〕王弼、韓康伯注，〔唐〕孔穎達等正義：《周易正義》，北京：中華書局景印阮刻本，1980 年版，第 83 頁。

〔註 5080〕〔清〕劉逢祿撰：《尚書今古文集解》（續四庫經部書類第 48 冊），上海：上海古籍出版社，景印南菁書院續經解本，2002 年版，第 330 頁。

〔註 5081〕〔宋〕洪興祖撰：《楚辭補注》（叢書集成初編文學類第 1812～1816 冊），上海：商務印書館，據惜陰軒叢書本排印，1939 年版，第 98 頁。

〔註 5082〕〔漢〕許慎撰：《說文解字》，北京：中華書局，景印同治十二年陳昌治刻本，1963 年版，第 110 頁。

〔註 5083〕〔漢〕許慎撰：《說文解字》，北京：中華書局，景印同治十二年陳昌治刻本，1963 年版，第 254 頁。

〔註 5084〕《經典釋文彙校》：「案《說文》『輮』訓車軔，無『揉』字。〈火部〉『煣』，屈申木也，是矯輮字正當作『煣』。」見黃焯撰：《經典釋文彙校》，北京：中華書局，1980 年版，第 22 頁。

【疏】輮《廣韻》二讀，人九切，日有開三上流。人又切，日宥開三去流。音異義同，車輞也。《釋文》首音音同《廣韻》人九切。王肅奴又反，泥宥開三去流。又女九反，娘有開三上流，《集韻》增女九切，音義同。又如又反，音同《廣韻》人又切。宋、衷、王廙作「揉」者，《周易會通・卷十四》引晁氏案曰：「柔古文，輮篆文，揉俗文。」〔註 5085〕《說文・木部》：「柔，木曲直也。」〔註 5086〕段注云：「凡木曲者可直、直者可曲曰柔。〈考工記〉多言揉。許作『煣』。云屈申木也。必木有可曲可直之性、而後以火屈之申之。此『柔』與『煣』之分別次弟也。」〔註 5087〕由此觀之，柔者，木曲直之性也。煣者，以火屈伸木也。《說文》無「揉」，「揉」字後起。揉者，蓋以手屈伸木也。而輮者，假借字也。故此處矯輮字當作「煣」爲是。宋云者，《正義》曰：「爲矯輮，取其使曲者直爲矯，使直者曲爲輮。」〔註 5088〕荀作「橈」者，輮上古日紐幽部，橈日紐宵部。旁轉相通，其義亦近。《說文・木部》：「橈，曲木。」〔註 5089〕引申之，則爲曲折也。

弓輪｜姚作「倫」。〔註 5090〕

【疏】所在經文爲「爲弓輪」。〔註 5091〕姚作「倫」者，假倫爲輪也。《正義》曰：「輪者，運行如水行也。」〔註 5092〕

美脊｜精亦反。〔註 5093〕

〔註 5085〕〔元〕董眞卿撰：《周易會通》，揚州：江蘇廣陵古籍刻印社，景印通志堂經解本第四冊，1996 年版，第 307 頁。

〔註 5086〕〔漢〕許愼撰：《說文解字》，北京：中華書局，景印同治十二年陳昌治刻本，1963 年版，第 119 頁。

〔註 5087〕〔清〕段玉裁撰：《說文解字注》，上海：上海古籍出版社，景印嘉慶二十年經韻樓本，1988 年版，第 252 頁。

〔註 5088〕〔魏〕王弼、韓康伯注，〔唐〕孔穎達等正義：《周易正義》，北京：中華書局景印阮刻本，1980 年版，第 83 頁。

〔註 5089〕〔漢〕許愼撰：《說文解字》，北京：中華書局，景印同治十二年陳昌治刻本，1963 年版，第 119 頁。

〔註 5090〕《經典釋文彙校》：「寫本『倫』作『綸』。」見黃焯撰：《經典釋文彙校》，北京：中華書局，1980 年版，第 22 頁。

〔註 5091〕〔魏〕王弼、韓康伯注，〔唐〕孔穎達等正義：《周易正義》，北京：中華書局景印阮刻本，1980 年版，第 83 頁。

〔註 5092〕〔魏〕王弼、韓康伯注，〔唐〕孔穎達等正義：《周易正義》，北京：中華書局景印阮刻本，1980 年版，第 83 頁。

〔註 5093〕《經典釋文彙校》：「盧本『脊』誤『瘠』。」見黃焯撰：《經典釋文彙校》，

【疏】所在經文爲「爲美脊」。〔註 5094〕脊《廣韻》資昔切，精昔開三入梗。《釋文》音同。

為亟｜紀力反。王肅去記反。荀作「極」，云：中也。

【疏】所在經文爲「爲亟心」。〔註 5095〕亟《廣韻》二讀，訓爲急，紀力切，見職開三入曾。訓爲數，去吏切，溪志開三去止。《釋文》首音音同《廣韻》紀力切，《正義》曰：「亟，急也。」〔註 5096〕王肅去記反音同《廣韻》去吏切，訓爲數，於義不通。或者其時「亟」之二讀尚未別義，則未可知也。荀作「極」者，《古易音訓》引晁說之曰：「亟，古文。」〔註 5097〕又《書・微子》「召敵讎」孔安國《傳》「而又亟行暴虐」陸德明《釋文》：「亟，本又作極。」〔註 5098〕《禮記・少儀》「國家靡敝」鄭玄注：「靡敝，賦稅亟也」陸德明《釋文》：「亟，本又作極。」〔註 5099〕此皆亟、極古通之證也。「云：中也」者，《廣雅・釋言》：「極，中也。」〔註 5100〕

為薄｜旁博反。

【疏】所在經文爲「爲薄蹄」。〔註 5101〕薄《廣韻》傍各切，並鐸開一入宕。《釋文》音同。

蹄｜徒低反。

北京：中華書局，1980 年版，第 22 頁。

〔註 5094〕〔魏〕王弼、韓康伯注，〔唐〕孔穎達等正義：《周易正義》，北京：中華書局景印阮刻本，1980 年版，第 83 頁。

〔註 5095〕〔魏〕王弼、韓康伯注，〔唐〕孔穎達等正義：《周易正義》，北京：中華書局景印阮刻本，1980 年版，第 83 頁。

〔註 5096〕〔魏〕王弼、韓康伯注，〔唐〕孔穎達等正義：《周易正義》，北京：中華書局景印阮刻本，1980 年版，第 83 頁。

〔註 5097〕〔宋〕呂祖謙撰，〔清〕宋咸熙輯：《古易音訓》（續四庫經部易類第 2 冊），上海：上海古籍出版社，景印清嘉慶七年刻本，2002 年版，第 49 頁。

〔註 5098〕〔唐〕陸德明撰：《經典釋文》，北京：中華書局，景印徐乾學通志堂刻本，1983 年版，第 44 頁。

〔註 5099〕〔唐〕陸德明撰：《經典釋文》，北京：中華書局，景印徐乾學通志堂刻本，1983 年版，第 194 頁。

〔註 5100〕〔清〕王念孫撰：《廣雅疏證》，北京：中華書局，景印嘉慶年間王氏家刻本，1983 年版，第 135 頁。

〔註 5101〕〔魏〕王弼、韓康伯注，〔唐〕孔穎達等正義：《周易正義》，北京：中華書局景印阮刻本，1980 年版，第 83 頁。

【疏】蹄《廣韻》杜奚切，定齊開四平蟹。《釋文》音同。

為曳| 以制反。

【疏】曳《廣韻》餘制切，以祭開三去蟹。《釋文》音同。

眚| 生領反。王廙云：病也。〔註5102〕

【疏】所在經文為「為多眚」。〔註5103〕眚之讀音參看〈訟〉「眚」條。王廙云者，《文選·張衡〈東京賦〉》「勤恤民隱而除其眚」薛綜注：「眚，病也。」〔註5104〕

甲冑| 直又反。〔註5105〕

【疏】所在經文為「為甲冑」。〔註5106〕冑《廣韻》直祐切，澄宥開三去流。《釋文》音同。

乾卦| 古丹反。鄭云：乾當為幹，陽在外能幹正也。董作「幹」。

【疏】所在經文為「為乾卦」。〔註5107〕乾燥之乾《廣韻》古寒切，見寒開一平山。《釋文》音同。《正義》曰：「為乾卦，取其日所烜也。」〔註5108〕「鄭云：乾當為幹，陽在外能幹正也。董作幹」者，惠棟《九經古義·周易下》案云：「《列子》云『木葉幹殼』，張湛云：『幹，音乾。』是乾與幹同音。故乾或作幹。」〔註5109〕

〔註5102〕《經典釋文彙校》：「寫本、宋本皆無『也』字。」見黃焯撰：《經典釋文彙校》，北京：中華書局，1980年版，第22頁。

〔註5103〕〔魏〕王弼、韓康伯注，〔唐〕孔穎達等正義：《周易正義》，北京：中華書局景印阮刻本，1980年版，第83頁。

〔註5104〕〔梁〕蕭統編，〔唐〕李善、呂延濟、劉良、張銑、呂向、李周翰注：《六臣注文選》，北京：中華書局，景印涵芬樓藏宋刊本，1987年版，第70頁。

〔註5105〕《經典釋文彙校》：「寫本『直』作『丈』。」見黃焯撰：《經典釋文彙校》，北京：中華書局，1980年版，第22頁。

〔註5106〕〔魏〕王弼、韓康伯注，〔唐〕孔穎達等正義：《周易正義》，北京：中華書局景印阮刻本，1980年版，第83頁。

〔註5107〕〔魏〕王弼、韓康伯注，〔唐〕孔穎達等正義：《周易正義》，北京：中華書局景印阮刻本，1980年版，第83頁。

〔註5108〕〔魏〕王弼、韓康伯注，〔唐〕孔穎達等正義：《周易正義》，北京：中華書局景印阮刻本，1980年版，第83頁。

〔註5109〕〔清〕惠棟撰：《九經古義》（叢書集成初編總類第254～255冊），上海：商務印書館，據貸園叢書本排印，1937年版，第18頁。

鱉| 卑列反。本又作「鼈」，同。〔註 5110〕

【疏】所在經文爲「爲鱉」。〔註 5111〕鱉《廣韻》并列切，並薛開重紐四入山。《釋文》卑列反，幫紐。本又作「鼈」者，鱉之異體。《說文・黽部》「鼈，甲蟲也。从黽敝聲。」〔註 5112〕《廣韻・薛韻》:「鼈，魚鼈。俗作鱉。」〔註 5113〕

蟹| 戶賣反。〔註 5114〕

【疏】所在經文爲「爲蟹」。〔註 5115〕蟹《廣韻》胡買切，匣蟹開二上蟹。《釋文》「戶賣反」當依寫本正爲「戶買反」，音同《廣韻》。

蠃| 力禾反。京作「螺」。姚作「蠡」。

【疏】所在經文爲「爲蠃」。〔註 5116〕蠃《廣韻》二讀，同螺，落戈切，來戈合一平果。蜾蠃，郎果切，來果合一上果。《釋文》音同《廣韻》平聲。京作「螺」者，蠃、螺，異體字也。《說文・虫部》：蠃，「一曰虒蝓也。」

〔註 5110〕《經典釋文彙校》:「寫本、宋本同。汲古本、雅雨本『鱉』、『鼈』二字互易。盧云：注疏本作『鼈』，乃正字，陸不辨，失之。」見黃焯撰：《經典釋文彙校》，北京：中華書局，1980 年版，第 22 頁。

〔註 5111〕〔魏〕王弼、韓康伯注，〔唐〕孔穎達等正義：《周易正義》，北京：中華書局景印阮刻本，1980 年版，第 83 頁。

〔註 5112〕〔漢〕許愼撰：《說文解字》，北京：中華書局，景印同治十二年陳昌治刻本，1963 年版，第 285 頁。

〔註 5113〕〔宋〕陳彭年，丘雍撰：《宋本廣韻》，南京：江蘇教育出版社，景印南宋巾箱本，2008 年版，第 147 頁。

〔註 5114〕宋毛居正《六經正誤》云:「離爲蟹音户買反，作『户賣』誤。蟹字《韻略》無去聲音。諸韻及字書皆然。又案〈解〉卦音蟹，若蟹字音去聲户賣反。則〈解〉卦亦音去聲。然『蟹』字及〈解〉卦之『解』諸韻書並無去聲。若場屋出『雷雨作解』賦，則士人如何押用？及考《禮記・檀弓》『蠶則績而蟹有匡』音户買反，〈月令〉『稻蟹』音胡買反，同是陸氏《釋文》不應自爲同異，乃知作『户賣反』傳寫之誤也。」見〔宋〕毛居正撰：《六經正誤》，揚州：江蘇廣陵古籍刻印社，景印通志堂經解本第十六冊，1996 年版，第 569～570 頁。《經典釋文彙校》:「『賣』，宋本同。寫本作『買』，案作『買』是也。」見黃焯撰：《經典釋文彙校》，北京：中華書局，1980 年版，第 22 頁。

〔註 5115〕〔魏〕王弼、韓康伯注，〔唐〕孔穎達等正義：《周易正義》，北京：中華書局景印阮刻本，1980 年版，第 83 頁。

〔註 5116〕〔魏〕王弼、韓康伯注，〔唐〕孔穎達等正義：《周易正義》，北京：中華書局景印阮刻本，1980 年版，第 83 頁。

〔註5117〕朱駿聲《通訓定聲》云：「虒蝓，俗字作螺。」又云：「後人別水生可食者爲螺，陸生不可食者爲蝸牛。」〔註5118〕姚作「蠡」者，《文選・班昭〈東征賦〉》「諒不登樔而椓蠡兮」李善注：「蠡與蠃古字通。」〔註5119〕

蚌｜步項反。本又作「蜯」，同。

【疏】所在經文爲「爲蚌」。〔註5120〕蚌《廣韻》步項切，並講開二上江。《釋文》音同。本又作「蜯」者，《玉篇・虫部》：「蚌，同蜯。」〔註5121〕《文選・張衡〈南都賦〉》「巨蜯函珠，駮瑕委蛇」李善注云：「蜯與蚌同。」〔註5122〕

科｜苦禾反。空也。虞作「折」。

【疏】所在經文爲「爲科上槁」。〔註5123〕科《廣韻》二讀，訓爲程、條，苦禾切，溪戈合一平果。訓爲滋生，苦臥切，溪過合一去果。《釋文》音同《廣韻》平聲。「空也」者，《廣雅・釋詁三》：「科，空也。」〔註5124〕《正義》曰：「科，空也。陰在內爲空，木既空中者，上必枯槁也。」〔註5125〕虞作「折」者，集解本作「折上稾」。李鼎祚《集解》引虞氏義云：「巽木在离中，體大過死。巽蟲食心，則折也。蠹蟲食口木，故『上稾』。或以离火燒巽，故折上

〔註5117〕〔漢〕許慎撰：《說文解字》，北京：中華書局，景印同治十二年陳昌治刻本，1963年版，第285頁。

〔註5118〕〔清〕朱駿聲撰：《說文通訓定聲》（續四庫經部小學類第220～221冊），上海：上海古籍出版社，景印道光二十八年刻本，2002年版，第220冊，第574頁。

〔註5119〕〔梁〕蕭統編，〔唐〕李善注：《文選》（四部精要本第十六冊），上海：上海古籍出版社，景印嘉慶十四年胡克家仿宋淳熙刊本，1992年版，第496頁。

〔註5120〕〔魏〕王弼、韓康伯注，〔唐〕孔穎達等正義：《周易正義》，北京：中華書局景印阮刻本，1980年版，第83頁。

〔註5121〕〔梁〕顧野王撰：《宋本玉篇》，北京：中國書店，景印張氏澤存堂本，1983年版，第470頁。

〔註5122〕〔梁〕蕭統編，〔唐〕李善注：《文選》（四部精要本第十六冊），上海：上海古籍出版社，景印嘉慶十四年胡克家仿宋淳熙刊本，1992年版，第463頁。

〔註5123〕〔魏〕王弼、韓康伯注，〔唐〕孔穎達等正義：《周易正義》，北京：中華書局景印阮刻本，1980年版，第83頁。

〔註5124〕〔清〕王念孫撰：《廣雅疏證》，北京：中華書局，景印嘉慶年間王氏家刻本，1983年版，第99頁。

〔註5125〕〔魏〕王弼、韓康伯注，〔唐〕孔穎達等正義：《周易正義》，北京：中華書局景印阮刻本，1980年版，第83頁。

稾。」〔註 5126〕按，科、折，蓋字形形近之譌也，然義皆得通。

槁| 苦老反。鄭作「槀」。干作「熇」。

【疏】所在經文為「為科上槁」。〔註 5127〕槁《廣韻》苦浩切，溪皓開一上效。《釋文》音同。鄭作「槀」者，槁、槀，異體字也。集解本作「稾」，假稾為槀也。干作「熇」者，《說文・火部》：「熇，火熱也。」〔註 5128〕巽木在離中，則有炎上熇焚之象。干寶義亦通。

為徑| 古定反。

【疏】所在經文為「為徑路」。〔註 5129〕徑《廣韻》古定切，見徑開四去梗。《釋文》音同。

果蓏| 力火反。馬云：果，桃李之屬；蓏，瓜瓠之屬。應劭云：木實曰果，草實曰蓏。《說文》云：在木曰果，在地曰蓏。張晏云：有核曰果，無核曰蓏。京本作「果墮」之字。〔註 5130〕

【疏】所在經文為「為果蓏」。〔註 5131〕蓏《廣韻》郎果切，來果合一上果。《釋文》音同。馬云者，《周禮・天官・甸師》：「共野果蓏之薦。」鄭玄注：「果，桃李之屬；蓏，瓜瓞之屬。」〔註 5132〕應劭、張晏云者，《漢書・食貨志上》：「瓜瓠果蓏，殖於疆易」〔註 5133〕顏師古注引二氏同。《說文》云者，

〔註 5126〕〔唐〕李鼎祚撰：《周易集解》，北京：中國書店，景印嘉慶三年姑蘇喜墨齋張遇堯局鐫本，1987 年版，卷十七，第 9 頁。

〔註 5127〕〔魏〕王弼、韓康伯注，〔唐〕孔穎達等正義：《周易正義》，北京：中華書局景印阮刻本，1980 年版，第 83 頁。

〔註 5128〕〔漢〕許愼撰：《說文解字》，北京：中華書局，景印同治十二年陳昌治刻本，1963 年版，第 208 頁。

〔註 5129〕〔魏〕王弼、韓康伯注，〔唐〕孔穎達等正義：《周易正義》，北京：中華書局景印阮刻本，1980 年版，第 83 頁。

〔註 5130〕《經典釋文彙校》：「宋本同，寫本『劭』作『邵』，汲古本、雅雨本同。盧從神廟本作『卲』。」見黃焯撰：《經典釋文彙校》，北京：中華書局，1980 年版，第 22 頁。

〔註 5131〕〔魏〕王弼、韓康伯注，〔唐〕孔穎達等正義：《周易正義》，北京：中華書局景印阮刻本，1980 年版，第 83 頁。

〔註 5132〕〔漢〕鄭玄注，〔唐〕賈公彥疏：《周禮注疏》，北京：中華書局景印阮刻本，1980 年版，第 25 頁。

〔註 5133〕〔漢〕班固撰：《前漢書》（四部備要本），上海：中華書局，據武英殿本校刊，1936 年版，第 394 頁。

見《說文・艸部》「蓏」字下。段氏《說文解字注》改作「在木曰果，在艸曰蓏」，〔註 5134〕辯之甚明，其說可從。京本作「果墮」之字者，蓏（來紐歌部）、墮（定紐歌部），疊韻相通。此蓋假墮爲蓏也。《周易會通・卷十四》引晁氏曰：「案，墮，古文。」〔註 5135〕

閽｜音昬。

【疏】所在經文注疏爲「爲閽寺」。〔註 5136〕閽同閽。閽《廣韻》呼昆切，曉魂合一平臻。《釋文》音同。

寺｜如字。徐音侍。亦作「閍」字。〔註 5137〕

【疏】如字者，讀如《廣韻》祥吏切。徐音侍者，明古今字也。《詩・大雅・瞻卬》：「匪教匪誨，時維婦寺」毛《傳》：「寺，近也」孔穎達疏：「寺即侍也。侍御者必近其旁，故以寺爲近。」〔註 5138〕按，此處當依徐音爲是。《釋文》首音誤。亦作「閍」者，《集韻・志韻》「寺，寺人，奄官。或从門。」〔註 5139〕

黔｜其廉反。徐音禽。王肅其嚴反。鄭作「黚」，謂虎豹之屬、貪冒之類。

【疏】所在經文爲「爲黔喙之屬」。〔註 5140〕黔《廣韻》二讀，巨淹切，羣鹽開重紐三平咸。巨金切，羣侵開重紐三平深。音異義同，黑黃也。《釋文》首音音同《廣韻》巨淹切。徐音與《廣韻》巨金切音同。王肅其嚴切，羣嚴

〔註 5134〕〔清〕段玉裁撰：《說文解字注》，上海：上海古籍出版社，景印嘉慶二十年經韻樓本，1988 年版，第 22 頁。

〔註 5135〕〔元〕董眞卿撰：《周易會通》，揚州：江蘇廣陵古籍刻印社，景印通志堂經解本第四冊，1996 年版，第 307 頁。

〔註 5136〕〔魏〕王弼、韓康伯注，〔唐〕孔穎達等正義：《周易正義》，北京：中華書局景印阮刻本，1980 年版，第 83 頁。

〔註 5137〕《經典釋文彙校》：「寫本作『蜀才作閍』。」見黃焯撰：《經典釋文彙校》，北京：中華書局，1980 年版，第 22 頁。

〔註 5138〕〔漢〕毛公傳、鄭玄箋，〔唐〕孔穎達等正義：《毛詩正義》，北京：中華書局景印阮刻本，1980 年版，第 309～310 頁。

〔註 5139〕〔宋〕丁度撰：《集韻》，北京：中華書局，景印北京圖書館藏宋刻本，1988 年版，第 138 頁。

〔註 5140〕〔魏〕王弼、韓康伯注，〔唐〕孔穎達等正義：《周易正義》，北京：中華書局景印阮刻本，1980 年版，第 83 頁。

開三平咸，《集韻》增有此音切，訓同。鄭作「黚」者，《易經異文釋・卷六》：「《史記・六國表》：衛悼公名黔。《呂覽注》作黚。」〔註 5141〕此黔、黚古通之證也，此處蓋假黚爲黔。「謂虎豹之屬、貪冒之類」者，《集解》引馬融曰：「黔喙，肉食之獸，謂豺狼之屬。」〔註 5142〕

喙|　況廢反。徐丁遘反。〔註 5143〕

【疏】喙《廣韻》許穢切，曉廢合三去蟹。《釋文》音同。徐丁遘反者，知紐侯韻。吳檢齋《經籍舊音辨證》按云：「徐音『丁遘反』者，字應作『咮』，咮、注、噣、咮聲近義同，喙則義近而聲遠矣。《集韻》噣、咮、喙、注四字同列，失之。」〔註 5144〕黃侃《經籍舊音辨證箋識》云：「喙讀『丁遘』，聲仍可通，獨韻腳遠耳。然《說文》『噣』、『喙』相次，又取聲有最，侯、曷亦非絕不可通。」〔註 5145〕沈兼士《吳著經籍舊音辨證發墨》：「吳氏拘於《說文》『喙，口也』、『咮，鳥食也』之訓，又以其音絕不相近，故云爾。實則喙者咮之體，咮者咮者喙之用，亦猶舌之與㐁，語雖各異，義可互通。他如《周禮・司徒》『㨖扑』，《釋文》『㨖，一音初洽反』；《莊子・外物》『揚而奮鬐』，李音『須』；亦此比也。推其換讀之由，蓋欲以通行之插、須，換讀罕見之㨖、鬐，既非若讀如之擬其音，亦有異讀爲之易其字。《集韻》『噣』、『喙』、『咮』、『注』四字同列，正是宋人保存舊書音義之珍蹟。吳氏反譏之，復疑㨖有『插』音爲德明之疏，於『鬐』字則據《篇》《韻》均無佗音以證《釋文》之誤，此皆似是而非，疑誤後學之談，不可不正之也。」〔註 5146〕

〔註 5141〕〔清〕李富孫撰：《易經異文釋》（續四庫經部易類第 27 冊），上海：上海古籍出版社，景印南菁書院續經解本，2002 年版，第 712 頁。

〔註 5142〕〔唐〕李鼎祚撰：《周易集解》，北京：中國書店，景印嘉慶三年姑蘇喜墨齋張遇堯局鐫本，1987 年版，卷十七，第 9 頁。

〔註 5143〕《經典釋文彙校》：「寫本、宋本同。吳云，案徐音丁遘反者，字應作『咮』，咮、注、噣、咮聲近義同，『喙』則義近而聲遠矣。《集韻》噣、咮、喙、注四字同列，失之。黃云：『喙』讀丁遘，聲仍可通，獨韻腳遠耳。然《說文》噣、喙相次，又取聲有最，侯、曷亦非絕不可通。」見黃焯撰：《經典釋文彙校》，北京：中華書局，1980 年版，第 23 頁。

〔註 5144〕吳承仕撰：《經籍舊音序錄、經籍舊音辨證》，北京：中華書局，1986 年版，第 83 頁。

〔註 5145〕黃侃撰：《經籍舊音辨證箋識》（《經籍舊音序錄、經籍舊音辨證》附錄），北京：中華書局，1986 年版，第 265 頁。

〔註 5146〕沈兼士撰：《吳著經籍舊音辨證發墨》（《經籍舊音序錄、經籍舊音辨證》附錄），北京：中華書局，1986 年版，第 303 頁。

為堅多節｜一本無「堅」字。

【疏】所在經文爲「爲堅多節」。〔註 5147〕一本無「堅」字者，集解本同。

為巫｜亡符反。

【疏】巫《廣韻》武夫切，微虞合三平遇。《釋文》音同。

附決｜如字。徐音穴。

【疏】所在經文爲「爲附決」。〔註 5148〕決《廣韻》二讀，決斷，古穴切，見屑合四入山。決起而飛，呼決切，曉屑合四入山。《釋文》如字者，讀如《廣韻》古穴切。徐音穴者，匣屑合四入山。

剛鹵｜力杜反。鹹土也。

【疏】所在經文爲「其於地也，爲剛鹵」。〔註 5149〕鹵《廣韻》郎古切，來姥合一上遇。《釋文》音同。「鹹土也」者，《說文・鹵部》：「鹵，西方鹹地也。」〔註 5150〕

為羊｜虞作「羔」。此六子依求索而為次第也。本亦有以三男居前，三女後。從「乾，健也」章至此，韓無注，或有注者，非也。荀爽九家集解本「乾」後更有四：「為龍，為直，為衣，為言。」「巛」後有八：「為牝，為迷，為方，為囊，為裳，為黃，為帛，為漿。」「震」後有三：「為王，為鵠，為鼓。」「巽」後有二：「為楊，為鸛。」「坎」後有八：「為宮，為律，為可，為棟，為叢棘，為狐，為蒺蔾，為桎梏。」「離」後有一：「為牝牛」，「艮」後有三：「為鼻，為虎，為狐。」「兌」後有二：「為常，為輔頰。」注云：「常，西方神也。」不同，故記之於此。〔註 5151〕

〔註 5147〕〔魏〕王弼、韓康伯注，〔唐〕孔穎達等正義：《周易正義》，北京：中華書局景印阮刻本，1980 年版，第 83 頁。

〔註 5148〕〔魏〕王弼、韓康伯注，〔唐〕孔穎達等正義：《周易正義》，北京：中華書局景印阮刻本，1980 年版，第 83 頁。

〔註 5149〕〔魏〕王弼、韓康伯注，〔唐〕孔穎達等正義：《周易正義》，北京：中華書局景印阮刻本，1980 年版，第 83 頁。

〔註 5150〕〔漢〕許愼撰：《說文解字》，北京：中華書局，景印同治十二年陳昌治刻本，1963 年版，第 247 頁。

〔註 5151〕《經典釋文彙校》：「臧云：虞注『羔』乃『養』之誤，傳寫脱其下半耳。詳見

【疏】虞作「羔」者，《十駕齋養新錄・兌爲妾爲養》云：「〈說卦〉：兌爲剛鹵，爲妾，爲陽。《釋文》：『羊』，虞作『羔』。今李鼎祚《集解》引虞仲翔注，亦作『羔』，云兌爲羊，已見上文。此爲重出，非孔子意也。武進臧鏞堂在東，謂『羔』乃『養』字之誤。攷虞注爲妾云：三小女位賤，故爲妾。其注爲羔云：羔女使，皆取位賤，故爲羔。虞以羊爲再出，若作羔，爲小羊，意亦不異。故知本是養字。傳寫脫其下半耳。又鄭康成本作爲『陽』，注云：此陽，謂養無家女。行賃炊爨。今時有之，賤於妾也。（見《漢上易傳》）然則此字當爲廝養之『養』。鄭、虞兩家正合。其作『羊』作『陽』，皆『養』字聲近之誤。」〔註 5152〕「此六子依求索而爲次第也」者，依震、巽、坎、離、艮、兌爲序也。「本亦有以三男居前，三女後」者，依震、坎、艮、巽、離、兌爲序也。荀爽《九家易》所增三十一逸象，朱震《漢上易傳・卷九》云：「秦漢之際，《易》亡〈說卦〉，孝宣帝時，河內女子發老屋得〈說卦〉、古文《老子》，至後漢荀爽《集解》，又得八卦逸象三十有一。」又云：「今考之六十四卦，其說若印圈鑰，合非後儒所能增也。」〔註 5153〕惠棟《易漢學・九家逸象》曰：「九家易魏晉後人所撰，其說以荀爽爲宗，朱氏遂謂爽所集，失之。」〔註 5154〕尚秉和《焦氏易詁》云：「此本非逸象，徒以傳流之本，字多寡不同，後儒慎之，命爲逸象。」〔註 5155〕《九家易》所增三十一逸象，宋

《十駕齋養新錄》。『本亦有以三男居前，三女後』，寫本『三女後』作『三女在後』者，兩通。『或有注者非也』，寫本『非也』上有『疑』字。『此後更有四』，寫本『有四』下有『云』字。下『有八』、『有三』、『有二』、『有八』、『有一』、『有三』下皆有『云』字。『爲直』：『直』寫本、宋本同。閩監本作『首』。『爲王』：寫本『王』作『主』。『爲楊』：『楊』，寫本同。宋本作『揚』。惠云，『楊』，項安世本作『揚』，誤。『爲可』：寫本同，宋本『可』作『河』。『爲棟』：寫本無。宋本『棟』作『揀』。惠云，『棟』舊作『揀』，項安世以爲『棟』字之譌。『爲叢棘』：寫本作『藂棘』，宋本『棘』作『梗』。『爲狐』：惠云，干寶〈未濟〉注云，坎爲狐。『爲蒺蔾』：宋本同，寫本『蔾』作『藜』。」見黃焯撰：《經典釋文彙校》，北京：中華書局，1980 年版，第 23 頁。

〔註 5152〕〔清〕錢大昕撰：《十駕齋養新錄》（續四庫子部雜家類第 1151 冊），上海：上海古籍出版社，景印清嘉慶間刻本，2002 年版，第 105～106 頁。

〔註 5153〕〔宋〕朱震撰：《漢上易傳》，揚州：江蘇廣陵古籍刻印社，景印通志堂經解本第一冊，1996 年版，第 263 頁。

〔註 5154〕〔清〕惠棟撰：《易漢學》（叢書集成初編哲學類第 457 冊），上海：商務印書館，據經訓堂叢書本排印，1937 年版，第 110 頁。

〔註 5155〕見尚秉和《焦氏易詁・〈焦氏易林〉集象學之大成・荀爽九家逸象》。尚秉和撰：《焦氏易詁》（張善文先生尚氏易學存稿校理本第一卷），北京：中國大百科全書出版社，2005 年版，第 183 頁。

朱震《漢上易傳》、項安世《周易玩辭》、元吳澄《易纂言外翼》、清惠棟《易漢學》、紀磊《九家易逸象辨證》等書均有考辨，可詳參之。

周易序卦第十

之穉｜直吏反。本或作「稚」。〔註 5156〕

【疏】所在經文為「物之穉也」。〔註 5157〕穉《廣韻》直利切，澄至開三去止。《釋文》直吏反，志韻，音近。本或作「稚」者，穉、稚，異體字也。

爭興｜爭鬬之爭。下同。

【疏】所在注文為「有資則爭興也」。〔註 5158〕「爭鬬之爭」者，注音兼釋義也。

所比｜毗志反。下注同。

【疏】所在經文為「眾必有所比」。〔註 5159〕參看〈比〉「比」條。

所畜｜敕六反。本亦作「蓄」。下及〈雜卦〉同。

【疏】所在經文為「比必有所畜」。〔註 5160〕參看〈師〉「畜眾」條。

以否｜備鄙反。下同。

【疏】所在經文為「故受之以〈否〉」。〔註 5161〕參看〈屯〉「則否」條。

以觀｜官喚反。

〔註 5156〕《經典釋文彙校》：「寫本作『穉』。宋本作『穉』。按作『穉』爲正。」見黃焯撰：《經典釋文彙校》，北京：中華書局，1980 年版，第 23 頁。

〔註 5157〕〔魏〕王弼、韓康伯注，〔唐〕孔穎達等正義：《周易正義》，北京：中華書局景印阮刻本，1980 年版，第 83 頁。

〔註 5158〕〔魏〕王弼、韓康伯注，〔唐〕孔穎達等正義：《周易正義》，北京：中華書局景印阮刻本，1980 年版，第 83 頁。

〔註 5159〕〔魏〕王弼、韓康伯注，〔唐〕孔穎達等正義：《周易正義》，北京：中華書局景印阮刻本，1980 年版，第 83 頁。

〔註 5160〕〔魏〕王弼、韓康伯注，〔唐〕孔穎達等正義：《周易正義》，北京：中華書局景印阮刻本，1980 年版，第 83 頁。

〔註 5161〕〔魏〕王弼、韓康伯注，〔唐〕孔穎達等正義：《周易正義》，北京：中華書局景印阮刻本，1980 年版，第 83 頁。

【疏】所在經文爲「物大然後可觀，故受之以〈觀〉。」〔註 5162〕參看〈觀〉「觀」條。

亨則｜許庚反。鄭許兩反，徐音向，同。

【疏】所在經文爲「致飾然後亨則盡矣」。〔註 5163〕參看〈乾〉「元亨」條、〈大有〉「用亨」條。

實喪｜息浪反。

【疏】所在注文爲「極飾則實喪也」。〔註 5164〕參看〈乾〉「知喪」條。

所錯｜七各反。注同。徐七路反。

【疏】所在經文爲「有上下然後禮義有所錯」。〔註 5165〕錯《廣韻》二讀，倉各切，清鐸開一入宕。倉故切，清暮合一去遇。《羣經音辨・卷五》：「錯，雜也，倉各切。錯，置也，七故切，《論語》『舉直錯諸枉』。」〔註 5166〕《釋文》七各反，音同《廣韻》倉各切，則訓錯爲錯雜、交錯也。韓注：「夫《易》六畫成卦，三材必備，錯綜天人以效變化。」似訓錯爲錯綜也。徐七路反，音同《廣韻》倉故切，則訓錯爲錯置也。《集解》引虞翻義曰：「錯，置也。」〔註 5167〕

之縕｜紆粉反。本又作「藴」。〔註 5168〕

【疏】所在經文爲「非《易》之縕也」。〔註 5169〕參看〈恒〉「餘縕」條。

〔註 5162〕〔魏〕王弼、韓康伯注，〔唐〕孔穎達等正義：《周易正義》，北京：中華書局景印阮刻本，1980 年版，第 83 頁。

〔註 5163〕〔魏〕王弼、韓康伯注，〔唐〕孔穎達等正義：《周易正義》，北京：中華書局景印阮刻本，1980 年版，第 84 頁。

〔註 5164〕〔魏〕王弼、韓康伯注，〔唐〕孔穎達等正義：《周易正義》，北京：中華書局景印阮刻本，1980 年版，第 84 頁。

〔註 5165〕〔魏〕王弼、韓康伯注，〔唐〕孔穎達等正義：《周易正義》，北京：中華書局景印阮刻本，1980 年版，第 84 頁。

〔註 5166〕〔宋〕賈昌朝撰：《羣經音辨》（叢書集成初編語文學類第 1208 冊），上海：商務印書館，景印畿輔叢書本，1939 年版，第 127 頁。

〔註 5167〕〔唐〕李鼎祚撰：《周易集解》，北京：中國書店，景印嘉慶三年姑蘇喜墨齋張遇堯局鐫本，1987 年版，卷七，第 12 頁。

〔註 5168〕《經典釋文彙校》：「『藴』，寫本同。宋本作『薀』。」見黄焯撰：《經典釋文彙校》，北京：中華書局，1980 年版，第 23 頁。

〔註 5169〕〔魏〕王弼、韓康伯注，〔唐〕孔穎達等正義：《周易正義》，北京：中華書

遠小人|　袁万反。

【疏】所在注文爲「君子以遠小人」。〔註 5170〕參看〈乾〉「放遠」條。

有難|　乃旦反。下同。

【疏】所在經文爲「乖必有難」。〔註 5171〕參看〈乾〉「而難」條。

以解|　音蟹。下同。

【疏】所在經文爲「故受之以〈解〉」。〔註 5172〕參看〈解〉「解」條。

決邪|　似嗟反。

【疏】所在注文爲「以正決邪」。〔註 5173〕參看〈乾〉「邪」條。

而上|　時掌反。

【疏】所在經文爲「聚而上者謂之升」。〔註 5174〕參看〈乾〉「上下」條。

去故|　起呂反。下同。

【疏】所在注文爲「革去故」。〔註 5175〕參看〈蒙〉「擊去」條。

以和|　胡臥反。又如字。

【疏】所在注文爲「鼎所以和齊生物」。〔註 5176〕和作唱和解時《廣韻》胡臥切，匣過合一去果。《釋文》音同。

局景印阮刻本，1980 年版，第 84 頁。

〔註 5170〕〔魏〕王弼、韓康伯注，〔唐〕孔穎達等正義：《周易正義》，北京：中華書局景印阮刻本，1980 年版，第 84 頁。

〔註 5171〕〔魏〕王弼、韓康伯注，〔唐〕孔穎達等正義：《周易正義》，北京：中華書局景印阮刻本，1980 年版，第 84 頁。

〔註 5172〕〔魏〕王弼、韓康伯注，〔唐〕孔穎達等正義：《周易正義》，北京：中華書局景印阮刻本，1980 年版，第 84 頁。

〔註 5173〕〔魏〕王弼、韓康伯注，〔唐〕孔穎達等正義：《周易正義》，北京：中華書局景印阮刻本，1980 年版，第 84 頁。

〔註 5174〕〔魏〕王弼、韓康伯注，〔唐〕孔穎達等正義：《周易正義》，北京：中華書局景印阮刻本，1980 年版，第 84 頁。

〔註 5175〕〔魏〕王弼、韓康伯注，〔唐〕孔穎達等正義：《周易正義》，北京：中華書局景印阮刻本，1980 年版，第 84 頁。

〔註 5176〕〔魏〕王弼、韓康伯注，〔唐〕孔穎達等正義：《周易正義》，北京：中華書局景印阮刻本，1980 年版，第 84 頁。

齊| 才細反。又如字。

【疏】齊《廣韻》二讀，齊整徂奚切，從齊開四平蟹。火齊在詣切，從霽開四去蟹。《釋文》音同《廣韻》去聲。此處讀爲劑也。調劑、調和也。《禮記・少儀》:「凡羞有湇者，不以齊。」鄭玄注:「齊，和也。」〔註 5177〕又如字者，義亦通。

若長| 丁丈反。

【疏】所在經文爲「主器者莫若長子」。〔註 5178〕參看〈師〉「長子」條。

說| 音悅。下及注同。

【疏】所在經文爲「兌者，說也。」〔註 5179〕說、悅，古今字。

行過| 下孟反。

【疏】所在注文爲「行過乎恭」。〔註 5180〕參看〈乾〉「庸行」條。

周易雜卦第十一

周易雜卦| 韓云:雜糅眾卦也。孟云:雜，亂也。第十一

【疏】韓云者，韓康伯注云:「『雜卦』者，雜糅眾卦，錯綜其義，或以同相類，或以異相明也。」〔註 5181〕孟云者，《元包經傳・仲陽》「陰陽不襍」李江注:「雜，亂也。」〔註 5182〕

〔註 5177〕〔漢〕鄭玄注，〔唐〕孔穎達等正義:《禮記正義》，北京:中華書局景印阮刻本，1980 年版，第 287 頁。

〔註 5178〕〔魏〕王弼、韓康伯注，〔唐〕孔穎達等正義:《周易正義》，北京:中華書局景印阮刻本，1980 年版，第 84 頁。

〔註 5179〕〔魏〕王弼、韓康伯注，〔唐〕孔穎達等正義:《周易正義》，北京:中華書局景印阮刻本，1980 年版，第 84 頁。

〔註 5180〕〔魏〕王弼、韓康伯注，〔唐〕孔穎達等正義:《周易正義》，北京:中華書局景印阮刻本，1980 年版，第 84 頁。

〔註 5181〕〔魏〕王弼、韓康伯注，〔唐〕孔穎達等正義:《周易正義》，北京:中華書局景印阮刻本，1980 年版，第 84 頁。

〔註 5182〕〔後周〕魏元嵩述，〔唐〕蘇源明傳，李江注并序:《元包經傳》（叢書集成初編哲學類第 694 冊），上海商務印書館，據學津討原本排印，1939 年版，第 19 頁。

雜糅| 如又反。〔註 5183〕

【疏】所在注文爲「雜糅眾卦」。〔註 5184〕糅《廣韻》女救切，娘宥開三去流。《釋文》如又反，日紐。

比| 毗志反。下同。

【疏】所在經文爲「比樂師憂」。〔註 5185〕參看〈比〉「比」條。

樂| 音洛。注同。

【疏】參看〈乾〉「樂則」條。

臨觀| 古亂反。

【疏】所在經文爲「臨觀之義」。〔註 5186〕參看〈觀〉「觀」條。

屯見| 賢遍反。注及下皆同。鄭如字。

【疏】所在經文爲「屯見而不失其居」。〔註 5187〕參看〈乾〉「見龍」條。

經綸| 本又作「論」。音倫。又力門反。

【疏】所在注文爲「君子經綸之時」。〔註 5188〕參看〈屯〉「經綸」條。

上升| 時掌反。下文「離上」并注同。

【疏】所在注文爲「方在上升」。〔註 5189〕參看〈乾〉「上下」條。

豫怠| 如字，姚同。京作「治」。虞作「怡」。

〔註 5183〕《經典釋文彙校》:「宋本同。寫本『如又』作『女九』。」見黃焯撰:《經典釋文彙校》，北京：中華書局，1980 年版，第 23 頁。

〔註 5184〕〔魏〕王弼、韓康伯注，〔唐〕孔穎達等正義:《周易正義》，北京：中華書局景印阮刻本，1980 年版，第 84 頁。

〔註 5185〕〔魏〕王弼、韓康伯注，〔唐〕孔穎達等正義:《周易正義》，北京：中華書局景印阮刻本，1980 年版，第 84 頁。

〔註 5186〕〔魏〕王弼、韓康伯注，〔唐〕孔穎達等正義:《周易正義》，北京：中華書局景印阮刻本，1980 年版，第 84 頁。

〔註 5187〕〔魏〕王弼、韓康伯注，〔唐〕孔穎達等正義:《周易正義》，北京：中華書局景印阮刻本，1980 年版，第 84 頁。

〔註 5188〕〔魏〕王弼、韓康伯注，〔唐〕孔穎達等正義:《周易正義》，北京：中華書局景印阮刻本，1980 年版，第 84 頁。

〔註 5189〕〔魏〕王弼、韓康伯注，〔唐〕孔穎達等正義:《周易正義》，北京：中華書局景印阮刻本，1980 年版，第 84 頁。

【疏】所在經文爲「謙輕而豫怠也」。〔註 5190〕「如字」者，辨字形作「怠」也。京作「治」、虞作「怡」者，皆一聲之轉也。《厚齋易學・卷五十・易外傳第十八》：「此以一陽言也，輕，去聲。怡，虞本。今作怠，誤以心在下也。或作治。蓋以起、止、始、災、來、怡爲韻。謙一陽退處於下，故爲自處者輕。豫一陽奮出於上，故爲和樂而怡。一曰謙輕而不爲備豫，則豫治其備也，故怡作治。」〔註 5191〕

則飭｜音敕。注同。整治也。鄭本、王肅作「飾」。〔註 5192〕

【疏】所在經文爲「蠱，則飭也。」。〔註 5193〕飭《廣韻》恥力切，徹職開三入曾。《釋文》音同。「整治也」者，韓康伯注同。鄭本、王肅作「飾」者，假飾爲飭也。

剝爛｜老旦反。

【疏】所在經文爲「剝，爛也。」〔註 5194〕爛《廣韻》郎旰切，來翰開一去山。《釋文》音同《廣韻》。

晝也｜竹又反。

【疏】所在經文爲「晉，晝也。」〔註 5195〕晝《廣韻》陟救切，知宥開三去流。《釋文》音同。

誅也｜荀云：誅，滅也。陸、韓云：傷也。

【疏】所在經文爲「明夷，誅也。」〔註 5196〕荀云「誅，滅也」者，詞有

〔註 5190〕〔魏〕王弼、韓康伯注，〔唐〕孔穎達等正義：《周易正義》，北京：中華書局景印阮刻本，1980 年版，第 84 頁。

〔註 5191〕〔宋〕馮椅撰：《厚齋易學》，臺灣：商務印書館，景印文淵閣四庫全書本第 16 冊，1983 年版，第 815 頁。

〔註 5192〕《經典釋文彙校》：「宋本同。嚴云：漢碑『飾』、『飭』通。毛居正謂『飭』作『飾』誤，是宋監本原作『飾』。」見黃焯撰：《經典釋文彙校》，北京：中華書局，1980 年版，第 23 頁。

〔註 5193〕〔魏〕王弼、韓康伯注，〔唐〕孔穎達等正義：《周易正義》，北京：中華書局景印阮刻本，1980 年版，第 84 頁。

〔註 5194〕〔魏〕王弼、韓康伯注，〔唐〕孔穎達等正義：《周易正義》，北京：中華書局景印阮刻本，1980 年版，第 84 頁。

〔註 5195〕〔魏〕王弼、韓康伯注，〔唐〕孔穎達等正義：《周易正義》，北京：中華書局景印阮刻本，1980 年版，第 84 頁。

〔註 5196〕〔魏〕王弼、韓康伯注，〔唐〕孔穎達等正義：《周易正義》，北京：中華書

「誅滅」者，同義連用，是誅有滅義。又《戰國策・齊策一》「曲撓而誅」高誘注：「誅，戮。」〔註 5197〕《國語・晉語六》「故以惠誅怨」韋昭注：「誅，除也。」〔註 5198〕義皆近之。陸、韓云「傷也」者，《集解》引虞注亦訓「誅」爲「傷」也。

解| 音蟹。

【疏】所在經文爲「解，緩也。」〔註 5199〕參看〈解〉「解」條。

難也| 乃旦反。

【疏】所在經文爲「蹇，難也。」〔註 5200〕參看〈乾〉「而難」條。

眾| 荀作「終」。

【疏】所在經文爲「大有，眾也。」〔註 5201〕荀作「終」者，眾、終古通。《爾雅・釋詁上》「黎，眾也」郝懿行《義疏》：「眾，通作終。終猶充也，充滿義亦爲眾。」〔註 5202〕《讀書雜志・史記第五・刺客列傳》「眾終莫能就」王念孫按：「眾、終一字也。」〔註 5203〕又《說文・䖵部》：「螽，蟲或从虫，眾聲。」〔註 5204〕冬爲終之本字，此亦終、眾相通之佐證也。

局景印阮刻本，1980 年版，第 84 頁。

〔註 5197〕〔漢〕高誘注：《戰國策》（叢書集成初編史地類第 3684～3687 冊），上海：商務印書館，據士禮居景宋本排印，1937 年版，第 3684 冊，第 72 頁。

〔註 5198〕〔吳〕韋昭注，〔清〕董增齡正義：《國語正義》（續四庫史部雜史類第 422 冊），上海：上海古籍出版社，景印光緒庚辰會稽章氏式訓堂刊本，2002 年版，第 223 頁。

〔註 5199〕〔魏〕王弼、韓康伯注，〔唐〕孔穎達等正義：《周易正義》，北京：中華書局景印阮刻本，1980 年版，第 84 頁。

〔註 5200〕〔魏〕王弼、韓康伯注，〔唐〕孔穎達等正義：《周易正義》，北京：中華書局景印阮刻本，1980 年版，第 84 頁。

〔註 5201〕〔魏〕王弼、韓康伯注，〔唐〕孔穎達等正義：《周易正義》，北京：中華書局景印阮刻本，1980 年版，第 84 頁。

〔註 5202〕〔清〕郝懿行撰：《爾雅義疏》（漢小學四種本），成都：巴蜀書社，景印同治四年郝氏家刻本，2001 年版，第 923 頁。

〔註 5203〕〔清〕王念孫撰：《讀書雜志》（續四庫子部雜家類第 1152～1153 冊），上海：上海古籍出版社，景印道光十二年刻本，2002 年版，第 1152 冊，第 557 頁。

〔註 5204〕〔漢〕許慎撰：《說文解字》，北京：中華書局，景印同治十二年陳昌治刻本，1963 年版，第 283 頁。

去故｜ 起呂反。

【疏】所在經文爲「革，去故也。」〔註 5205〕參看〈蒙〉「擊去」條。

豐多故｜ 眾家以此絕句。

【疏】所在經文爲「豐多故親寡旅也」。〔註 5206〕「眾家以此絕句」者，是。韓康伯訓「故」爲「事故」〔註 5207〕者，非。《周易章句證異・卷十二》引項安世曰：「卦名皆句上，旅獨在下者，取其韻之叶也。以『多故』對『寡親』，則故非事故之故。」〔註 5208〕項氏之說可從。故於故下絕句。

親寡旅也｜ 荀本「豐多故親」絕句，「寡旅也」別為句。〔註 5209〕

【疏】荀義亦通。然就節奏言之，則不若於「故」下絕句爲佳。

道長｜ 丁丈反。

【疏】所在經文爲「君子道長」。〔註 5210〕參看〈師〉「長子」條。

周易畧例

周易畧例｜ 此是輔嗣所作。既釋經文，故相承講之。今亦隨世音焉。或有題為第十者。後人輒加之耳。〔註 5211〕

明象

〔註 5205〕〔魏〕王弼、韓康伯注，〔唐〕孔穎達等正義：《周易正義》，北京：中華書局景印阮刻本，1980 年版，第 84 頁。

〔註 5206〕〔魏〕王弼、韓康伯注，〔唐〕孔穎達等正義：《周易正義》，北京：中華書局景印阮刻本，1980 年版，第 84 頁。

〔註 5207〕〔魏〕王弼、韓康伯注，〔唐〕孔穎達等正義：《周易正義》，北京：中華書局景印阮刻本，1980 年版，第 84 頁。

〔註 5208〕〔清〕翟均廉撰：《周易章句證異》，臺灣：商務印書館，景印文淵閣四庫全書本第 53 冊，1983 年版，第 819 頁。

〔註 5209〕《經典釋文彙校》：「王筠云：『故』、『旅』協韻，於『親』絕句則非韻。」見黃焯撰：《經典釋文彙校》，北京：中華書局，1980 年版，第 23 頁。

〔註 5210〕〔魏〕王弼、韓康伯注，〔唐〕孔穎達等正義：《周易正義》，北京：中華書局景印阮刻本，1980 年版，第 84 頁。

〔註 5211〕《經典釋文彙校》：「寫本於『略例』下添注『上』字。注文『此是輔嗣所作』句上有『案略例本無上字』句。」見黃焯撰：《經典釋文彙校》，北京：中華書局，1980 年版，第 23 頁。

動不能制動｜一本作「天地不能制動」。

【疏】依上文「夫眾不能治眾，治眾者，至寡者也。」〔註5212〕則此處當作「動不能制動」爲是。

貞夫｜音符。後皆同。

【疏】所在文句爲「貞夫一者也」。〔註5213〕參看〈乾〉「夫位」條。

琁｜悉全反。又作「旋」。

【疏】所在文句爲「故處璇璣以觀大運」。〔註5214〕《釋文》作「琁」者，「璇」之異體也。《集韻・僊韻》：「璿，或作琁、璇。」〔註5215〕琁《廣韻》似宣切，邪仙合三平山。《釋文》音同。又作「旋」者，《尚書大傳》：「正月上日，受終於文祖，在旋機玉衡，以齊七政。」〔註5216〕而《書・舜典》作「璿璣」。〔註5217〕又《廣雅・釋天》：「北斗七星，一爲樞，二爲旋，三爲機。」〔註5218〕是璿璣之「璿」又作「旋」也。按《周髀算經・卷下》「欲知北極樞，璿周四極。」趙爽注云：「極中不動，璿璣周旋四至。極，至也。」〔註5219〕璿、旋，蓋同源字也。

璣｜音機。本又作「機」，或作「幾」。

【疏】璣《廣韻》居依切，見微開三平止。《釋文》音同。本又作「機」者，如上條所引《尚書大傳》、《廣雅》皆作「機」也。或作「幾」者，蓋亦

〔註5212〕〔晉〕王弼著，〔唐〕邢璹註，〔明〕范欽訂：《周易略例》，嘉靖四年范氏天一閣刊本，卷一，第2頁。

〔註5213〕〔晉〕王弼著，〔唐〕邢璹註，〔明〕范欽訂：《周易略例》，嘉靖四年范氏天一閣刊本，卷一，第2頁。

〔註5214〕〔晉〕王弼著，〔唐〕邢璹註，〔明〕范欽訂：《周易略例》，嘉靖四年范氏天一閣刊本，卷一，第3頁。

〔註5215〕〔宋〕丁度撰：《集韻》，北京：中華書局，景印北京圖書館藏宋刻本，1988年版，第49頁。

〔註5216〕〔漢〕伏勝撰，〔漢〕鄭玄注：《尚書大傳》，嘉慶年間王氏漢魏遺書鈔刊本，卷上，第3頁。

〔註5217〕〔漢〕孔安國傳，〔唐〕孔穎達等正義：《尚書正義》，北京：中華書局景印阮刻本，1980年版，第14頁。

〔註5218〕〔清〕王念孫撰：《廣雅疏證》，北京：中華書局，景印嘉慶年間王氏家刻本，1983年版，第286頁。

〔註5219〕〔漢〕趙爽注，〔北周〕甄鸞重述，〔唐〕李淳風等奉敕注：《周髀算經》，清光緒間吳縣朱氏槐廬叢書本，卷下，第3頁。

假幾爲璣也。

輻｜音福。

【疏】所在文句爲「則六合輻湊未足多也」。〔註 5220〕參看〈小畜〉「輻」條。

湊｜千豆反。

【疏】湊《廣韻》倉奏切，清候開一去流。《釋文》音同。

則思｜息吏反。

【疏】所在文句爲「則思過半矣」。〔註 5221〕參看〈臨〉「教思」條。

可遠｜于万反。

【疏】所在文句爲「故未可遠也」。〔註 5222〕參看〈乾〉「放遠」條。

能渝｜羊朱反。

【疏】所在文句爲「變而不能渝」。〔註 5223〕渝《廣韻》羊朱切，以虞合三平遇。《釋文》音同。參看〈訟〉「渝」條。

至賾｜仕責反。

【疏】所在文句爲「非天下之至賾」。〔註 5224〕參看〈繫辭上〉「賾」條。

能與｜音預。

【疏】所在文句爲「其孰能與於此乎」。〔註 5225〕與《廣韻》三讀，訓作

〔註 5220〕〔晉〕王弼著，〔唐〕邢璹註，〔明〕范欽訂：《周易略例》，嘉靖四年范氏天一閣刊本，卷一，第 3 頁。
〔註 5221〕〔晉〕王弼著，〔唐〕邢璹註，〔明〕范欽訂：《周易略例》，嘉靖四年范氏天一閣刊本，卷一，第 3 頁。
〔註 5222〕〔晉〕王弼著，〔唐〕邢璹註，〔明〕范欽訂：《周易略例》，嘉靖四年范氏天一閣刊本，卷一，第 3 頁。
〔註 5223〕〔晉〕王弼著，〔唐〕邢璹註，〔明〕范欽訂：《周易略例》，嘉靖四年范氏天一閣刊本，卷一，第 4 頁。
〔註 5224〕〔晉〕王弼著，〔唐〕邢璹註，〔明〕范欽訂：《周易略例》，嘉靖四年范氏天一閣刊本，卷一，第 4 頁。
〔註 5225〕〔晉〕王弼著，〔唐〕邢璹註，〔明〕范欽訂：《周易略例》，嘉靖四年范氏天一閣刊本，卷一，第 4 頁。

善、待、黨與時音余呂切，以語合三上遇。訓作參與時音羊洳切，以御合三去遇。訓作語辭音以諸切，以魚合三平遇。《釋文》音預與《廣韻》去聲同。訓爲參與。

觀象以斯｜一本作「以象觀之」

【疏】所在文句爲「故觀〈象〉以斯」。〔註 5226〕一本作「以象觀之」，義亦通。

明爻通變

好靜｜呼報反。

【疏】所在文句爲「形躁好靜」。〔註 5227〕參看〈屯〉「合好」條。

度量｜音亮。

【疏】所在文句爲「度量所不能均也」。〔註 5228〕參看〈同人〉「量斯」條。

朝｜直遙反。

【疏】所在文句爲「或懼於朝廷之儀」。〔註 5229〕朝廷之朝《廣韻》直遙切，澄宵開三平效。《釋文》音同。

廷｜音定。

【疏】廷《廣韻》二讀，特丁切，定青開四平梗。徒徑切，定徑開四去梗。朝廷之廷二讀皆可。《釋文》音同《廣韻》去聲。

必比｜毗志反。

〔註 5226〕〔晉〕王弼著，〔唐〕邢璹註，〔明〕范欽訂：《周易略例》，嘉靖四年范氏天一閣刊本，卷一，第 4 頁。

〔註 5227〕〔晉〕王弼著，〔唐〕邢璹註，〔明〕范欽訂：《周易略例》，嘉靖四年范氏天一閣刊本，卷一，第 5 頁。

〔註 5228〕〔晉〕王弼著，〔唐〕邢璹註，〔明〕范欽訂：《周易略例》，嘉靖四年范氏天一閣刊本，卷一，第 5 頁。

〔註 5229〕〔晉〕王弼著，〔唐〕邢璹註，〔明〕范欽訂：《周易略例》，嘉靖四年范氏天一閣刊本，卷一，第 5 頁。

【疏】所在文句爲「近不必比」。〔註5230〕參看〈比〉「比」條。

隆墀｜本又作「坻」，直其反。坻，螘冢。

【疏】所在文句爲「隆墀永歎」。〔註5231〕本又作「坻」者，《說文・土部》：「墀，涂地也。」〔註5232〕墀本義爲涂地。而邢璹注云：「墀，水中墀也。」據此，此處假墀爲坻也。坻者，水中高地也。又《爾雅・釋水》「小沚曰坻」陸德明《釋文》：「本或作『墀』，同。」〔註5233〕是墀、坻古通也。坻《廣韻》直尼切，澄脂開三平止。《釋文》直其反，澄紐之韻，音近。「坻，螘冢」者，假坻爲垤也。坻（定紐脂部）、垤（定紐質部），音近相通。《詩・豳風・東山》「鸛鳴于垤」毛《傳》：「垤，螘塚也。」〔註5234〕《說文・土部》：「垤，螘封也。」〔註5235〕

遠壑｜火各反。

【疏】所在文句爲「遠壑必盈」。〔註5236〕壑《廣韻》呵各切，曉鐸開一入宕。《釋文》音同。

而濟｜一本作「而載」。

【疏】所在文句爲「同舟而濟」。〔註5237〕一本作「而載」者，義亦通。

能說｜音悅。

〔註5230〕〔晉〕王弼著，〔唐〕邢璹註，〔明〕范欽訂：《周易略例》，嘉靖四年范氏天一閣刊本，卷一，第5頁。

〔註5231〕〔晉〕王弼著，〔唐〕邢璹註，〔明〕范欽訂：《周易略例》，嘉靖四年范氏天一閣刊本，卷一，第6頁。

〔註5232〕〔漢〕許慎撰：《說文解字》，北京：中華書局，景印同治十二年陳昌治刻本，1963年版，第287頁。

〔註5233〕〔唐〕陸德明撰：《經典釋文》，北京：中華書局，景印徐乾學通志堂刻本，1983年版，第423頁。

〔註5234〕〔漢〕毛公傳、鄭玄箋，〔唐〕孔穎達等正義：《毛詩正義》，北京：中華書局景印阮刻本，1980年版，第128頁。

〔註5235〕〔漢〕許慎撰：《說文解字》，北京：中華書局，景印同治十二年陳昌治刻本，1963年版，第289頁。

〔註5236〕〔晉〕王弼著，〔唐〕邢璹註，〔明〕范欽訂：《周易略例》，嘉靖四年范氏天一閣刊本，卷一，第6頁。

〔註5237〕〔晉〕王弼著，〔唐〕邢璹註，〔明〕范欽訂：《周易略例》，嘉靖四年范氏天一閣刊本，卷一，第6頁。

【疏】所在文句爲「能說諸心」。〔註 5238〕說、悅，古今字也。

善邇｜「善」又作「繕」。〔註 5239〕

【疏】所在文句爲「故有善邇而遠至」。〔註 5240〕「善」又作「繕」者，《墨子・雜守》「墉善其上」孫詒讓《閒詁》引蘇云：「善，與繕通。」〔註 5241〕《爾雅・釋詁上》「儀，善也」郝懿行《義疏》：「善，通作繕。」〔註 5242〕是善、繕古通也。

愛惡｜烏路反。次章同。

【疏】所在文句爲「愛惡相攻」。〔註 5243〕參看〈蒙〉「所惡」條。

語成而後有格｜舊本如此。一本「格」作「括」。〔註 5244〕

【疏】所在文句爲「語成器而後有格」。〔註 5245〕邢注云：「格，作括。括，結也。」〔註 5246〕邢讀格爲括。「格」蓋「括」之譌字也，「括」是。

能與｜音豫。

【疏】所在文句爲「其孰能與於此哉」。〔註 5247〕與《廣韻》三讀，訓作

〔註 5238〕〔晉〕王弼著，〔唐〕邢璹註，〔明〕范欽訂：《周易略例》，嘉靖四年范氏天一閣刊本，卷一，第 6 頁。

〔註 5239〕《經典釋文彙校》：「嚴云：邢注『脩治也』。則正文當作『繕』。是利古本作『繕』。」見黃焯撰：《經典釋文彙校》，北京：中華書局，1980 年版，第 23 頁。

〔註 5240〕〔晉〕王弼著，〔唐〕邢璹註，〔明〕范欽訂：《周易略例》，嘉靖四年范氏天一閣刊本，卷一，第 6 頁。

〔註 5241〕〔清〕孫詒讓撰：《墨子閒詁》，上海：上海書店，景印諸子集成本，1986 年版，第 371 頁。

〔註 5242〕〔清〕郝懿行撰：《爾雅義疏》（漢小學四種本），成都：巴蜀書社，景印同治四年郝氏家刻本，2001 年版，第 894 頁。

〔註 5243〕〔晉〕王弼著，〔唐〕邢璹註，〔明〕范欽訂：《周易略例》，嘉靖四年范氏天一閣刊本，卷一，第 7 頁。

〔註 5244〕《經典釋文彙校》：「嚴云：案〈繫辭〉『語成器而動者也』，此弼語所本，刪『器』字不詞。邢注『語成器而後無結閡之患』，亦用韓彼注，則邢所據本與初刻同。明舊本脱字矣。岳本、足利本、何本有『器』字，別本皆脱。」見黃焯撰：《經典釋文彙校》，北京：中華書局，1980 年版，第 23 頁。

〔註 5245〕〔晉〕王弼著，〔唐〕邢璹註，〔明〕范欽訂：《周易略例》，嘉靖四年范氏天一閣刊本，卷一，第 7 頁。

〔註 5246〕〔晉〕王弼著，〔唐〕邢璹註，〔明〕范欽訂：《周易略例》，嘉靖四年范氏天一閣刊本，卷一，第 7 頁。

〔註 5247〕〔晉〕王弼著，〔唐〕邢璹註，〔明〕范欽訂：《周易略例》，嘉靖四年范氏天

善、待、黨與時音余呂切，以語合三上遇。訓作參與時音羊洳切，以御合三去遇。訓作語辭音以諸切，以魚合三平遇。《釋文》音豫與《廣韻》去聲同。訓爲參與。

明卦適變通爻｜本又作「明卦通變適爻」，又一本直云「適變通爻」。

否泰｜備鄙反。

【疏】所在文句爲「夫時有否泰」。〔註 5248〕參看〈屯〉「則否」條。

險易｜以豉反。章內同。

【疏】所在文句爲「故辭有險易」。〔註 5249〕參看〈屯〉「以易」條。

於斷｜丁亂反。

【疏】所在文句爲「柔而不憂於斷者」。〔註 5250〕參看〈蒙〉「能斷」條。

要其｜一遙反。

【疏】所在文句爲「要其終也」。〔註 5251〕參看〈繫辭〉「以要」條。

辟險｜音避。本亦作「避」。後章同。

【疏】所在文句爲「辟險尚遠」。〔註 5252〕辟、避，古今字。

比復｜毗志反。

【疏】所在文句爲「〈比〉〈復〉好先」。〔註 5253〕參看〈比〉「比」條。

一閣刊本，卷一，第 7 頁。

〔註 5248〕〔晉〕王弼著，〔唐〕邢璹註，〔明〕范欽訂：《周易略例》，嘉靖四年范氏天一閣刊本，卷一，第 8 頁。

〔註 5249〕〔晉〕王弼著，〔唐〕邢璹註，〔明〕范欽訂：《周易略例》，嘉靖四年范氏天一閣刊本，卷一，第 8 頁。

〔註 5250〕〔晉〕王弼著，〔唐〕邢璹註，〔明〕范欽訂：《周易略例》，嘉靖四年范氏天一閣刊本，卷一，第 9 頁。

〔註 5251〕〔晉〕王弼著，〔唐〕邢璹註，〔明〕范欽訂：《周易略例》，嘉靖四年范氏天一閣刊本，卷一，第 9 頁。

〔註 5252〕〔晉〕王弼著，〔唐〕邢璹註，〔明〕范欽訂：《周易略例》，嘉靖四年范氏天一閣刊本，卷一，第 10 頁。

〔註 5253〕〔晉〕王弼著，〔唐〕邢璹註，〔明〕范欽訂：《周易略例》，嘉靖四年范氏天一閣刊本，卷一，第 10 頁。

好先｜呼報反。

【疏】參看〈屯〉「合好」條。

侮妻｜亡甫反。

【疏】所在文句為「侮妻子」。〔註 5254〕侮《廣韻》文甫切，微虞合三上遇。《釋文》音同。

故當｜如字。

【疏】所在文句為「故當其列貴賤之時」。〔註 5255〕如字者，讀如《廣韻》都郎切。參看〈乾〉「而當」條。

其介｜音界。本又作「分」，符問反。

【疏】所在文句為「遇其憂悔吝之時，其介不可慢也」。〔註 5256〕介《廣韻》古拜切，見怪開二去蟹。《釋文》音同。邢注訓為纖介。本又作「分」者，介字之譌也。義亦通。分作分際、限度解時《廣韻》扶問切，奉問合三去臻。《釋文》音同。

明象

觀意｜本亦作「見意」。

【疏】所在文句為「故可尋象以觀意」。〔註 5257〕本亦作「見意」者，義同。

猶蹄｜音啼。

【疏】所在文句為「猶蹄者所以在兔」。〔註 5258〕蹄《廣韻》杜奚切，定

〔註 5254〕〔晉〕王弼著，〔唐〕邢璹註，〔明〕范欽訂：《周易略例》，嘉靖四年范氏天一閣刊本，卷一，第 10 頁。

〔註 5255〕〔晉〕王弼著，〔唐〕邢璹註，〔明〕范欽訂：《周易略例》，嘉靖四年范氏天一閣刊本，卷一，第 10 頁。

〔註 5256〕〔晉〕王弼著，〔唐〕邢璹註，〔明〕范欽訂：《周易略例》，嘉靖四年范氏天一閣刊本，卷一，第 10 頁。

〔註 5257〕〔晉〕王弼著，〔唐〕邢璹註，〔明〕范欽訂：《周易略例》，嘉靖四年范氏天一閣刊本，卷一，第 11 頁。

〔註 5258〕〔晉〕王弼著，〔唐〕邢璹註，〔明〕范欽訂：《周易略例》，嘉靖四年范氏天一閣刊本，卷一，第 11 頁。

齊開四平蟹。《釋文》音同。

在兔｜ 他故反。字又作「菟」。

【疏】兔《廣韻》湯故切，透暮合一去遇。《釋文》音同。字又作「菟」者，菟通兔，《楚辭・天問》：「厥利維何，而顧菟在腹？」洪興祖《補注》：「菟與兔同。」〔註 5259〕

筌者｜ 七全反。「筌蹄」事見《莊子》。〔註 5260〕

【疏】所在文句爲「筌者所以在魚」。〔註 5261〕《莊子・外物》：「荃者所以在魚，得魚而忘荃；蹄者所以在兔，得兔而忘蹄。」〔註 5262〕陸德明於「荃」下音義云：「七全反。崔音孫，香草也，可以餌魚。或云積柴水中使魚依而食焉。一云魚笱也。」〔註 5263〕魚笱者，依字作筌。筌、荃，通用。此處二說皆可。《彙校》所引盧氏說，未免武斷。

重畫｜ 直龍反。下胡麥反。下同。

【疏】所在文句爲「重畫以盡情」。〔註 5264〕重複之重《廣韻》直容切，澄鍾合三平通。《釋文》音同。

應健｜ 音鷹。

【疏】所在文句爲「義苟在健，何必馬乎。」〔註 5265〕應當之應《廣韻》於陵切，影蒸開三平曾。《釋文》音同。

〔註 5259〕〔宋〕洪興祖撰：《楚辭補注》（叢書集成初編文學類第 1812～1816 冊），上海：商務印書館，據惜陰軒叢書本排印，1939 年版，第 70 頁。

〔註 5260〕《經典釋文彙校》：「嚴曰：《說文》但有『荃』字，《莊子・外物篇》『荃蹄』崔譔音孫，香草也，可以餌魚，則當作『荃』爲是。」見黃焯撰：《經典釋文彙校》，北京：中華書局，1980 年版，第 23 頁。

〔註 5261〕〔晉〕王弼著，〔唐〕邢璹註，〔明〕范欽訂：《周易略例》，嘉靖四年范氏天一閣刊本，卷一，第 11 頁。

〔註 5262〕〔清〕郭慶藩輯：《莊子集釋》，上海：上海書店，景印諸子集成本，1986 年版，第 407 頁。

〔註 5263〕〔唐〕陸德明撰：《經典釋文》，北京：中華書局，景印徐乾學通志堂刻本，1983 年版，第 397 頁。

〔註 5264〕〔晉〕王弼著，〔唐〕邢璹註，〔明〕范欽訂：《周易略例》，嘉靖四年范氏天一閣刊本，卷一，第 11 頁。

〔註 5265〕〔晉〕王弼著，〔唐〕邢璹註，〔明〕范欽訂：《周易略例》，嘉靖四年范氏天一閣刊本，卷一，第 12 頁。

滋漫｜ 末半反。

【疏】所在文句爲「則僞說滋漫」。〔註 5266〕漫《廣韻》莫半切，明換合一去山。《釋文》音同。

縱復｜ 扶又反。

【疏】所在文句爲「縱復或值」。〔註 5267〕參看〈蒙〉「則復」條。

辯位

繫辭｜ 戶計反。下同。

【疏】所在文句爲「又〈繫辭〉但論三五、二四同功異位」。〔註 5268〕戶計反，匣齊開四去蟹。參看〈大有〉「繫辭」條。

位分｜ 扶問反。下同。

【疏】所在文句爲「守位分之任」。〔註 5269〕分作分際、限度解時《廣韻》扶問切，奉問合三去臻。《釋文》音同。

去初｜ 羌呂反。

【疏】所在文句爲「去初上而論位分」。〔註 5270〕參看〈蒙〉「擊去」條。

無六爻｜ 「無」亦作「捐」。

【疏】所在文句爲「卦不可无六爻」。〔註 5271〕「無」亦作「捐」者，義皆通。

〔註 5266〕〔晉〕王弼著，〔唐〕邢璹註，〔明〕范欽訂：《周易略例》，嘉靖四年范氏天一閣刊本，卷一，第 12 頁。
〔註 5267〕〔晉〕王弼著，〔唐〕邢璹註，〔明〕范欽訂：《周易略例》，嘉靖四年范氏天一閣刊本，卷一，第 12 頁。
〔註 5268〕〔晉〕王弼著，〔唐〕邢璹註，〔明〕范欽訂：《周易略例》，嘉靖四年范氏天一閣刊本，卷一，第 12 頁。
〔註 5269〕〔晉〕王弼著，〔唐〕邢璹註，〔明〕范欽訂：《周易略例》，嘉靖四年范氏天一閣刊本，卷一，第 13 頁。
〔註 5270〕〔晉〕王弼著，〔唐〕邢璹註，〔明〕范欽訂：《周易略例》，嘉靖四年范氏天一閣刊本，卷一，第 13 頁。
〔註 5271〕〔晉〕王弼著，〔唐〕邢璹註，〔明〕范欽訂：《周易略例》，嘉靖四年范氏天一閣刊本，卷一，第 13 頁。

畧例下| 舊本如此。本或無「下」字。

【疏】所在文句天一閣本作「畧例下」。〔註 5272〕

率| 音類。又音律。又所律反。

【疏】所在文句爲「率相比而无應」。〔註 5273〕率《廣韻》二讀，訓爲鳥網，所類切，生至合三去止。訓爲循，所律切，生術合三入臻。《集韻》增有三讀，訓爲約數，劣戌切，來術合三入臻。訓爲計數之名，力遂切，來至合三去止。訓爲量名，所劣切，生薛合三入山。《釋文》首音同《集韻》力遂切。又音律，音同《集韻》劣戌切。又所律反，音同《廣韻》所律切。按此處《釋文》蓋以首音爲正。訓爲大類，大率也。

相比| 毗志反。

【疏】參看〈比〉「比」條。

險易| 以豉反。

【疏】所在文句爲「然時有險易」。〔註 5274〕參看〈屯〉「以易」條。

之行| 下孟反。

【疏】所在文句爲「明其吉凶之行」。〔註 5275〕參看〈乾〉「庸行」條。

去六| 羌呂反。

【疏】所在文句爲「去六三成卦之體」。〔註 5276〕參看〈蒙〉「擊去」條。

見咥| 直結反。

【疏】所在文句爲「故危不獲亨而見咥也」。〔註 5277〕參看〈履〉「咥」條。

〔註 5272〕〔晉〕王弼著，〔唐〕邢璹註，〔明〕范欽訂：《周易略例》，嘉靖四年范氏天一閣刊本，卷一，第 14 頁。

〔註 5273〕〔晉〕王弼著，〔唐〕邢璹註，〔明〕范欽訂：《周易略例》，嘉靖四年范氏天一閣刊本，卷一，第 14 頁。

〔註 5274〕〔晉〕王弼著，〔唐〕邢璹註，〔明〕范欽訂：《周易略例》，嘉靖四年范氏天一閣刊本，卷一，第 14 頁。

〔註 5275〕〔晉〕王弼著，〔唐〕邢璹註，〔明〕范欽訂：《周易略例》，嘉靖四年范氏天一閣刊本，卷一，第 15 頁。

〔註 5276〕〔晉〕王弼著，〔唐〕邢璹註，〔明〕范欽訂：《周易略例》，嘉靖四年范氏天一閣刊本，卷一，第 15 頁。

〔註 5277〕〔晉〕王弼著，〔唐〕邢璹註，〔明〕范欽訂：《周易略例》，嘉靖四年范氏天一閣

所怨| 紆万反。又紆元反。

【疏】所在文句爲「无所怨咎」。〔註 5278〕參看〈節〉「所怨」條。

卦畧| 凡十一卦。

【疏】十一卦者，〈屯〉、〈蒙〉、〈履〉、〈臨〉、〈觀〉、〈大過〉、〈遯〉、〈大壯〉、〈明夷〉、〈睽〉、〈豐〉也。

屯難| 乃旦反。〈遯〉、〈明夷〉卦同。

【疏】所在文句爲「屯難之世」。〔註 5279〕參看〈乾〉「而難」條。

所馮| 皮冰反。本亦作「憑」。

【疏】所在文句爲「无所馮也」。〔註 5280〕參看〈泰〉「用馮」條。

蒙陰昧| 音妹。

【疏】所在文句爲「夫陰昧而陽明」。〔註 5281〕昧《廣韻》莫佩切，明隊合一去蟹。《釋文》音同。

不諮| 本亦作「資」。

【疏】所在文句爲「明者不諮於闇」。〔註 5282〕本亦作「資」者，《易・蒙・彖傳》「匪我求童蒙」王弼注「明者不諮於闇」陸德明《釋文》:「諮，本亦作『咨』，又作『資』，並通。」〔註 5283〕參看〈蒙〉「不諮」條。

四遠| 袁万反。〈觀〉、〈明夷〉卦同。

一閣刊本，卷一，第 15 頁。

〔註 5278〕〔晉〕王弼著，〔唐〕邢璹註，〔明〕范欽訂:《周易略例》，嘉靖四年范氏天一閣刊本，卷一，第 15 頁。

〔註 5279〕〔晉〕王弼著，〔唐〕邢璹註，〔明〕范欽訂:《周易略例》，嘉靖四年范氏天一閣刊本，卷一，第 16 頁。

〔註 5280〕〔晉〕王弼著，〔唐〕邢璹註，〔明〕范欽訂:《周易略例》，嘉靖四年范氏天一閣刊本，卷一，第 16 頁。

〔註 5281〕〔晉〕王弼著，〔唐〕邢璹註，〔明〕范欽訂:《周易略例》，嘉靖四年范氏天一閣刊本，卷一，第 16 頁。

〔註 5282〕〔晉〕王弼著，〔唐〕邢璹註，〔明〕范欽訂:《周易略例》，嘉靖四年范氏天一閣刊本，卷一，第 16 頁。

〔註 5283〕〔唐〕陸德明撰:《經典釋文》，北京:中華書局，景印徐乾學通志堂刻本，1983 年版，第 20 頁。

【疏】所在文句爲「四遠於陽」。〔註 5284〕參看〈乾〉「放遠」條。

初比｜ 毗志反。

【疏】所在文句爲「初比於陽」。〔註 5285〕參看〈比〉「比」條。

履不處｜ 謂陽爻不處其位為美。

【疏】所在文句爲「〈履〉，不處也。」〔註 5286〕《易・雜卦》「履不處也」下韓康伯注引王弼云：「〈履〉卦，陽爻皆以不處其位，爲吉也。」〔註 5287〕

履者，禮也｜ 今〈雜卦〉無此句。韓注有。或傳寫者誤。

【疏】「履者，禮也」者，見《周易・序卦》「故受之以履」韓康伯注。

臨剛長｜ 丁丈反。〈遯〉卦同。

【疏】所在文句爲「臨：此剛長之卦也」。〔註 5288〕參看〈師〉「長子」條。

觀｜ 古亂反。

【疏】所在文句爲「觀之爲義」。〔註 5289〕參看〈觀〉「觀」條。

以所見｜ 一本「所」作「知」。

【疏】所在文句爲「以所見爲美者也」。〔註 5290〕作「所」是。

以近｜ 附近之近。〈明夷〉卦同。

〔註 5284〕〔晉〕王弼著，〔唐〕邢璹註，〔明〕范欽訂：《周易略例》，嘉靖四年范氏天一閣刊本，卷一，第 16 頁。
〔註 5285〕〔晉〕王弼著，〔唐〕邢璹註，〔明〕范欽訂：《周易略例》，嘉靖四年范氏天一閣刊本，卷一，第 16 頁。
〔註 5286〕〔晉〕王弼著，〔唐〕邢璹註，〔明〕范欽訂：《周易略例》，嘉靖四年范氏天一閣刊本，卷一，第 16 頁。
〔註 5287〕〔魏〕王弼、韓康伯注，〔唐〕孔穎達等正義：《周易正義》，北京：中華書局景印阮刻本，1980 年版，第 84 頁。
〔註 5288〕〔晉〕王弼著，〔唐〕邢璹註，〔明〕范欽訂：《周易略例》，嘉靖四年范氏天一閣刊本，卷一，第 17 頁。
〔註 5289〕〔晉〕王弼著，〔唐〕邢璹註，〔明〕范欽訂：《周易略例》，嘉靖四年范氏天一閣刊本，卷一，第 17 頁。
〔註 5290〕〔晉〕王弼著，〔唐〕邢璹註，〔明〕范欽訂：《周易略例》，嘉靖四年范氏天一閣刊本，卷一，第 17 頁。

【疏】所在文句爲「故以近尊爲尙」。〔註 5291〕參看〈乾〉「近乎」條。

大過棟橈｜乃孝反。

【疏】所在文句爲「〈大過〉者：棟橈之世也。」〔註 5292〕參看〈大過〉「橈」條。

拯弱｜拯救之拯。

【疏】所在文句爲「拯弱之義也」。〔註 5293〕參看〈屯〉「拯」條。

同好｜呼報反。

【疏】所在文句爲「唯在同好」。〔註 5294〕參看〈屯〉「合好」條。

所贍｜常豔反。〔註 5295〕

【疏】所在文句爲「則所贍徧矣」。〔註 5296〕贍《廣韻》時豔切，禪豔開三去咸。《釋文》音同。

徧矣｜必淺反。

【疏】徧《廣韻》方緬切，幫獮開重紐四上山。《釋文》音同。

遯浸｜子鴆反。

【疏】所在文句爲「〈遯〉：小人浸長」。〔註 5297〕參看〈臨〉「剛浸」條。

〔註 5291〕〔晉〕王弼著，〔唐〕邢璹註，〔明〕范欽訂：《周易略例》，嘉靖四年范氏天一閣刊本，卷一，第 17 頁。

〔註 5292〕〔晉〕王弼著，〔唐〕邢璹註，〔明〕范欽訂：《周易略例》，嘉靖四年范氏天一閣刊本，卷一，第 17 頁。

〔註 5293〕〔晉〕王弼著，〔唐〕邢璹註，〔明〕范欽訂：《周易略例》，嘉靖四年范氏天一閣刊本，卷一，第 17 頁。

〔註 5294〕〔晉〕王弼著，〔唐〕邢璹註，〔明〕范欽訂：《周易略例》，嘉靖四年范氏天一閣刊本，卷一，第 17 頁。

〔註 5295〕《經典釋文彙校》：「寫本、宋本同。盧本改『常』作『市』，謂『常』爲譌字。實則『常』、『市』皆禪紐字，非譌字也。盧氏不解音學，故常有此失。」見黃焯撰：《經典釋文彙校》，北京：中華書局，1980 年版，第 23 頁。

〔註 5296〕〔晉〕王弼著，〔唐〕邢璹註，〔明〕范欽訂：《周易略例》，嘉靖四年范氏天一閣刊本，卷一，第 17 頁。

〔註 5297〕〔晉〕王弼著，〔唐〕邢璹註，〔明〕范欽訂：《周易略例》，嘉靖四年范氏天一閣刊本，卷一，第 17 頁。

長｜張丈反。

【疏】所在文句爲「柔長故剛遯也」。〔註 5298〕參看〈乾〉「之長」條。

難在｜乃旦反。

【疏】所在文句爲「難在於內」。〔註 5299〕參看〈乾〉「而難」條。

亨在｜許庚反。

【疏】所在文句爲「亨在於外」。〔註 5300〕參看〈乾〉「元亨」條、〈大有〉「用亨」條。

大壯觸｜昌錄反。

【疏】所在文句爲「則觸藩矣」。〔註 5301〕觸《廣韻》尺玉切，昌燭合三入通。《釋文》音同。

藩｜扶袁反。

【疏】所在文句爲「則觸藩矣」。〔註 5302〕藩《廣韻》二讀，一爲附袁切，奉元合三平山，茂也，息也，滋也；一爲甫煩切，非元合三平山，藩屏也。《釋文》音同《廣韻》附袁切。按此處當讀爲甫煩切爲是。藩假借爲屏藩也。

明夷最遠｜于万反。

【疏】所在文句爲「初最遠之」。〔註 5303〕參看〈乾〉「放遠」條。

最近｜附近之近。

〔註 5298〕〔晉〕王弼著，〔唐〕邢璹註，〔明〕范欽訂：《周易略例》，嘉靖四年范氏天一閣刊本，卷一，第 17 頁。

〔註 5299〕〔晉〕王弼著，〔唐〕邢璹註，〔明〕范欽訂：《周易略例》，嘉靖四年范氏天一閣刊本，卷一，第 17 頁。

〔註 5300〕〔晉〕王弼著，〔唐〕邢璹註，〔明〕范欽訂：《周易略例》，嘉靖四年范氏天一閣刊本，卷一，第 17 頁。

〔註 5301〕〔晉〕王弼著，〔唐〕邢璹註，〔明〕范欽訂：《周易略例》，嘉靖四年范氏天一閣刊本，卷一，第 17 頁。

〔註 5302〕〔晉〕王弼著，〔唐〕邢璹註，〔明〕范欽訂：《周易略例》，嘉靖四年范氏天一閣刊本，卷一，第 17 頁。

〔註 5303〕〔晉〕王弼著，〔唐〕邢璹註，〔明〕范欽訂：《周易略例》，嘉靖四年范氏天一閣刊本，卷一，第 18 頁。

【疏】所在文句爲「五最近之」。〔註5304〕參看〈乾〉「近乎」條。

而難｜乃旦反。

【疏】所在文句爲「而難不能溺」。〔註5305〕參看〈乾〉「而難」條。

能溺｜寧歷反。

【疏】溺《廣韻》三讀，淹溺之溺奴歷切，泥錫開四入梗。《釋文》音同。

睽最見｜賢遍反。〈豐〉卦同。

【疏】所在文句爲「義最見矣」。〔註5306〕參看〈乾〉「見龍」條。

洽乃｜咸夾反。本又作「合」。

【疏】所在文句爲「洽乃疑亡也」。〔註5307〕洽《廣韻》侯夾切，匣洽開二入咸。《釋文》音同。本又作「合」者，音義相通。《詩・小雅・正月》「洽比其鄰」毛《傳》:「洽，合。」〔註5308〕

豐惡闇｜烏路反。

【疏】所在文句爲「其統在於惡闇而已矣」。〔註5309〕參看〈蒙〉「所惡」條。

之沛｜步貝反。又普貝反。

【疏】所在文句爲「小闇謂之沛」。〔註5310〕參看〈豐〉「沛」條。

〔註5304〕〔晉〕王弼著，〔唐〕邢璹註，〔明〕范欽訂:《周易略例》，嘉靖四年范氏天一閣刊本，卷一，第18頁。

〔註5305〕〔晉〕王弼著，〔唐〕邢璹註，〔明〕范欽訂:《周易略例》，嘉靖四年范氏天一閣刊本，卷一，第18頁。

〔註5306〕〔晉〕王弼著，〔唐〕邢璹註，〔明〕范欽訂:《周易略例》，嘉靖四年范氏天一閣刊本，卷一，第18頁。

〔註5307〕〔晉〕王弼著，〔唐〕邢璹註，〔明〕范欽訂:《周易略例》，嘉靖四年范氏天一閣刊本，卷一，第18頁。

〔註5308〕〔漢〕毛公傳、鄭玄箋，〔唐〕孔穎達等正義:《毛詩正義》，北京:中華書局景印阮刻本，1980年版，第175頁。

〔註5309〕〔晉〕王弼著，〔唐〕邢璹註，〔明〕范欽訂:《周易略例》，嘉靖四年范氏天一閣刊本，卷一，第18頁。

〔註5310〕〔晉〕王弼著，〔唐〕邢璹註，〔明〕范欽訂:《周易略例》，嘉靖四年范氏天

之蔀| 步口反。

【疏】所在文句爲「大闇謂之蔀」。〔註 5311〕步口反，並厚開一上流。參看〈豐〉「蔀」條。

明昧| 音妹。本亦作「妹」。又作「沬」。皆末貝反。下文同。

【疏】所在文句爲「未盡則明昧」。〔註 5312〕本亦作「妹」作「沬」者，皆假爲昧也。《釋名・釋親屬》:「妹，昧，猶日始入，歷時少，尙昧也。」王先謙《疏證補》引王啓原曰:「妹、昧、沬三字通用。」〔註 5313〕

無與| 如字。又音預。

【疏】所在文句爲「无明則无與乎世」。〔註 5314〕當讀預。

折其| 之舌反。

【疏】所在文句爲「折其右肱」。〔註 5315〕折《廣韻》三讀，折斷之折旨熱切，章薛開三入山。《釋文》音同。

經典釋文卷第二| 經四千二百一十九字。注一万七千七百四十字。

一閣刊本，卷一，第 18 頁。

〔註 5311〕〔晉〕王弼著，〔唐〕邢璹註，〔明〕范欽訂:《周易略例》，嘉靖四年范氏天一閣刊本，卷一，第 18 頁。

〔註 5312〕〔晉〕王弼著，〔唐〕邢璹註，〔明〕范欽訂:《周易略例》，嘉靖四年范氏天一閣刊本，卷一，第 18 頁。

〔註 5313〕〔漢〕劉熙撰，〔清〕畢沅疏證，王先謙補:《釋名疏證補》(漢小學四種本)，成都：巴蜀書社，景印光緒二十二年刊本，2001 年版，第 1495 頁。

〔註 5314〕〔晉〕王弼著，〔唐〕邢璹註，〔明〕范欽訂:《周易略例》，嘉靖四年范氏天一閣刊本，卷一，第 18 頁。

〔註 5315〕〔晉〕王弼著，〔唐〕邢璹註，〔明〕范欽訂:《周易略例》，嘉靖四年范氏天一閣刊本，卷一，第 18 頁。

參考文獻

【說明】

一、本書目依經、史、子、集四部編定；各部署倣四庫全書分類；各類下署依作者時代先後銓次。書目僅標四部，各小類名稱省去。

二、疏證引書或有異名、簡稱，如《周易正義》或省作「孔穎達疏」、「孔疏」、《正義》等，因頁下注皆已一一詳標引文之作者、書名、版本、頁碼，故正文不作統一。

經　部

1. 舊題〔周〕卜商撰：《子夏易傳》，揚州：江蘇廣陵古籍刻印社，景印通志堂經解本第一冊，1996 年版。
2. 〔漢〕鄭玄撰，〔宋〕王應麟輯，〔清〕惠棟增補，孫堂重校並輯補遺：《鄭氏周易注》（叢書集成初編哲學類第 383 冊），上海：商務印書館，據古經解彙函本排印，1939 年版。
3. 〔魏〕王弼、韓康伯注，〔唐〕孔穎達等正義：《周易正義》，北京：中華書局景印阮刻本，1980 年版。
4. 〔晉〕王弼著，〔唐〕邢璹註，〔明〕范欽訂：《周易略例》，嘉靖四年范氏天一閣刊本。
5. 〔清〕王清植、張照等撰：《周易注疏考證》（文淵閣四庫全書本《周易正義》附），臺灣：商務印書館，景印文淵閣四庫全書本第 7 冊，1983 年版。
6. 〔唐〕李鼎祚撰：《周易集解》，北京：中國書店，景印嘉慶三年姑蘇喜墨齋張遇堯局鐫本，1987 年版。
7. 〔唐〕史徵撰：《周易口訣義》（叢書集成初編哲學類第 390 冊），上海：商務印書館，據岱南閣叢書本排印，1939 年版。

8. 〔唐〕郭京撰：《周易舉正》（叢書集成初編哲學類第 390 冊），上海：商務印書館，據范氏二十一種奇書本排印，1939 年版。
9. 〔宋〕胡瑗撰，倪天隱述：《周易口義》，臺灣：商務印書館，景印文淵閣四庫全書本第 8 冊，1983 年版。
10. 〔宋〕司馬光撰：《易說》（叢書集成初編哲學類第 391 冊），上海：商務印書館，據聚珍版叢書本排印，1936 年版。
11. 〔宋〕張載撰：《橫渠先生易說》，揚州：江蘇廣陵古籍刻印社，景印通志堂經解本第一冊，1996 年版。
12. 〔宋〕蘇軾撰：《蘇氏易傳》（叢書集成初編哲學類第 392～393 冊），上海：商務印書館，據學津討原本排印，1936 年版。
13. 〔宋〕程頤撰：《伊川易傳》（叢書集成三編哲學類第 9 冊），臺灣：新文豐出版公司，景印中華書局聚珍倣宋版印二程全書本，1997 年版。
14. 〔宋〕張浚撰：《紫巖居士易傳》，揚州：江蘇廣陵古籍刻印社，景印通志堂經解本第一冊，1996 年版。
15. 〔宋〕李光撰：《讀易詳說》，臺灣：商務印書館，景印文淵閣四庫全書本第 10 冊，1983 年版。
16. 〔宋〕朱震撰：《漢上易傳》，揚州：江蘇廣陵古籍刻印社，景印通志堂經解本第一冊，1996 年版。
17. 〔宋〕鄭剛中撰：《周易窺餘》（叢書集成續編哲學類第 26 冊），臺灣：新文豐出版公司，景印續金華叢書本，1988 年版。
18. 〔宋〕林栗撰：《周易經傳集解》，臺灣：商務印書館，景印文淵閣四庫全書本第 12 冊，1983 年版。
19. 〔宋〕程迥撰：《周易章句外編》，臺灣：商務印書館，景印文淵閣四庫全書本第 12 冊，1983 年版。
20. 〔宋〕朱熹撰：《周易本義》（四書五經本），北京：中國書店，據世界書局本景印，1985 年版。
21. 〔宋〕郭雍撰：《郭氏傳家易說》（叢書集成初編哲學類第 412～416 冊），上海：商務印書館，據聚珍版叢書本排印，1935 年版。
22. 〔宋〕李衡撰：《周易義海撮要》，揚州：江蘇廣陵古籍刻印社，景印通志堂經解本第一冊，1996 年版。
23. 〔宋〕項安世撰：《周易玩辭》，揚州：江蘇廣陵古籍刻印社，景印通志堂經解本第二冊，1996 年版。
24. 〔宋〕呂祖謙撰：《古周易》，揚州：江蘇廣陵古籍刻印社，景印通志堂經解本第一冊，1996 年版。
25. 〔宋〕呂祖謙撰，〔清〕宋咸熙輯：《古易音訓》（續四庫經部易類第 2 冊），上海：上海古籍出版社，景印清嘉慶七年刻本，2002 年版。

26. 〔宋〕馮椅撰：《厚齋易學》，臺灣：商務印書館，景印文淵閣四庫全書本第 16 冊，1983 年版。
27. 〔宋〕李過撰：《西谿易說》，臺灣：商務印書館，景印文淵閣四庫全書本第 17 冊，1983 年版。
28. 〔宋〕李心傳撰：《丙子學易編》，揚州：江蘇廣陵古籍刻印社，景印通志堂經解本第二冊，1996 年版。
29. 〔宋〕魏了翁撰：《周易要義》，臺灣：商務印書館，景印文淵閣四庫全書本第 18 冊，1983 年版。
30. 〔宋〕朱鑒輯：《晦庵先生朱文公易說》，揚州：江蘇廣陵古籍刻印社，景印通志堂經解本第二冊，1996 年版。
31. 〔宋〕俞琰撰：《周易集說》，揚州：江蘇廣陵古籍刻印社，景印通志堂經解本第三冊，1996 年版。
32. 〔元〕胡一桂撰：《周易發明啓蒙易傳》，揚州：江蘇廣陵古籍刻印社，景印通志堂經解本第三冊，1996 年版。
33. 〔元〕吳澄撰：《易纂言》，揚州：江蘇廣陵古籍刻印社，景印通志堂經解本第四冊，1996 年版。
34. 〔元〕吳澄撰：《易纂言外翼》，臺灣：商務印書館，景印文淵閣四庫全書本第 22 冊，1983 年版。
35. 〔元〕胡炳文撰：《周易本義通釋》，揚州：江蘇廣陵古籍刻印社，景印通志堂經解本第三冊，1996 年版。
36. 〔元〕熊良輔撰：《周易本義集成》，揚州：江蘇廣陵古籍刻印社，景印通志堂經解本第四冊，1996 年版。
37. 〔元〕董眞卿撰：《周易會通》，揚州：江蘇廣陵古籍刻印社，景印通志堂經解本第四冊，1996 年版。
38. 〔明〕蔡清撰：《易經蒙引》，臺灣：商務印書館，景印文淵閣四庫全書本第 29 冊，1983 年版。
39. 〔明〕熊過撰：《周易象旨決錄》，臺灣：商務印書館，景印文淵閣四庫全書本第 31 冊，1983 年版。
40. 〔明〕吳桂森撰：《周易像象述》，臺灣：商務印書館，景印文淵閣四庫全書本第 34 冊，1983 年版。
41. 〔明〕倪元潞撰：《兒易内儀以》（叢書集成初編哲學類第 427 冊），上海：商務印書館，據粵雅堂叢書本排印，1936 年版。
42. 〔明〕張次仲撰：《周易玩辭困學記》，臺灣：商務印書館，景印文淵閣四庫全書本第 36 冊，1983 年版。
43. 〔清〕王夫之撰：《周易稗疏》（叢書集成續編哲學類第 28 冊），臺灣：新文豐出版公司，景印道光年間沈氏世楷堂刻昭代叢書本，1988 年版。

44. 〔清〕黃宗炎撰：《周易象辭》，臺灣：商務印書館，景印文淵閣四庫全書本第 40 冊，1983 年版。

45. 〔清〕毛奇齡撰：《仲氏易》（皇清經解本），上海：上海書店，景印清經解本第一冊，1988 年版。

46. 〔清〕毛奇齡撰：《易小帖》，臺灣：商務印書館，景印文淵閣四庫全書本第 41 冊，1983 年版。

47. 〔清〕納蘭性德撰：《合訂刪補大易集義粹言》，揚州：江蘇廣陵古籍刻印社，景印通志堂經解本第四、五冊，1996 年版。

48. 〔清〕查愼行撰：《周易玩辭集解》，臺灣：商務印書館，景印文淵閣四庫全書本第 41 冊，1983 年版。

49. 〔清〕惠士奇撰：《惠氏易説》（皇清經解本），上海：上海書店，景印清經解本第二冊，1988 年版。

50. 〔清〕任啓運撰：《周易洗心》，臺灣：商務印書館，景印文淵閣四庫全書本第 51 冊，1983 年版。

51. 〔清〕惠棟撰：《周易述》（四部備要本），上海：中華書局，據學海堂經解本校刊，1936 年版。

52. 〔清〕江藩撰：《周易述補》（續四庫經部易類第 27 冊），上海：上海古籍出版社，景印清嘉慶間刻本，2002 年版。

53. 〔清〕惠棟撰：《易漢學》（叢書集成初編哲學類第 457 冊），上海：商務印書館，據經訓堂叢書本排印，1937 年版。

54. 〔清〕翟均廉撰：《周易章句證異》，臺灣：商務印書館，景印文淵閣四庫全書本第 53 冊，1983 年版。

55. 〔清〕焦循撰：《易章句》，嘉慶年間雕菰樓刊本。

56. 〔清〕李道平撰，潘雨廷點校：《周易集解纂疏》，北京：中華書局，1994 年版。

57. 〔清〕李富孫撰：《易經異文釋》（續四庫經部易類第 27 冊），上海：上海古籍出版社，景印南菁書院續經解本，2002 年版。

58. 〔清〕紀磊撰：《九家易逸象辨證》（續四庫經部易類第 35 冊），上海：上海古籍出版社，景印民國十二年吳興劉氏嘉業堂刻吳興叢書本，2002 年版。

59. 尚秉和撰：《周易尚氏學》（張善文先生尚氏易學存稿校理本第三卷），北京：中國大百科全書出版社，2005 年版。

60. 黃壽祺、張善文先生撰：《周易譯注》，上海：上海古籍出版社，2001 年版。

61. 廖名春釋文：《馬王堆帛書周易經傳釋文》（續四庫經部易類第 1 冊），上海：上海古籍出版社，2002 年版。

62. 張立文撰：《帛書周易註譯》，洛陽：中州古籍出版社，1992 年版。

63. 鄧球柏撰：《帛書周易校釋》，長沙：湖南人民出版社，2002 年版。

64. 馬承源主編：《上海博物館藏戰國楚竹書（三）》，上海：上海古籍出版社，2003 年版。按：此書收有戰國楚簡《周易》。

65. 韓自強撰：《阜陽漢簡周易研究・阜陽漢簡周易釋文》，上海：上海古籍出版社，2004 年版。

66. 〔漢〕鄭玄注：《易緯》，光緒二十五年廣雅書局重刊本。按，是書含《乾坤鑿度》、《周易乾鑿度》、《易緯稽覽圖》、《易緯辨終備》、《易緯通卦驗》、《易緯乾元序制記》、《易緯是類謀》、《易緯坤靈圖》等八種。

67. 〔漢〕孔安國傳，〔唐〕孔穎達等正義：《尚書正義》，北京：中華書局景印阮刻本，1980 年版。

68. 〔宋〕蔡沈撰：《書經集傳》（四書五經本），北京：中國書店，據世界書局本景印，1985 年版。

69. 〔清〕孫星衍撰：《尚書今古文注疏》（四部備要本），上海：中華書局，據冶城山館本校刊，1936 年版。

70. 〔清〕劉逢祿撰：《尚書今古文集解》（續四庫經部書類第 48 冊），上海：上海古籍出版社，景印南菁書院續經解本，2002 年版。

71. 〔漢〕伏勝撰，〔漢〕鄭玄注：《尚書大傳》，嘉慶年間王氏漢魏遺書鈔刊本。

72. 〔漢〕伏勝撰，〔漢〕鄭玄注：《尚書大傳》，光緒丙申年師伏堂刊本。

73. 〔漢〕伏勝撰，〔漢〕鄭玄注，〔清〕陳壽祺輯校並撰序錄辨譌：《尚書大傳》（叢書集成初編史地類第 3569 冊），上海：商務印書館，據古經解彙函本排印，1937 年版。

74. 〔漢〕毛公傳、鄭玄箋，〔唐〕孔穎達等正義：《毛詩正義》，北京：中華書局景印阮刻本，1980 年版。

75. 〔宋〕朱熹撰：《詩經集傳》（四書五經本），北京：中國書店，據世界書局本景印，1985 年版。

76. 〔清〕陳奐撰：《詩毛氏傳疏》（續四庫經部詩類第 70 冊），上海：上海古籍出版社，景印道光二十七年陳氏掃葉山莊刻本

77. 〔清〕馬瑞辰撰：《毛詩傳箋通釋》（四部備要本），上海：中華書局，據南菁書院續經解本校刊，1936 年版。

78. 〔清〕李富孫撰：《詩經異文釋》（續四庫經部詩類第 75 冊），上海：上海古籍出版社，景印南菁書院續經解本，2002 年版。

79. 〔清〕王先謙撰：《詩三家義集疏》（續四庫經部詩類第 77 冊），上海：上海古籍出版社，景印民國四年虛受堂刊本，2002 年版。

80. 〔清〕焦循撰：《陸氏草木鳥獸蟲魚疏疏》（續四庫經部詩類第 65 冊），上海：上海古籍出版社，景印清光緒十四年刻南菁書院叢書本，2002 年版。

81. 〔漢〕鄭玄注，〔唐〕賈公彥疏：《周禮注疏》，北京：中華書局景印阮刻本，1980 年版。

82. 〔清〕孫詒讓撰：《周禮正義》（四部備要本），上海：中華書局，據清光緒乙巳本校刊，1936 年版。

83. 〔漢〕鄭玄注，〔唐〕賈公彥疏：《儀禮注疏》，北京：中華書局景印阮刻本，1980 年版。

84. 〔清〕胡培翬撰：《儀禮正義》（四部備要本），上海：中華書局，據南菁書院續經解本校刊，1936 年版。

85. 〔漢〕鄭玄注，〔唐〕孔穎達等正義：《禮記正義》，北京：中華書局景印阮刻本，1980 年版。

86. 〔北周〕盧辯注：《大戴禮記》（四部叢刊本），上海：商務印書館，景印上海涵芬樓借無錫孫氏小綠天藏明袁氏嘉趣堂刊本景印本，1922 年版。

87. 〔清〕王聘珍撰：《大戴禮記解詁》（續四庫經部禮類第 107 冊），上海：上海古籍出版社，景印清咸豐元年王氏刻本，2002 年版。

88. 〔晉〕杜預注，〔唐〕孔穎達等正義：《春秋左傳正義》，北京：中華書局景印阮刻本，1980 年版。

89. 〔清〕洪亮吉撰：《春秋左傳詁》（四部備要），上海：中華書局，據南菁書院續經解本校刊，1936 年版。

90. 〔漢〕何休注，〔唐〕徐彥疏：《春秋公羊傳注疏》，北京：中華書局景印阮刻本，1980 年版。

91. 〔晉〕范甯注，〔唐〕楊士勛疏：《春秋穀梁傳》，北京：中華書局景印阮刻本，1980 年版。

92. 〔清〕淩曙撰：《春秋繁露注》（皇清經解續編本），上海：上海書店，景印清經解續編本第四冊，1988 年版。

93. 〔清〕李富孫撰：《春秋三傳異文釋》（續四庫經部春秋類第 144 頁），上海：上海古籍出版社，景印道光蔣氏刻別下齋叢書本，2002 年版。

94. 〔唐〕陸德明撰：《周易經典釋文》（敦煌古籍敘錄新編本），臺灣：新文豐出版公司，景印伯二六一七號、斯五七三五號，1986 年版。

95. 〔唐〕陸德明撰：《經典釋文》，上海：上海古籍出版社，景印北京圖書館藏宋刻宋元遞修本，1984 年版。

96. 〔唐〕陸德明撰：《經典釋文》，北京：中華書局，景印徐乾學通志堂刻本，1983 年版。

97. 〔唐〕陸德明撰：《經典釋文》（叢書集成初編語文學類第 1183～1200 冊），

上海：商務印書館，景印抱經堂叢書本，1936 年版。

98. 〔清〕盧文弨《經典釋文攷證》（抱經堂叢書本），北京直隸書局，景印常州龍城書院開雕本，1923 年版。

99. 黃焯撰：《經典釋文彙校》，北京：中華書局，1980 年版。

100. 萬獻初撰：〈經典釋文研究總論〉，古籍整理研究學刊，2005 年 1 月，第 1 期。

101. 〔宋〕毛居正撰：《六經正誤》，揚州：江蘇廣陵古籍刻印社，景印通志堂經解本第十六冊，1996 年版。

102. 〔清〕惠棟撰：《九經古義》（叢書集成初編總類第 254～255 冊），上海：商務印書館，據貸園叢書本排印，1937 年版。

103. 〔清〕余蕭客撰：《古經解鉤沉》，臺灣：商務印書館，景印文淵閣四庫全書本第 194 冊，1983 年版。

104. 〔清〕沈廷芳撰：《十三經注疏正字》，臺灣：商務印書館，景印文淵閣四庫全書本第 192 冊，1983 年版。

105. 〔清〕王引之撰：《經義述聞》（續四庫經部羣經總義類第 174～175 冊），上海：上海古籍出版社，景印道光七年王氏京師刻本，2002 年版。

106. 〔清〕俞樾撰：《羣經平議》（續四庫經部羣經總義類第 178 冊），上海：上海古籍出版社，景印清光緒二十五年刻春在堂全書本，2002 年版。

107. 〔清〕江藩撰：《經解入門》，天津：天津市古籍書店，1990 年版。

108. 〔魏〕何晏等注，〔宋〕邢昺疏：《論語注疏》，北京：中華書局景印阮刻本，1980 年版。

109. 〔魏〕何晏解，〔梁〕皇侃疏：《論語集解義疏》（叢書集成初編哲學類第 481～484 冊），上海：商務印書館，1937 年版。

110. 〔宋〕朱熹注：《論語集注》（四書五經本），北京：中國書店，據世界書局本景印，1985 年版。

111. 〔清〕劉寶楠撰：《論語正義》（四部備要本），上海：中華書局，據南菁書院續經解本校刊，1936 年版。

112. 〔漢〕趙岐注，〔宋〕孫奭疏：《孟子注疏》，北京：中華書局景印阮刻本，1980 年版。

113. 〔宋〕朱熹注：《孟子集注》（四書五經本），北京：中國書店，據世界書局本景印，1985 年版。

114. 〔清〕焦循撰：《孟子正義》（四部備要本），上海：中華書局，據學海堂經解本校刊，1936 年版。

115. 〔晉〕郭璞注，〔宋〕邢昺疏：《爾雅注疏》，北京：中華書局景印阮刻本，1980 年版。

116. 〔清〕邵晉涵撰：《爾雅正義》（續四庫經部小學類第 187 冊），上海：上海古籍出版社，景印乾隆五十三年邵氏面水層軒刻本，2002 年版。

117. 〔清〕郝懿行撰：《爾雅義疏》（漢小學四種本），成都：巴蜀書社，景印同治四年郝氏家刻本，2001 年版。

118. 〔晉〕郭璞注，〔清〕錢繹箋疏：《方言箋疏》（漢小學四種本），成都：巴蜀書社，景印光緒庚寅年紅蝠山房校刻本，2001 年版。

119. 〔清〕王念孫撰：《廣雅疏證》，北京：中華書局，景印嘉慶年間王氏家刻本，1983 年版。

120. 〔宋〕賈昌朝撰：《羣經音辨》（叢書集成初編語文學類第 1208 冊），上海：商務印書館，景印畿輔叢書本，1939 年版。

121. 〔宋〕陸佃撰，〔明〕牛衷增輯：《增修埤雅廣要》（續四庫子部小説家類第 1271 冊），上海：上海古籍出版社，景印明萬曆三十八年孫弘範刻本。

122. 〔宋〕羅願撰，〔元〕洪焱祖釋：《爾雅翼》（叢書集成初編語文學類第 1145～1148 冊），上海：商務印書館，據學津討原本排印，1939 年版。

123. 〔清〕吳玉搢撰：《別雅》，光緒丁亥年蘛林山房刻益雅堂叢書本。

124. 〔清〕宋翔鳳撰：《小爾雅訓纂》（續四庫經部小學類第 189 冊），上海：上海古籍出版社，景印嘉慶年間浮溪精舍叢書本，2002 年版。

125. 〔漢〕劉熙撰，〔清〕畢沅疏證，王先謙補：《釋名疏證補》（漢小學四種本），成都：巴蜀書社，景印光緒二十二年刊本，2001 年版。

126. 〔清〕王引之撰：《經傳釋詞》（續四庫經部小學類第 195 冊），上海：上海古籍出版社，景印嘉慶二十四年刻本，2002 年版。

127. 〔清〕劉淇撰：《助字辨略》（續四庫經部小學類第 195 冊），上海：上海古籍出版社，景印康熙五十年海城盧承琰刻本，2002 年版。

128. 〔清〕吳昌瑩撰：《經詞衍釋》，北京：中華書局，1956 年版。

129. 〔唐〕釋慧琳撰：《一切經音義》（續四庫經部小學類第 196～197 冊），上海：上海古籍出版社，景印日本元文三年至延亨三年榑桑雒東獅谷白蓮社刻本，2002 年版。

130. 〔唐〕釋玄應撰：《一切經音義》（續四庫經部小學類第 198 冊），上海：上海古籍出版社，景印道光乙巳鐫海山仙館叢書本，2002 年版。

131. 〔清〕阮元撰：《經籍籑詁》（續四庫經部小學類第 198～200 冊），上海：上海古籍出版社，景印嘉慶年間阮氏琅嬛僊館刊本，2002 年版。

132. 宗福邦等編：《故訓匯纂》，上海：商務印書館，2003 年版。

133. 〔漢〕史游撰，〔唐〕顏師古注，〔宋〕王應麟補注：《急就篇》（叢書集成初編語文學類第 1052 冊），上海：商務印書館，景印天壤閣叢書本，1936 年版。

134. 〔漢〕許慎撰：《說文解字》，北京：中華書局，景印同治十二年陳昌治刻本，1963 年版。

135. 〔南唐〕徐鍇撰：《說文解字繫傳》，北京：中華書局，景印道光年間祁雋藻刻本，1987 年版。

136. 〔清〕段玉裁撰：《說文解字注》，上海：上海古籍出版社，景印嘉慶二十年經韻樓本，1988 年版。

137. 〔清〕桂馥撰：《說文解字義證》（續四庫經部小學類第 209～210 冊），上海：上海古籍出版社，景印清咸豐二年楊氏連筠簃單刊本，2002 年版。

138. 〔清〕朱駿聲撰：《說文通訓定聲》（續四庫經部小學類第 220～221 冊），上海：上海古籍出版社，景印道光二十八年刻本，2002 年版。

139. 〔清〕王筠撰：《說文解字句讀》（續四庫經部小學類第 216～219 冊），上海：上海古籍出版社，景印道光庚戌刊本，2002 年版。

140. 〔梁〕顧野王撰：《宋本玉篇》，北京：中國書店，景印張氏澤存堂本，1983 年版。

141. 〔唐〕顏元孫撰，〔清〕顧炎武等考證：《干祿字書》（四庫存目叢書經部 0187 冊），齊魯書社，景印清乾隆六年朱振祖抄本，1997 年版。

142. 〔唐〕張參撰：《五經文字》（叢書集成初編語文學類第 1064 冊），上海：商務印書館，景印後知不足齋叢書本，1936 年版。

143. 〔宋〕郭忠恕：《汗簡》（汗簡、古文四聲韻合刊本），北京：中華書局，景印四部叢刊景印馮舒本，1983 年版。

144. 〔宋〕夏竦：《古文四聲韻》（汗簡、古文四聲韻合刊本），北京：中華書局，景印北京圖書館藏宋刻配抄本，1983 年版。

145. 〔宋〕司馬光撰：《類篇》，上海：上海古籍出版社，景印汲古閣景印宋鈔本，1988 年版。

146. 〔宋〕洪适撰：《隸釋、隸續》，北京：中華書局，景印同治間涇縣晦木齋洪氏合刻隸釋隸續并隸釋刊誤本，1985 年版。

147. 〔遼〕僧行均撰：《龍龕手鑑》（四部叢刊續編經部），上海：商務印書館，景印上海涵芬樓景印江安傅氏雙鑑樓藏宋刊本。

148. 〔元〕李文仲撰：《字鑒》（叢書集成初編語文學類第 1073 冊），上海：商務印書館，景印鐵華館叢書本，1936 年版。

149. 〔明〕張自烈撰：《正字通》，清康熙清畏堂刊本。

150. 〔明〕宋濂撰，屠隆訂正，張嘉和輯：《篇海類編》（續四庫經部小學類第 229～230 冊），上海：上海古籍出版社，景印國家圖書館藏明刻本，2002 年版。

151. 〔清〕顧藹吉撰：《隸辨》，北京：中華書局，景印康熙五十七年項絪玉淵堂刊本，1986年版。

152. 〔清〕吳任臣輯：《字彙補》（續四庫經部小學類第233冊），上海：上海古籍出版，景印康熙五年彙賢齋刊本，2002年版。

153. 〔清〕畢沅撰：《經典文字辨證書》（續四庫經部小學類第239冊），上海：上海古籍出版社，景印乾隆間刻經訓堂叢書本，2002年版。

154. 〔清〕邢澍撰：《金石文字辨異》（續四庫經部小學類第239～240冊），上海：上海古籍出版社，景印嘉慶十五年刻本，2002年版。

155. 〔清〕鄭詩撰：《古今正俗字詁》，臺灣：藝文印書館，1931年版。

156. 丁福保編：《説文解字詁林》，北京：中華書局景印，1988年版。

157. 中國科學院考古研究所編輯：《甲骨文編》（考古學專刊本，乙種第十四號），北京：中華書局，1965年版。

158. 劉釗等編：《新甲骨文編》，福州：福建人民出版社，2009年版。

159. 于省吾撰：《甲骨文字釋林》，北京：中華書局，1979年版。

160. 于省吾主編：《甲骨文字詁林》，北京：中華書局，1996年版。

161. 容庚編著，張振林、馬國權摹補：《金文編》，北京：中華書局，1985年版。

162. 湯餘惠主編：《戰國文字編》，福州：福建人民出版社，2001年版。

163. 李守奎等編：《上海博物館藏楚竹書（一至五冊）文字編》，北京：作家出版社，2007年版。

164. 羅福頤撰：《漢印文字徵》，北京：文物出版社景印，1978年版。

165. 李圃主編：《古文字詁林》，上海：上海世紀出版集團、上海教育出版社，1999年版。

166. 藍燈文化事業股份有限公司編輯部編：《歷代書法字源》，臺灣：藍燈文化事業公司印行，2006年版。

167. 〔宋〕陳彭年，丘雍撰：《宋本廣韻》，南京：江蘇教育出版社，景印南宋巾箱本，2008年版。

168. 〔宋〕陳彭年，丘雍撰：《廣韻》，北京：中國書店，景印張氏澤存堂本，1982年版。

169. 〔宋〕丁度撰：《集韻》，北京：中華書局，景印北京圖書館藏宋刻本，1988年版。

170. 〔宋〕毛晃增注，毛居正重增：《增修互注禮部韻略》，臺灣：商務印書館，景印文淵閣四庫全書本第237冊，1983年版。

171. 〔元〕黃公紹編輯，熊忠舉要：《古今韻會舉要》，明嘉靖戊戌江西提學李愚谷刊本。

172. 〔清〕顧炎武撰：《音學五書》，北京：中華書局，景印觀稼樓仿刻本，

1982 年版。
173. 〔清〕毛奇齡撰：《易韻》，臺灣：商務印書館，景印文淵閣四庫全書本第 242 冊，1983 年版。
174. 吳承仕撰：《經籍舊音序錄、經籍舊音辨證》，北京：中華書局，1986 年版。
175. 黃侃撰：《經籍舊音辨證箋識》(《經籍舊音序錄、經籍舊音辨證》附錄)，北京：中華書局，1986 年版。
176. 沈兼士撰：《吳著經籍舊音辨證發墨》(《經籍舊音序錄、經籍舊音辨證》附錄)，北京：中華書局，1986 年版。

史　部

1. 〔漢〕司馬遷撰：《史記》(四部備要本)，上海：中華書局，據武英殿本校刊，1936 年版。
2. 〔漢〕班固撰：《前漢書》(四部備要本)，上海：中華書局，據武英殿本校刊，1936 年版。
3. 〔南朝宋〕范曄撰：《後漢書》(四部備要本)，上海：中華書局，據武英殿本校刊，1936 年版。
4. 〔晉〕陳壽撰，〔南朝宋〕裴松之注：《三國志》(四部備要本)，上海：中華書局，據武英殿本校刊，1936 年版。
5. 〔唐〕房玄齡等撰：《晉書》，北京：中華書局排印，1974 年版。
6. 〔唐〕何超撰：《晉書音義》(中華書局排印本《晉書》附錄)，北京：中華書局，1974 年版。
7. 〔唐〕李延壽撰：《北史》，北京：中華書局排印，1974 年版。
8. 〔宋〕司馬光編著，〔元〕胡三省音注：《資治通鑒》，北京：中華書局排印，1956 年版。
9. 〔清〕朱右曾撰：《逸周書集訓校釋》(續四庫史部別史類第 301 冊)，上海：上海古籍出版社，景印光緒三年湖北崇文書局刊本，2002 年版。
10. 〔吳〕韋昭注，〔清〕董增齡正義：《國語正義》(續四庫史部雜史類第 422 冊)，上海：上海古籍出版社，景印光緒庚辰會稽章氏式訓堂刊本，2002 年版。
11. 〔漢〕高誘注：《戰國策》(叢書集成初編史地類第 3684～3687 冊)，上海：商務印書館，據士禮居景宋本排印，1937 年版。
12. 〔宋〕鮑彪校注，〔元〕吳師道重校，〔明〕張文爟集評：《戰國策譚棷》(四庫存目叢書史部第 44 冊)，濟南：齊魯書社，景印明萬曆刻本，1997 年版。
13. 〔清〕黃丕烈撰：《重刻剡川姚氏本戰國策札記》(叢書集成初編本第 3687

冊《戰國策》附錄)，上海：商務印書館，1937 年版。

14. 〔清〕永瑢等撰：《四庫全書總目》，北京，中華書局，景印浙江杭州刊本，1965 年版。

15. 〔清〕朱彝尊撰，許維萍等點校：《點校補正經義考》(全八冊)，臺灣：中研院中國文哲研究所籌備處，1997 年版。

16. 〔清〕錢大昕撰：《廿二史考異》(續四庫史部史評類第 454 冊)，上海：上海古籍出版社，景印清乾隆四十五年刻本，2002 年版。

17. 顧頡剛、楊向奎撰：〈三皇考〉(《古史辨》第 7 冊中篇)，上海：上海古籍出版社，1982 年版。

子　部

1. 〔唐〕楊倞注，〔清〕王先謙集解：《荀子集解》，上海：上海書店，景印諸子集成本，1986 年版。

2. 〔漢〕桓寬撰：《鹽鐵論》，上海：上海書店，景印諸子集成本，1986 年版。

3. 〔漢〕楊雄著，李軌注：《法言》，上海：上海書店，景印諸子集成本，1986 年版。

4. 〔漢〕王符著，〔清〕汪繼培箋：《潛夫論》，上海：上海書店，景印諸子集成本，1986 年版。

5. 〔漢〕曹操，〔唐〕杜牧等撰：《十一家注孫子》(續四庫子部兵家類第 959 冊)，上海：上海古籍出版社，景印上海圖書館藏宋刻本。

6. 〔唐〕尹知章注，戴望校正撰：《管子校正》，上海：上海書店，景印諸子集成本，1986 年版。

7. 〔清〕王先謙集解：《韓非子集解》，上海：上海書店，景印諸子集成本，1986 年版。

8. 〔唐〕王冰注，〔宋〕林億等校正，孫兆重改誤：《補注黃帝內經素問》(二十二子本)，上海：上海古籍出版社，景印光緒初年浙江書局輯刊本，1986 年版。

9. 〔明〕李時珍撰：《本草綱目》，萬曆十八年金陵胡承龍刊本。

10. 〔漢〕趙爽注，〔北周〕甄鸞重述，〔唐〕李淳風等奉敕注：《周髀算經》，清光緒間吳縣朱氏槐廬叢書本。

11. 〔唐〕李籍撰：《周髀音義》，清光緒間吳縣朱氏槐廬叢書本。

12. 〔漢〕楊雄撰，〔晉〕范望注：《太玄經》(四部叢刊本)，上海：商務印書館，景印上海涵芬樓景印明萬玉堂翻宋本，1922 年版。

13. 〔漢〕楊雄撰，〔宋〕司馬光集注：《太玄集注》(新編諸子集成本)，北京：中華書局，1998年版。

14. 〔後周〕魏元嵩述，〔唐〕蘇源明傳，李江注并序：《元包經傳》（叢書集成初編哲學類第 694 冊），上海商務印書館，據學津討原本排印，1939年版。

15. 尚秉和撰：《焦氏易詁》（張善文先生尚氏易學存稿校理本第一卷），北京：中國大百科全書出版社，2005年版。

16. 尚秉和撰：《焦氏易林注》（張善文先生尚氏易學存稿校理本第二卷），北京：中國大百科全書出版社，2005年版。

17. 〔吳〕陸績注：《京氏易傳》，明毛晉汲古閣刻津逮秘書本。

18. 〔清〕倪濤撰：《六藝之一錄》，臺灣：商務印書館，景印文淵閣四庫全書本第834冊，1983年版。

19. 〔清〕孫詒讓撰：《墨子閒詁》，上海：上海書店，景印諸子集成本，1986年版。

20. 〔宋〕陸佃解：《鶡冠子》（叢書集成初編哲學類第581冊），上海：商務印書館，據子彙本景印，1939年版。

21. 〔漢〕高誘注：《呂氏春秋》，上海：上海書店，景印諸子集成本，1986年版。

22. 〔清〕畢沅撰：《呂氏春秋》（二十二子本），上海：上海古籍出版社，景印光緒初年浙江書局輯刊本，1986年版。

23. 〔漢〕劉安著，高誘注：《淮南子》，上海：上海書店，景印諸子集成本，1986年版。

24. 〔漢〕班固撰，〔清〕陳立疏證：《白虎通疏證》（續四庫子部雜家類第1124冊），上海：上海古籍出版社，景印光緒元年春淮南書局刊本，2002年版。

25. 〔宋〕洪邁撰：《容齋隨筆》，上海：上海古籍出版社，1978年版。

26. 〔宋〕王應麟撰，〔清〕翁元圻注：《困學紀聞注》（續四庫子部雜家類第1142～1143 冊），上海：上海古籍出版社，景印道光乙酉年餘姚守福堂刊本，2002年版。

27. 〔明〕楊愼撰：《丹鉛總錄》，臺灣：商務印書館，景印文淵閣四庫全書本第855冊，1983年版。

28. 〔明〕方以智撰：《通雅》，清光緒間刊本。

29. 〔清〕黃生撰：《義府》（叢書集成本），上海：商務印書館，據指海本排印，1936年版。

30. 〔漢〕應劭撰，王利器校注：《風俗通義校注》，北京：中華書局，1981年版。

31. 〔清〕胡鳴玉撰：《訂譌雜錄》（叢書集成初編總類第350冊），上海：商務印書館，據湖海樓叢書本排印，1936 年版。

32. 〔漢〕王充撰：《論衡》，上海：上海書店，景印諸子集成本，1986 年版。
33. 〔宋〕沈約撰，胡道靜校證：《夢溪筆談校證》，上海：上海古籍出版社，1987 年版。
34. 〔宋〕羅大經著，王瑞來點校：《鶴林玉露》，北京：中華書局，1983 年版。
35. 〔清〕王鳴盛撰，迮鶴壽參校：《蛾術編》（續四庫子部雜家類第 1150～1151 冊），上海：上海古籍出版社，景印道光二十一年世楷堂刻本，2002 年版。
36. 〔清〕錢大昕撰：《十駕齋養新錄》（續四庫子部雜家類第 1151 冊），上海：上海古籍出版社，景印清嘉慶間刻本，2002 年版。
37. 〔清〕王念孫撰：《讀書雜志》（續四庫子部雜家類第 1152～1153 冊），上海：上海古籍出版社，景印道光十二年刻本，2002 年版。
38. 〔清〕桂馥撰：《札樸》（續四庫子部雜家類第 1156 冊），上海：上海古籍出版社，景印清嘉慶十八年李宏小李山房刻本，2002 年版。
39. 〔清〕俞樾撰：《諸子平議》（續四庫子部雜家類第 1161～1162 冊），上海：上海古籍出版社，景印同治丙寅春在堂刊本，2002 年版。
40. 〔唐〕歐陽詢撰：《藝文類聚》，上海：上海古籍出版社，1982 年版。
41. 〔唐〕徐堅等撰：《初學記》，北京：中華書局，1962 年版。
42. 〔宋〕李昉等撰：《太平御覽》，北京：中華書局，景印商務印書館四部叢刊景宋本，1960 年版。
43. 〔宋〕高承撰，〔明〕李果訂：《事物紀原》（叢書集成初編語文學類第 1209～1212 冊），上海：商務印書館，據惜陰軒叢書本排印，1937 年版。
44. 〔明〕陳士元撰：《名疑》（湖北叢書本），光緒辛卯年三餘艸堂刊本。
45. 〔晉〕郭璞傳，〔清〕畢沅校：《山海經》（二十二子本），上海：上海古籍出版社，景印光緒初年浙江書局輯刊本，1986 年版。
46. 〔晉〕王弼注：《老子道德經》，上海：上海書店，景印諸子集成本，1986 年版。
47. 〔晉〕張湛注：《列子》，上海：上海書店，景印諸子集成本，1986 年版。
48. 〔清〕郭慶藩輯：《莊子集釋》，上海：上海書店，景印諸子集成本，1986 年版。

集　部

1. 〔漢〕王逸撰：《楚辭章句》（叢書集成初編文學類第 1810～1811 冊），上海：商務印書館，據湖北叢書本排印，1939 年版。

2. 〔宋〕洪興祖撰：《楚辭補注》（叢書集成初編文學類第 1812～1816 冊），上海：商務印書館，據惜陰軒叢書本排印，1939 年版。
3. 〔宋〕朱熹撰：《楚辭集注》，清聽雨齋刊本。
4. 〔清〕蔣驥撰：《山帶閣註楚辭》，上海：上海古籍出版社，1958 年版。
5. 〔唐〕李賀，〔清〕王琦等評注：《三家評註李長吉歌詩》，上海：中華書局上海編輯所，1959 年版。
6. 〔宋〕范仲淹撰：《范文正公文集》（續四庫集部別集類第 1313 冊），上海：上海古籍出版社，景印古逸叢書三編景印北宋刻本，2002 年版。
7. 〔宋〕郭俠撰：《西塘集》，臺灣：商務印書館，景印文淵閣四庫全書本第 1117 冊，1983 年版。
8. 〔梁〕蕭統編，〔唐〕李善注：《文選》（四部精要本第十六冊），上海：上海古籍出版社，景印嘉慶十四年胡克家仿宋淳熙刊本，1992 年版。
9. 〔梁〕蕭統編，〔唐〕李善、呂延濟、劉良、張銑、呂向、李周翰注：《六臣注文選》，北京：中華書局，景印涵芬樓藏宋刊本，1987 年版。
10. 〔宋〕章樵注：《古文苑》（叢書集成初編第 1692～1695 冊），上海：商務印書館，景印守山閣叢書本，1937 年版。
11. 〔清〕嚴可均輯：《全上古三代秦漢三國六朝文》，北京：中華書局，景印清光緒年間刊本，1985 年版。

經典釋文周易音義
引人名、書名、篇名索引

【說明】

一、本索引依音序排列，各條依「人名或書名.所在條目.所在頁碼」編排，各條依其相關性各成小類。《釋文》所引人名或篇名，或全稱、或減省，索引依其原貌收錄，據其大體略歸一類。如引「董遇」多省作「董」，「董遇」與「董」歸爲一類。此處頁碼爲清徐乾學通志堂經解本《經典釋文》第二卷之頁碼。如「本草.鼫.14」意爲第二卷第十四頁「鼫」條下引用《本草》一書。

二、本索引不含引《易》篇名。如「乾.2」下引〈說卦〉，「說卦」不錄。

三、《釋文》所引各家及書篇中又引用他人或他書者，僅錄前者。如「无.1」所引《說文》引用王述之說，但錄「說文」，不錄「王述」。

四、《釋文》引人名連書名者，並錄而不分。如「虞翻注參同契」中「虞翻」、「參同契注」不作分錄，但錄「虞翻注參同契」。

五、《釋文》同一條目下同一人名、書名出現二次者，僅作一次計。如「辨.9」云：「馬、鄭同。」又云：「鄭符勉反。」此處鄭作一次計。

六、書名及篇名同屬一書或同一書而書名不同者，因音序不同，則作分開。如「爾雅」與「釋言」、「釋詁」分錄。

A

B

本草.瓟.14
卞伯玉.曰人.27

C

蒼頡篇.坦坦.5 / 蒼頡篇.鬼方.24
春秋傳.闉.3

D

董遇.體仁.1 / 董.嫌.2 / 董.草昧.2 / 董.彙.5 / 董.裒.6 / 董.胏.9 / 董.皤.9 / 董.翰.9 / 董.得輿.9 / 董.不菑.10 / 董.畬.10 / 董.其茀.24 / 董.鼓之.24 / 董.易知.24 / 董.辯吉凶.25 / 董.洗心.27 / 董.隤然.27 / 董.象也者像也.28 / 董.相射.30 / 董.妙萬物.30 / 董.乾卦.31

E

爾雅.缶.4 / 爾雅.洊.11 / 爾雅.家人.14

F

方言.括.2 / 方言.蒙.3 / 方言.繘.18 / 方言.楫.28
伏曼容.用拯.23
服虔.沬.21 / 服虔.爻繇.29
輔嗣.无祇.29
傅氏注.彙.5 / 傅氏.賁.9 / 傅氏.一握.17

G

干寶.雲上.3 / 干.用亨.6 / 干.其彭.6 / 干.洊.11 / 干.甃.19 / 干.沛.21 / 干.爾靡.23 / 干.其茀.24 / 干.愼斯術也.26 / 干.不殺.27 / 干.龍.30 / 干.爲旉.30
顧.辯吉凶.25 / 顧.相薄.30
廣蒼.童牛.10
廣雅.夕惕.1 / 廣雅.或躍.1 / 廣雅.亢.1 / 廣雅.可拔.1 / 廣雅.揮.2 / 廣雅.括.2 / 廣雅.草昧.2 / 廣雅.童.3 / 廣雅.坦坦.5 / 廣雅.愬愬.5 / 廣雅.裒.6 / 廣雅.憧憧.13 / 廣雅.脢.13 / 廣雅.餘縕.13 / 廣雅.憊.13 / 廣雅.大壯.13 / 廣雅.羝羊.13 / 廣雅.巷.15 / 廣雅.坼.15 / 廣雅.柅.17 / 廣雅.困.18 / 廣雅.井.18 / 廣雅.文

蔚.19 / 廣雅.巽.22 / 廣雅.紛.22 / 廣雅.攣.23 / 廣雅.衣袽.24 / 廣雅.之撰.29 / 廣雅.萑.30
郭璞.大壯.13 / 郭璞.繘.18

H

韓伯.无祗.10 / 韓.相盪.24 / 韓.三極.25 / 韓.乎介.25 / 韓.震无咎.25 / 韓.爻法.25 / 韓.易以.27 / 韓.洗心.27 / 韓.不殺.27 / 韓.確然.27 / 韓.隤然.27 / 韓.无祇.29 / 韓.可遠.29 / 韓.發揮.30 / 韓.周易雜卦.32 / 韓.誅也.32
韓詩.爾靡.23
何休注公羊傳.愬愬.5
桓.相盪.24 / 桓玄.議之.26 / 桓玄.曰人.27
鴻範五行傳.蓍.30
淮南子.蓍.30
黃穎.經論.2 / 黃.以從.3 / 黃.翰.9 / 黃.翰.9 / 黃.戔戔.9 / 黃.辨.9 / 黃.渫.19 / 黃.豚.23 / 黃.爲罟.28

I

J

稽覽圖.蒙.3 /
賈逵注周語.而難.2
江氏音.頎.16
京房.體仁.1 / 京房.利物.1 / 京.用亨.6 / 京.而福.6 / 京.殷.7 / 京.盱.7 / 京.簪.7 / 京.以膚.9 / 京.得輿.9 / 京.朋來.9 / 京.朵.11 / 京.坎.11 / 京.洊.11 / 京.祇.12 / 京.大耋.12 / 京.憧憧.13 / 京.之弧.15 / 京.刖.18 / 京.爾靡.23 / 京.幾望.23 / 京.衣袽.24 / 京.相摩.24 / 京.霆.24 / 京.辯吉凶.25 / 京.險易.25 / 京.天地準.25 / 京.綸.25 / 京.不流.25 / 京.賾.25 / 京.典禮.26 / 京.縻之.26 / 京.後掛.26 / 京.酢.26 / 京.貢.27 / 京.洗心.27 / 京.包.28 / 京.犧.28 / 京.爲耜.28 / 京.爲耒.28 / 京.象也者像也.28 / 京.晅.30 / 京.爲豕.30 / 京.瘠.30 / 京.爲吝.30 / 京.彜.30 / 京.輮.31 / 京.羸.31 / 京.果蓏.31 / 京.豫怠.32
九家.无祗.10 / 九家.牿.10 / 九家.枕.12 / 九家.滕.13 / 九家.賾.25 / 九家.言天下之至動而不可亂也.26 / 九家.賾.27

K

L

老子.輹.10
李軌.宴.3 / 李.彙.5 / 李.晢.6 / 李軌.賁.9 / 李.誥四方.17 / 李.剛揜.18 / 李.甕.19 / 李.闃.21
李斐注漢書.相息.19
梁武帝.文言.1 / 梁武帝.何天.11 / 梁武.離王公也.12 / 梁武帝.王假.22
劉.反復.9 / 劉.多識.10 / 劉.曰.10 / 劉.童牛.10 / 劉.牿.10 / 劉.豶.11 / 劉.逐逐.11 / 劉.習.11 / 劉.坎.11 / 劉.洊.11 / 劉.纆.12 / 劉.寘.12 / 劉.憧憧.13 / 劉.嗃嗃.14 / 劉.掣.15 / 劉.徵.16 / 劉.窒.16 / 劉.禴.17 / 劉.藏往.27
劉昞.雖旬.21
劉瓛.洗心.27
劉向.箕子之明夷.14
劉歆父子.大人造.1
陸績.利物.1 / 陸.嫌.2 / 陸.疢.5 / 陸.晢.6 / 陸.用亨.7 / 陸.皤.9 / 陸.无祗.10 / 陸.牿.10 / 陸.枕.12 / 陸.自牖.12 / 陸.于易.13 / 陸.康.14 / 陸.夷于.14 / 陸.嘻嘻.14 / 陸.正邦.15 / 陸.坼.15 / 陸.拇.15 / 陸.窒.16 / 陸.羸豕.17 / 陸.亨.17 / 陸.除戎器.17 / 陸.用亨.18 / 陸.刖.18 / 陸.井收.19 / 陸.于干.20 / 陸.桷.20 / 陸.以須.21 / 陸.遲.21 / 陸.爾靡.23 / 陸.憊.24 / 陸.鼓之.24 / 陸.三極.25 / 陸.易之序也.25 / 陸.也專.25 / 陸.議之.26 / 陸.不德.26 / 陸.冶容.26 / 陸.天地之文.26 / 陸.貢.27 / 陸.不殺.27 / 陸.隤然.27 / 陸.爲耜.28 / 陸.相薄.30 / 陸.相射.30 / 陸.水火不相逮.30 / 陸.反生.31 / 陸.輮.31 / 陸.誅也.32
呂忱.睽.15 / 呂忱.霆.24
畧例.蔀.21
論衡.蓍.30

M

馬融.聖人作.2 / 馬.喪朋.2 / 馬.由辯.2 / 馬.桓.2 / 馬.邅.3 / 馬.往吝.3 / 馬.擊蒙.3 / 馬.亨貞吉.3 / 馬.不速.4 / 馬.窒.4 / 馬.中.4 / 馬.眚.4 / 馬.渝.4 / 馬.鞶.4 / 馬.終朝.4 / 馬.師.4 / 馬.毒.4 / 馬.否.4 / 馬.匪人.4 / 馬.三驅.4 / 馬.輻.5 / 馬.血.5 / 馬.攣.5 / 馬.咥.5 / 馬.疢.5 / 馬.愬愬.5 / 馬.泰.5 / 馬.虧盈.6 / 馬.撝.7 /

馬.豫.7／馬.般.7／馬.介于.7／馬.由豫.7／馬.簪.7／馬.冥.7／馬.有子考无咎.7／馬.裕父.7／馬.童觀.8／馬.校.8／馬.噬膚.8／馬.腊肉.8／馬.胏.9／馬.聰不明也.9／馬.翰.9／馬.戔戔.9／馬.剝.9／馬.蔑.9／馬.辨.9／馬.无祗.10／馬.頻復.10／馬.无妄.10／馬.不佑.10／馬.茂對時.10／馬.不菑.10／馬.畬.10／馬.說.10／馬.閑.10／馬.衢.11／馬.眈眈.11／馬.厲吉.11／馬.藉.11／馬.履錯.12／馬.大耋.12／馬.拇.12／馬.憧憧.12／馬.輔.13／馬.振恒.13／馬.大壯.13／馬.用罔.13／馬.藩.13／馬.羸.13／馬.康.14／馬.介.14／馬.失得.14／馬.左股.14／馬.閑.14／馬.嗃嗃.14／馬.嘻嘻.14／馬.王假.14／馬.睽.15／馬.其人天.15／馬.之弧.15／馬.來連.15／馬.坼.15／馬.高墉.15／馬.次.17／馬.且.17／馬.陸.17／馬.以杞.17／馬.包瓜.17／馬.亨.17／馬.若號.17／馬.禴.17／馬.咨.17／馬.升.18／馬.升虛.18／馬.用亨.18／馬.來徐徐.18／馬.甃.19／馬.井收.19／馬.革.19／馬.相息.19／馬.鞏.19／馬.餗.19／馬.金鉉.19／馬.虩虩.20／馬.啞啞.20／馬.蘇蘇.20／馬.索索.20／馬.矍矍.20／馬.不承.20／馬.其限.20／馬.夤.20／馬.磐.20／馬.衎衎.20／馬.于陸.20／馬.桷.20／馬.愆期.21／馬.刲.21／馬.王假.21／馬.蔀.21／馬.沬.21／馬.闃.21／馬.自藏.22／馬.瑣瑣.22／馬.其義焚也.22／馬.介疾.22／馬.用拯.22／馬.其茀.24／馬.相摩.24／馬.相盪.24／馬.而成位乎其中.25／馬.三極.25／馬.而玩.25／馬.小疵.25／馬.震无咎.25／馬.範圍.25／馬.鮮矣.25／馬.爻法.25／馬.惡也.26／馬.於扐.26／馬.與祐.26／馬.不殺.27／馬.是故易有大極.27／馬.確然.27／馬.隤然.27／馬.爲罟.28／馬.以漁.28／馬.耒耨之利.28／馬.柝.28／馬.餗.29／馬.之脩.29／馬.可遠.29／馬.其方.29／馬.噫.29／馬.則居.29／馬.彖辭.29／馬.而倚.30／馬.相薄.30／馬.一索.30／馬.輮.31／馬.果蓏.31
毛傳詩.于干.20
毛詩草木鳥獸疏.隼.15／毛詩草木疏.藟.18／毛詩草木疏.蓍.30
孟.利物.1／孟.頻.13／孟.晉.14／孟.失得.14／孟.窒.16／孟.欲.16／孟.偏辭.16／孟.則昃.21／孟.見斗.21／孟.闃.21／孟.好爵.23／孟.爾靡.23／孟.而命.27／孟.隤然.27／孟.大寶.27／孟.包.28／孟.犧.28／孟.耒耨之利.28／孟.象也者像也.28／孟.周易雜卦.32
明僧紹.而知.25／明僧紹.聖人之道.26／明僧紹.曰人.27

N

O

P

埤蒼.簪.7 / 埤蒼.爾靡.23

Q

R

S

三家音.莧.17
師.說.13 / 師.二簋應.16 / 師.除戎器.17 / 師.以順德.18 / 師.井.18 / 師.上.18 / 師.愼斯術也.26 / 師.不殺.27 / 師.可遠.29 / 師讀.光.3 / 師讀.以振.7 / 師說.王弼注.1 / 師說.鮮矣.25 / 師說.彖辭.29 / 師音.則居.29
史記.蓍.30
世本.井.18 / 世本.爲市.28
釋詁.不速.4 / 釋言.不速.4 /
釋名.輹.10
書.撝.6
蜀才.陰疑.2 / 蜀才.大車.6 / 蜀才.裒.6 / 蜀才.簪.7 / 蜀才.官有.7 / 蜀才.以明.9 / 蜀才.輹.10 / 蜀才.大耋.12 / 蜀才.羸.13 / 蜀才.箕子之明夷.14 / 蜀才.二簋.16 / 蜀才.用享.16 / 蜀才.徵.16 / 蜀才.頄.16 / 蜀才.陸.17 / 蜀才.柅.17 / 蜀才.除戎器.17 / 蜀才.一握.17 / 蜀才.禴.17 / 蜀才.羸.18 / 蜀才.霆.24 / 蜀才.辯吉凶.25 / 蜀才.成象.25 / 蜀才.爻法.25 / 蜀才.禮.25 / 蜀才.不德.26 / 蜀才.大衍.26 / 蜀才.研.26 / 蜀才.洗心.27 / 蜀才.而倚.30
說文.无.1 / 說文.確乎.1 / 說文.餘殃.2 / 說文.漣如.3 / 說文.掇.4 / 說文.車說.5 / 說文.坦坦.5 / 說文.眇.5 / 說文.愬愬.5 / 說文.荒.5 / 說文.般.7 / 說文.盱.7 / 說文.睢.7 / 說文.皤.9 / 說文.剝.9 / 說文.有災.10 / 說文.无妄.10 / 說文.畬.10 / 說文.牿.10 / 說文.逐逐.11 / 說文.窞.11 / 說文.祇.12 / 說文.草木麗.12 / 說文.脢.13 / 說文.用拯.14 / 說文.家人.14 / 說文.睽.15 / 說文.巷.15 / 說文.掣.15 / 說文.四剠.15 / 說文.坼.15 / 說文.次.16 / 說文.柅.17 / 說文.刖.18 / 說文.鮠.18 / 說文.硊.18 / 說文.甕.19 / 說文.心惻.19 / 說文.洌.19 / 說文.相息.19 / 說文.

文蔚.19 / 說文.孕.20 / 說文.桷.20 / 說文.豐其屋.21 / 說文.衣袽.24 / 說文.汔.24 / 說文.辭.24 / 說文.霆.24 / 說文.爻者.25 / 說文.揲.26 / 說文.確然.27 / 說文.爲耒.28 / 說文.爲市.28 / 說文.楫.28 / 說文.柝.28 / 說文.爲弧.28 / 說文.蓍.30 / 說文.熯.30 / 說文.的.30 / 說文.果蓏.31
宋衷.陸.17 / 宋衷.井.18 / 宋衷.之說.25 / 宋衷.致寇至.26 / 宋衷.爲市.28 / 宋.水火不相逮.30 / 宋衷.輮.31
蘇林.逐逐.11

T

U

V

W

王嗣宗.日昃.12 / 王嗣宗.出.12 / 王嗣宗.離王公也.12
王肅.大人.1 / 王肅.大人造.1 / 王肅.上下.1 / 王肅.揮.2 / 王肅.其唯聖人乎.2 / 王肅.鹿.3 / 王肅.擊蒙.3 / 王肅.於天.3 / 王肅.致寇.4 / 王肅.褫.4 / 王肅.畜眾.4 / 王肅.否.4 / 王肅.天寵.4 / 王肅.匪人.4 / 王肅.茹.5 / 王肅.辯物.6 / 王肅.于莽.6 / 王肅.大車.6 / 王肅.其彭.6 / 王肅.盱.7 / 王肅.簪.7 / 王肅.而天下隨時.7 / 王肅.隨時之義.7 / 王肅.以嚮.7 / 王肅.入宴.7 / 王肅.育德.7 / 王肅.有子考无咎.7 / 王肅.而不薦.8 / 王肅.盡夫盛故觀至大觀在上.8 / 王肅.何校.9 / 王肅.聰不明也.9 / 王肅.賁.9 / 王肅.辨.9 / 王肅.无祇.10 / 王肅.以下仁也.10 / 王肅.无妄.10 / 王肅.厲吉.11 / 王肅.大過.11 / 王肅.窞.11 / 王肅.枕.12 / 王肅.乎土.12 / 王肅.大耋.12 / 王肅.之嗟.12 / 王肅.突.12 / 王肅.離王公也.12 / 王肅.王用出征以正邦也.12 / 王肅.憧憧.13 / 王肅.脢.13 / 王肅.說.13 / 王肅.憊.13 / 王肅.小人否.13 / 王肅.大壯.13 / 王肅.用罔.13 / 王肅.羸.13 / 王肅.不詳.14 / 王肅.失得.14 / 王肅.文王以之.14 / 王肅.左股.14 / 王肅.睽.15 / 王肅.同行.15 / 王肅.劓.15 / 王肅.之弧.15 / 王肅.蹇.15 / 王肅.得中.15 / 王肅.且乘.15 / 王肅.拇.15 / 王肅.用圭.16 / 王肅.頄.16 / 王肅.且.17 / 王肅.誥四方.17 / 王肅.柅.17 / 王肅.羸豕.17 / 王肅.亨.17 / 王肅.除戎器.17 / 王肅.若號.17 / 王肅.禴.17 / 王肅.齎.17 / 王肅.以順德.18 / 王肅.用亨.18 / 王肅.來徐徐.18 / 王肅.刖.18 / 王肅.鵕.18 / 王肅.汔.18 / 王肅.勸相.18 / 王肅.射.19 / 王肅.敝.19 / 王肅.洌.19 / 王肅.蘇蘇.20 / 王肅.女歸吉也.20 / 王肅.善俗.20 / 王肅.于干.20 / 王肅.雖旬.21

/ 王肅.蔀.21 / 王肅.沬.21 / 王肅.翔.21 / 王肅.自藏.22 / 王肅.旅.22 / 王肅.瑣瑣.22 / 王肅.于易.22 / 王肅.用拯.23 / 王肅.好爵.23 / 王肅.或罷.23 / 王肅.小過.23 / 王肅.繻有.24 / 王肅.衣袽.24 / 王肅.上第七.24 / 王肅.相盪.24 / 王肅.霆.24 / 王肅.大始.24 / 王肅.而成位乎其中.25 / 王肅.三極.25 / 王肅.乎介.25 / 王肅.震无咎.25 / 王肅.綸.25 / 王肅.範圍.25 / 王肅.鮮矣.25 / 王肅.利斷.26 / 王肅.冶容.26 / 王肅.掛一.26 / 王肅.夫易開.27 / 王肅.洗心.27 / 王肅.不殺.27 / 王肅.闔戶.27 / 王肅.是故易有大極.27 / 王肅.洛出.27 / 王肅.之縕.27 / 王肅.曰人.27 / 王肅.之撰.29 / 王肅.之辯.29 / 王肅.可遠.29 / 王肅.噫.29 / 王肅.則居.29 / 王肅.彖辭.29 / 王肅.亹亹.30 / 王肅.而倚.30 / 王肅.相射.30 / 王肅.妙萬物.30 / 王肅.橈.30 / 王肅.熯.30 / 王肅.水火不相逮.30 / 王肅.一索.30 / 王肅.爲旉.30 / 王肅.爲臭.31 / 王肅.輮.31 / 王肅.爲亟.31 / 王肅.黔.31 / 王肅.則飭.32
王廙.晢.6 / 王廙.用侵.7 / 王廙.冥.7 / 王廙.腓.12 / 王廙.用享.16 / 王廙.號.16 / 王廙.若號.17 / 王廙.蔀.21 / 王廙.沛.21 / 王廙.繻有.24 / 王廙.樞.26 / 王廙.機.26 / 王廙.大衍.26 / 王廙.介于.29 / 王廙.无祇.29 / 王廙.發揮.30 / 王廙.水火不相逮.30 / 王廙.瘠.30 / 王廙.輮.31 / 王廙.爲曳.31
王注.惕.4
韋昭.不溷.8 / 韋昭漢書音義.信也.28 / 韋昭.爻繇.29

X

向秀.馴.2 / 向.篇篇.5 / 向.盱.7 / 向.以嚮.7 / 向.自考也.10 / 向.險且.11 / 向.文王以之.14 / 向.曰動悔.18
小爾雅.梏.3
徐邈.利牝.2 / 徐.以辯.2 / 徐.馴.2 / 徐.君子幾.3 / 徐.用說.3 / 徐.有孚.3 / 徐.宴.3 / 徐.衍在.4 / 徐.窒.4 / 徐.而逋.4 / 徐.竄.4 / 徐.掇.4 / 徐.鞶.4 / 徐.褫.4 / 徐.以王.4 / 徐.三錫.4 / 徐.有禽.4 / 徐.比.4 / 徐.三驅.4 / 徐.攣.5 / 徐.幾.5 / 徐.財成.5 / 徐.不陂.5 / 徐.墉.6 / 徐.遏.6 / 徐.休命.6 / 徐.其彭.6 / 徐.晢.6 / 徐.自牧.6 / 徐.簪.7 / 徐.入宴.7 / 徐.蠱.7 / 徐.以觀天下.8 / 徐.胏.9 / 徐.賁.9 / 徐.有喜.9 / 徐.辨.9 / 徐.切近.9 / 徐.貫魚.9 / 徐.以下仁也.10 / 徐.之牙.11 / 徐.虎視.11 / 徐.大過.11 / 徐.棟.11 / 徐.生華.11 / 徐.滅頂.11 / 徐.洊.11 / 徐.枕.12 / 徐.牝.12 / 徐.履錯.12 / 徐.出.12 / 徐.涕.12 / 徐.折首.12 / 徐.憧憧.13 / 徐.口說.13 / 徐.說.13 / 徐.小人否.13 / 徐.觸.13 / 徐.藩.13 / 徐.羸.13 / 徐.三.14 / 徐.

王假.14 / 徐.睽.15 / 徐.掣.15 / 徐.蹇.15 / 徐.內喜.15 / 徐.窒.16 / 徐.夬決.16 / 徐.臀.16 / 徐.柅.17 / 徐.蹢.17 / 徐.除戎器.17 / 徐.齎.17 / 徐.涕.17 / 徐.升虛.18 / 徐.幽谷.18 / 徐.劓.18 / 徐.刖.18 / 徐.汔.18 / 徐.繘.18 / 徐.羸.18 / 徐.井養.18 / 徐.射.19 / 徐.渫.19 / 徐.井收.19 / 徐.飪.19 / 徐.利出.19 / 徐.金鉉.19 / 徐.洊.20 / 徐.視.20 / 徐.矍矍.20 / 徐.其背.20 / 徐.夤.20 / 徐.沛.21 / 徐.闃.21 / 徐.爾靡.23 / 徐.或罷.23 / 徐.或戕.23 / 徐.小狐.24 / 徐.周易繫.24 / 徐.霆.24 / 徐.小疵.25 / 徐.卑.25 / 徐.麋之.26 / 徐.致寇至.26 / 徐.揲.26 / 徐.酬.26 / 徐.不殺.27 / 徐.之縕.27 / 徐.爲耒.28 / 徐.挎.28 / 徐.楫.28 / 徐.尺蠖.28 / 徐.介于.29 / 徐.辯物.29 / 徐.晅.30 / 徐.橈.30 / 徐.熯.30 / 徐.寺.31 / 徐.黔.31 / 徐.喙.31 / 徐.附決.31 / 徐.亨則.31 / 徐.所錯.31
薛虞.戔戔.9 / 薛虞.辨.9 / 薛.拂.11 / 薛.逐逐.11 / 薛.拇.12 / 薛.以杞.17 / 薛.𨇨.18 / 薛.蔀.21 / 薛.沬.21 / 薛.繻有.24
荀爽.體仁.1 / 荀.利物.1 / 荀.由辯.2 / 荀.陰疑.2 / 荀.嫌.2 / 荀.財成.5 / 荀.裒.6 / 荀.簪.7 / 荀.胏.9 / 荀.皤.9 / 荀.翰.9 / 荀.蔑.9 / 荀.猶銷.9 / 荀.逐逐.11 / 荀.明兩作.12 / 荀.之嗟.12 / 荀.沱.12 / 荀.拇.12 / 荀.腓.12 / 荀.憧.13 / 荀.文王以之.14 / 荀.嗃嗃.14 / 荀.掣.15 / 荀.正邦.15 / 荀.拇.15 / 荀.隼.15 / 荀.遄.16 / 荀.前趾.16 / 荀.惕.16 / 荀.包有.17 / 荀.聚以正.17 / 荀.除戎器.17 / 荀.刖.18 / 荀.射.19 / 荀.井收.19 / 荀.虩虩.20 / 荀.喪.20 / 荀.貝.20 / 荀.遂泥.20 / 荀.其趾.20 / 荀.其限.20 / 荀.夤.20 / 荀.薰.20 / 荀.于干.20 / 荀.孕.20 / 荀.以須.21 / 荀.月幾.21 / 荀.雖旬.21 / 荀.匪夷.23 / 荀.幾望.23 / 荀.其茀.24 / 荀.易知.24 / 荀.綸.25 / 荀爽.而知.25 / 荀.惡也.26 / 荀.與祐.26 / 荀.貢.27 / 荀.以神明其德夫.27 / 荀.瘠.30 / 荀.畀.30 / 荀.輮.31 / 荀.爲亟.31 / 荀.誅也.32 / 荀.眾.32 / 荀.親寡旅也.32
荀爽九家集解本.爲羊.31
荀柔之.而知.25 / 荀柔之.議之.26 / 荀柔之.於扐.26

Y

姚信.陰疑.2 / 姚.隍.5 / 姚.用亨.6 / 姚.其彭.6 / 姚.盱.7 / 姚.利巳.10 / 姚.良馬逐.10 / 姚.寘.12 / 姚.左股.14 / 姚.除戎器.17 / 姚.以順德.18 / 姚.沛.21 / 姚.肱.21 / 姚.闃.21 / 姚.有丘.23 / 姚.運行.24 / 姚.坤作.24 / 姚.簡能.25 / 姚.辯吉凶.25 / 姚.典禮.26 / 姚.議之.26 / 姚.爲階.26 / 姚.冶容.26 / 姚.貞勝.27 / 姚.隤然.27 / 姚.爲罟.28 / 姚.象也者像也.28 / 姚.相射.30 / 姚.爲專.30 / 姚.弓輪.31

/ 姚.羸.31 / 姚.豫怠.32
應劭.資斧.22 / 應劭.果蓏.31
虞翻注參同契.易.1
虞.陰疑.2 / 虞.嗛.2 / 虞.其彭.6 / 虞.晢.6 / 虞.簪.7 / 虞.輔.13 / 虞.滕.13 / 虞.羸.13 / 虞.失得.14 / 虞.巳事.16 / 虞.陸.17 / 虞.包有.17 / 虞.亨.17 / 虞.剛揜.18 / 虞.餗.19 / 虞.其限.20 / 虞.鼓之.24 / 虞.坤作.24 / 虞.焉而明吉凶.25 / 虞.剛柔者晝夜之象.25 / 虞.易之序也.25 / 虞.所樂.25 / 虞.辯吉凶.25 / 虞.反終.25 / 虞.樂天.25 / 虞.誨.26 / 虞.冶容.26 / 虞.天地之文.26 / 虞.貢.27 / 虞.洗心.27 / 虞.以神明其德夫.27 / 虞.象也者像也.28 / 虞.而倚.30 / 虞.相射.30 / 虞.龍.30 / 虞.爲旉.30 / 虞.反生.31 / 虞.科.31 / 虞.爲羊.31 / 虞.豫怠.32
虞喜志林.資斧.22

Z
翟子玄.之弧.15 / 翟.愓.16 / 翟.頄.16 / 翟.來徐徐.18 / 翟.凝.19 / 翟.于干.20 / 翟.桷.20
張璠.直方大不習无不利則不疑其所行.2 / 張.車.9 / 張.寘.12 / 張.振恒.13 / 張.羝羊.13 / 張.羸.13 / 張.嘻嘻.14 / 張.宜待也.15 / 張.以杞.17 / 張.範圍.25 / 張.洗心.27
張軌.資斧.22
張晏.資斧.22 / 張晏.果蓏.31
鄭玄.夕愓.1 / 鄭.資始.1 / 鄭.乃統.1 / 鄭.大人造.1 / 鄭.確乎.1 / 鄭.可拔.1 / 鄭.聖人作.2 / 鄭.履霜.2 / 鄭.餘殃.2 / 鄭.嗛.2 / 鄭.而不寧.2 / 鄭.經論.2 / 鄭.乘馬.3 / 鄭.班如.3 / 鄭.君子幾.3 / 鄭.以從.3 / 鄭.童.3 / 鄭.筮.3 / 鄭.瀆.3 / 鄭.包蒙.3 / 鄭.以巽.3 / 鄭.擊蒙.3 / 鄭.需.3 / 鄭.亨貞吉.3 / 鄭.位乎.3 / 鄭.宴.3 / 鄭.于沙.4 / 鄭.致寇.4 / 鄭.訟.4 / 鄭.窒.4 / 鄭.眚.4 / 鄭.掇.4 / 鄭.渝.4 / 鄭.褫.4 / 鄭.貞丈人.4 / 鄭.否.4 / 鄭.三錫.4 / 鄭.天寵.4 / 鄭.缶.4 / 鄭.三驅.4 / 鄭.小畜.5 / 鄭.輻.5 / 鄭.泰.5 / 鄭.茅.5 / 鄭.彙.5 / 鄭.荒.5 / 鄭.疇.6 / 鄭.于莽.6 / 鄭.墉.6 / 鄭.晢.6 / 鄭.裒.6 / 鄭.撝.7 / 鄭.不忒.7 / 鄭.介于.7 / 鄭.盱.7 / 鄭.由豫.7 / 鄭.簪.7 / 鄭.冥.7 / 鄭.童觀.8 / 鄭.勑法.8 / 鄭.胏.9 / 鄭.聰不明也.9 / 鄭.賁.9 / 鄭.折.9 / 鄭.其趾.9 / 鄭.車.9 / 鄭.皤.9 / 鄭.翰.9 / 鄭.蔑.9 / 鄭.辨.9 / 鄭.切近.9 / 鄭.商旅.10 / 鄭.无祇.10 / 鄭.頻復.10 / 鄭.自考也.10 / 鄭.有灾.10 / 鄭.眚.10 / 鄭.无妄.10 / 鄭.不佑.10 / 鄭.日新其德.10 / 鄭.良馬逐.10 / 鄭.曰.10 / 鄭.閑.10

／鄭.之牙.11／鄭.朵.11／鄭.枯楊.11／鄭.稊.11／鄭.險且.11／鄭.險且.11／鄭玄.枕.12／鄭.祇.12／鄭.明兩作.12／鄭.履錯.12／鄭.鼓.12／鄭.凶.12／鄭.離王公也.12／鄭.相與.12／鄭.拇.12／鄭.腓.12／鄭.脢.13／鄭.滕.13／鄭.浚.13／鄭.或承.13／鄭.振恒.13／鄭.遯.13／鄭.憊.13／鄭.小人否.13／鄭.大壯.13／鄭.羸.13／鄭.于易.13／鄭.不詳.14／鄭.康.14／鄭.藩.14／鄭.庶.14／鄭.接.14／鄭.摧如.14／鄭.愁.14／鄭.失得.14／鄭.以蒙大難.14／鄭.文王以之.14／鄭.夷于.14／鄭.用拯.14／鄭.閑.14／鄭.嗃嗃.14／鄭.嘻嘻.14／鄭.王假.14／鄭.睽.15／鄭.掣.15／鄭.之弧.15／鄭.得中.15／鄭.宜待也.15／鄭.來連.15／鄭.徵.16／鄭.窒.16／鄭.號.16／鄭.莫夜.16／鄭.頄.16／鄭.次.16／鄭.陸.17／鄭.姤.17／鄭.誥四方.17／鄭.羸豕.17／鄭.包有.17／鄭.以杞.17／鄭.包瓜.17／鄭.亨.17／鄭.除戎器.17／鄭.若號.17／鄭.一握.17／鄭.禴.17／鄭.咨.17／鄭.洟.17／鄭.升.18／鄭.用亨.18／鄭.刖.18／鄭.井.18／鄭.繘.18／鄭.羸.18／鄭.射.19／鄭.甕.19／鄭.革.19／鄭.凝.19／鄭.我仇.19／鄭.雉膏.19／鄭.餗.19／鄭.形渥.19／鄭.虩虩.20／鄭.啞啞.20／鄭.億.20／鄭.蘇蘇.20／鄭.索索.20／鄭.矍矍.20／鄭.艮.20／鄭.其限.20／鄭.夤.20／鄭.于干.20／鄭.孕.20／鄭.離羣.20／鄭.以須.21／鄭.承匡.21／鄭.豐.21／鄭.其配.21／鄭.蔀.21／鄭.沛.21／鄭.沬.21／鄭.闃.21／鄭.天際.21／鄭.翔.21／鄭.自藏.22／鄭.瑣瑣.22／鄭.頻顣.22／鄭.麗澤.22／鄭.商兌.22／鄭.不宜上.23／鄭.巳上也.23／鄭.既濟.24／鄭.其茀.24／鄭.憊.24／鄭.繻有.24／鄭.汔.24／鄭.易知.24／鄭.三極.25／鄭.而玩.25／鄭.震无咎.25／鄭.天地準.25／鄭.反終.25／鄭.道濟.25／鄭.範圍.25／鄭.鮮矣.25／鄭.藏諸.25／鄭.惡也.26／鄭.言天下之至動而不可亂也.26／鄭.愼斯術也.26／鄭.愼斯術也.26／鄭.不德.26／鄭.冶容.26／鄭.大衍.26／鄭.揲.26／鄭.幾.27／鄭.不殺.27／鄭.又以尚賢也.27／鄭.包.28／鄭.犧.28／鄭.暴客.28／鄭.因貳.29／鄭.之脩.29／鄭.撰德.29／鄭.則居.29／鄭.彖辭.29／鄭.亹亹.30／鄭.愛惡.30／鄭.發揮.30／鄭.相薄.30／鄭.莫盛.30／鄭.水火不相逮.30／鄭.爲専.30／鄭.爲廣.31／鄭.輮.31／鄭.乾卦.31／鄭.槁.31／鄭.黔.31／鄭.亨則.31／鄭.屯見.32／鄭.則飭.32／

鄭注禮.荒.5／鄭注周禮.腊肉.9／鄭注禮記.相摩.24

志林.逐逐.11

周.有子考无咎.7／周.井.18／周.震无咎.25／周.彖辭.29

周書.井.18

莊子.筌者.32

子夏傳.亢.1 / 子夏傳.屯如.3 / 子夏傳.乘馬.3 / 子夏傳.班如.3 / 子夏傳.眚.4 / 子夏傳.比.4 / 子夏傳.孿.5 / 子夏傳.幾.5 / 子夏傳.愬愬.5 / 子夏傳.篇篇.5 / 子夏.隍.5 / 子夏.其彭.6 / 子夏.謙.6 / 子夏.盱.7 / 子夏傳.簪.7 / 子夏.胏.9 / 子夏傳.翰.9 / 子夏傳.戔戔.9 / 子夏傳.眚.10 / 子夏傳.拂.11 / 子夏傳.逐逐.11 / 子夏傳.寘.12 / 子夏傳.戚.12 / 子夏.拇.12 / 子夏傳.肥遯.13 / 子夏傳.鼫.14 / 子夏.夷于.14 / 子夏.用拯.14 / 子夏.掣.15 / 子夏.牽羊.17 / 子夏.柅.17 / 子夏.包瓜.17 / 子夏.來徐徐.18 / 子夏傳.鮒.19 / 子夏傳.甃.19 / 子夏.沛.21 / 子夏傳.沬.21 / 子夏傳.資斧.22 / 子夏.用拯.23 / 子夏.其茀.24 / 子夏.繻有.24 / 子夏.衣袽.24

字林.閑.2 / 字林.盱.7 / 字林.睢.7 / 字林.勑法.8 / 字林.胏.9 / 字林.奮.10 / 字林.窞.11 / 字林.突.12 / 字林.憧憧.13 / 字林.用拯.14 / 字林.柅.17 / 字林.井.18 / 字林.甃.19 / 字林.豐.21 / 字林.沬.21 / 字林.闃.21 / 字林.所嫉.22 / 字林.爲耒.28 / 字林.柝.28 / 字林.剡木.28

字書.童.3 / 字書.眇.5 / 字書.裒.6 / 字書.巷.15 / 字書.面權.16

鄒湛.茹.5 / 鄒湛.箕子之明夷.14

左傳.蠱.7

後記

戊子秋，余以四級未過，不能保研，乃得備考全國研究生入學考試，自知凶多吉少，然亦無可奈何之事也。是時鬱悵滿懷，作〈憫龍賦〉以自弔。〔註1〕賦成，又集《易》辭一聯以自勉，聯曰：「井渫不食；明夷于飛」。〔註2〕

〔註 1〕〈憫龍賦〉者，哀龍爲凶煞所害也。龍者，蓋自喻也。凶煞者，喻洋文考試也。全賦如下：

戊子冬十月，蔡子兀坐「又玄」舘中，手持《攷研夷文》，形容枯槁，面目黧黑，仰天而噓，荅焉似喪其耦。俄作小睡，竟爲一夢。夢一凶煞，隆準深目，赤髯白膚，手把洋槍，殺龍於武夷山下，龍嘶聵耳，其血湧噴，閩江玄黃，東海腥犇。驚覺。歎曰：「夫龍之爲物也，能大能小，能升能隱。大則興雲吐霧，小則隱介藏形，升則飛騰於宇宙之間，隱則潛伏於波濤之内。子曰：『用之則行，舍之則藏。』其是之謂乎？故時止則止，時行則行，藏器於身，竢時而動，乃可以長久。孰料此龍時詘而信，縱懷龘龖九天之志，終不免慘死於凶煞之槍。嗚呼！神龍駸駸，非天地無以處身；天地浩浩，非神龍無以增色。惜乎濁淖之中，尚寓失意之蛟，網罟之下，猶困離恨之客。悲夫！」因慮平生，廼有所感，遂作斯賦，旣以憫龍，亦自憫也。其辭曰：渺宇宙之沆渾兮，獨澂越乎六合。蹇純陽之幻化兮，主四象之開闔。屬七宿於東方兮，雲從我於九垓。會三友於縣圃兮，攜二埒而齊來。雄姿飛舞兮，坱軋銀漢。上摩蒼蒼兮，下覆漫漫。朝飡楝葉兮，夕食五花。睥睨千古兮，藐視八遐。蹶崑崙之巀嶭兮，引江河之澹澹。聽扶搖之殗殜兮，紝飛霞之頓撼。震五嶽而崩川兮，陵河漢於晨昏。捋虯須於蓬壺兮，張利爪乎天門。銜燭捧鑪兮，躍淵階木。翠鱗騰雲兮，赤帶驅翍。負奇圖於洛水兮，祭烏血於冀州。登伯益之智井兮，御大禹於九疇。飲渭水於西秦兮，禽夸父而誅蚩尤。降五彩於碧落兮，歇九色於孟諸。投度杖而化壺公兮，掛驚梭而怖澤魚。應令季之風律兮，照瑞祥之赫如。歆蒼石而擁巖竇兮，應清河而通太虛。紆甲胄之鞶縈兮，摛藻翰而布文。耀青嵐之章采兮，琢雕工之璘玢。寄虓靈於寒窯兮，隱魂魄於鏡明。鳴溢水於平津兮，失劍佩於酆城。踏湍流而踔厲兮，劈濩渃而遄征。吞日月兮吐辰，懷八荒兮敖睨。潛幽靈兮竢雲，何淩霄兮成悔？悲時

其間關心、鼓勵於我者，親則父母，師則　張善文先生耳。余因銘佩　張先生之恩，弗敢諼也。先生嘗以張之洞「由小學入經學，其經學可信」之論教諭諸生，余之治學，霑化於斯言者多矣。

碩士期間，　張先生講授經學概論、〈漢志〉研究、《周易》研究諸課程，余皆虛心聆教。先生精於儒學，尤善羲經，絜靜精微，喆恩玄遠。每請業於先生，皆受益匪淺。《易》云：「君子學以聚之，問以辯之，寬以居之，仁以行之。」其先生之謂也。是間，余所聽課程頗多，林志強老師之文字學課、馬重奇老師之音韻學課、李春曉老師之訓詁學課、連鎮標老師之版本學、目錄學、校勘學課、陳慶元老師之古籍整理課等等，承教亦多，在此一併致謝。此外，陳旭東、朱天助、黃曦、李志陽、蘇正道諸師兄於生活學習中亦有幫助於我，亦一併致謝。

憶昔遊學閩都，邇來殆及七載。課業之餘，好書耽讀。懷抱經典，未嘗

俗之迫阨兮，願輕舉而遠遊。本天地之至靈兮，竟局促而成愁。凶煞來乎西荒兮，據東土而侵殘。焱迅急於千里兮，鞭驅掣乎四環。立東海之白潮兮，驀閩越之青巒。撩密鱗之開張兮，穿黑雨而阨摧。慄上界之神侶兮，冷北辰之杓魁。心鵺澆而懷怨兮，懼凶煞而戚嗟。斂龍巇於溝壑兮，隕赤鱗若雨花。惔天帝之憂心兮，咽韶韺而驚呀。走欻電而靄訇兮，擢紫煙而圻星。目眥裂而盈血兮，誠睊睊其難停。皇旻哀其晦霿兮，吾獨迍邅乎此間。浹汗嗟其浸濡兮，何離尤而得譻？蕩山林以讙嘩兮，獨卬首而長嘯。怏凶煞而弗說兮，遽驅逐而兀纍。默霧霰之霚靆兮，降天蓄之憯酷。傷鱗羽之襂纚兮，朽觓角之蜷局。讋鱣鮪之奔流水兮，駭鼉鼉之伏藏。望凶煞之輪碩兮，體獟猂而修長。楺鬚鬣而斮角兮，終忽焂而殫蹷。齏枯骨而摧筋兮，捐殘軀於山麓。忍凶煞之叱吒兮，略頳血而悽悄。詈洋槍之開火兮，恨此身竟絕紹！瘞吾身於武夷之下兮，枕閩水而淚泔。目濁血之峛崺兮，心忡忡以何堪？湍淴泱而澒溶兮，滌殷臡而夢斷。惛平生之越趄兮，神顑頷而意亂。雲雜遝而驟散兮，息奄奄其將渙。寄謀飄以七魂兮，隨沌浪之泝淪。僾崦嵫之馳景兮，晝惚恍而昏曛。讐重巒之嵬鬱兮，情碕礒而不平。淏清江之僝僽兮，沈壄莿之飛英。瀰玄冥之渙漫兮，忕林莽之離霜。憶蟜首乎陸梁兮，嘗拖尾而迴翔。夢鹿疇之秦鼎兮，見成紀之漢鐘。蹇凶煞之猙獰兮，肇天下之恂恂。羌侘傺而含感兮，緊何人其克襄敉功？亂曰：天降荼毒兮，凶煞西來。龍流亡於九泉兮，世皆譏其活該。余憫龍於武夷之下兮，獨鬱邑而俳佪。

〔註 2〕此聯集《易》句而成。上聯「井渫不食」者，《易・井》：「井渫不食，爲我心惻。」王弼注：「渫，不停污之謂也。」孔穎達疏：「井渫而不見食，猶人脩己全潔而不見用。」下聯「明夷于飛」者，《易・明夷》：「明夷于飛，垂其翼。」又〈明夷〉卦辭云：「明夷，利堅貞。」〈彖〉曰：「明入地中，明夷。內文明而外柔順，以蒙大難，文王以之。利艱貞，晦其明也。內難而能正其志，箕子以之。」

須與廢離。嘗作〈詠懷五百字步韻杜詩〉，畧述平生之志。今附文末，聊以作結。詩云：

泉南有書生，自言性散拙。巖廊思唐虞，無緣朋稷契。
偶讀老莊書，衍辭盱且闊。啜茗臨古卷，閒愁藉消豁。
貌似鈍騃子，焉知中情熱。昔嘗凌高眄，壯心懷曩烈。
泚筆作文章，胸襟藏日月。惜逢不祥時，世竟相辭訣。
蹉跎二十載，詩夢殆淪缺。槁形本憔瘦，神沮意亦奪。
無定窮與通，錯迕且迴穴。家住溟澥濱，觀海情湔渤。
甘爲曳尾客，豈效廟堂謁。擔笈幾春秋，朝夕惟蠹沒。
子遘陳蔡阨，猶以礪俊節。今雖值艱季，振道復繼絕。
憶昔斯文在，聖人未屠裂。詩書傳炎漢，黼黻競彪發。
而今斯文喪，四海皆鬱結。得咎因舉動，青藜空屼嵲。
贏火焰扇赫，異説相澆滑。紀綱覆墜久，無人率大戛。
僭擅紛爚亂，民風失懷葛。欲匡閏運世，奈我一幽褐。
懷蛟未足量，獨立而崛出。跋躓投斧路，萬事俱窮闕。
掄才憑夷語，獨笑國蘄活。隨藍孔孟道，嫶妍因此物。
四級屢靊駕，每聞輒憀慄。素抱桑弧志，竟累陋書室。
考研僥倖得，顧惭珠玉質。駢贅相齕痛，長歎對瀟瑟。
閩地聊屈身，不遷似南橘。讀書十餘年，勞筋且苦骨。
此中寒瘁意，咨嗟自難述。易鼎六秩許，文脈數僨轍。
有司設燔溺，天下徒臬兀。麟鳳盡作鬼，潛夫傷困折。
壇坫從此寂，悲風聲摩窣。同學無令猷，我獨思奮越。
絃歌臨翰墨，緗縑照螢雪。攜編曾入夢，耽嗜若饞渴。
脩名恐不立，荏苒歲云卒。春花秋月遽，對此空感咽。
前道阻且躋，孤身藐險折。擗嘖惜壁陰，仗策神倉卒。
願躡往哲踵，無意逞庸伐。顏巷未改樂，簞瓢任棲屑。
遯世本无悶，舍藏念頓卒。墮緒千載下，耿耿懋攬掇。

辛卯季觀月上澣泉州晉江蔡飛舟書